邻避设施公众接受性研究
以垃圾焚烧发电厂为例

张彦波◎著

中国纺织出版社有限公司

内 容 提 要

中国已经迎来邻避敏感期，深刻洞察邻避设施公众接受性的驱动因素、影响机理和形成路径是化解邻避困境的关键。本书基于垃圾焚烧发电厂探讨了邻避设施公众接受性的驱动因素及其影响机理，以及驱动因素引发邻避设施公众高接受性的 7 个等效路径，并从宏观的制度安排建设和微观的政策工具设计两个层面提出提升邻避设施公众接受性的治理路径。

本书整体逻辑清晰、内容完整，适合相关学者及专业学生学习使用。

图书在版编目（CIP）数据

邻避设施公众接受性研究：以垃圾焚烧发电厂为例 / 张彦波著. -- 北京：中国纺织出版社有限公司，2025. 6. -- ISBN 978-7-5229-2946-0

Ⅰ. D669. 3

中国国家版本馆 CIP 数据核字第 20255QV924 号

责任编辑：李立静　　责任校对：寇晨晨　　责任印制：储志伟

中国纺织出版社有限公司出版发行
地址：北京市朝阳区百子湾东里A407号楼　邮政编码：100124
销售电话：010—67004422　传真：010—87155801
http://www.c-textilep.com
中国纺织出版社天猫旗舰店
官方微博 http://weibo.com/2119887771
北京印匠彩色印刷有限公司印刷　各地新华书店经销
2025年6月第1版第1次印刷
开本：710×1000　1/16　印张：13.25
字数：210千字　定价：99.90元

中国已经迎来邻避敏感期，垃圾焚烧发电厂、变电站、高架桥等带有邻避属性项目设施的上马引发了周边居民的反对，这向地方政府的合法性权威和治理能力提出了严重的挑战。当前，国内学术界侧重于从社会运动视角来分析邻避问题，基于这一研究视角的知识累积不能为邻避政策僵局提供全方位的解读。

深刻洞察邻避设施公众接受性的驱动因素、影响机理和形成路径是化解邻避困境的关键。面对日益严峻的垃圾围城窘境，充分认识垃圾焚烧发电厂公众接受性问题是有效化解垃圾焚烧发电项目政策僵局的核心。围绕邻避设施公众接受性这一话题，以垃圾焚烧发电厂为例，本书探讨三个环环相扣且层层递进的问题：一是垃圾焚烧发电厂公众接受性的驱动因素有哪些？二是上述驱动因素如何影响垃圾焚烧发电厂公众接受性？三是能带来垃圾焚烧发电厂公众高接受性的前因条件组合呈现何种特征？

基于扎根理论研究方法对来自不同地区的 11 个垃圾焚烧发电厂周边的 22 位代表性居民访谈文本资料进行开放式编码、主轴式编码和选择式编码分析，本书识别出垃圾焚烧发电厂公众接受性的驱动因素，进而建构了囊括垃圾焚烧发电厂外部效应因素、政府—公众界面因素、社会情境、个体层面因素和居民属性五类主范畴的垃圾焚烧发电厂公共接受性驱动因素模型。其中，垃圾焚烧发电厂外部效应因素包括风险感知和利益感知两个变量，政府—公众界面因素包括正义感知、政治效能两个变量，社会情境是指公共信任变量；个体层面因素是指地方依恋和垃圾焚烧知识两个变量。

以上述模型为基础，本书紧接着对垃圾焚烧发电厂公众接受性的驱动机理进行验证。基于问卷调查获取的数据统计分析结果显示垃圾焚烧发电厂的公众接受性较低。路径分析结果显示风险感知和地方依恋对垃圾焚烧发电厂公众接受性具有显著的负向影响，积极性利益感知、分配正义、程序正义、集体政治效能和公共信任对垃圾焚烧发电厂公众接受性具有显著的正向影响；本书还发现性别、受教育水平、收入水平等居民属性是显著影响垃圾焚烧发电厂公众接受性的重要变量。

考虑驱动因素间互补或替代性关系对垃圾焚烧发电厂公众接受性的影响，本书进一步探讨了垃圾焚烧发电厂公众高接受性的组态效应。基于模糊集定性比较分析发现作为前因条件的所有驱动因素并非垃圾焚烧发电厂公众高接受性的必要条件、引发垃圾焚烧发电厂公众高接受性的 7 个等效路径。通过对 7 个路径前因条件的对比分析发现高利益感知和低风险感知分别是垃圾焚烧发电厂公众高接受性的主导性核心条件；利益感知作为前因条件主导下的组态中还需要政府—公众界面因素或居民个体层面因素作为核心条件存在发挥互补作用；而在低风险感知作为前因条件主导下的组态中政府—公众界面和居民个体层面因素作为核心条件缺席。

基于研究发现，本书从宏观的制度安排建设和微观的政策工具设计两个层面提出提升邻避设施公众接受性的治理路径。制度安排建设方面：要重塑邻避项目决策模式，夯实邻避风险评估制度，健全邻避风险监管制度；政策工具设计方面：要科学设计激励型政策工具，创新参与型政策工具，拓展信息沟通型政策工具，强化政策工具的组合使用。

本书在编写过程中参阅了大量相关著作和文献，在此表示诚挚的感谢。由于时间和精力有限，书中可能存在疏漏之处，恳请广大读者予以批评指正，以便今后修改完善！

张彦波

2024 年 1 月

| 目录 |

1 导论

改革开放四十多年的发展历程见证了中国在经济、社会等领域的巨大变迁。中国的现代化进程呈现出"压缩式现代化"特征，即中国仅用30年左右的时间就完成了西方发达国家近百年的现代化建设任务。我们在为"压缩式现代化"的正面效应欢欣鼓舞的同时，必须清楚地认识和正视其带来的负面效应，即中国的现代化转型汇集了多种社会形态的矛盾与问题，社会转型面临着严峻的挑战。例如，城市发展进程中因邻避设施的选址、建设而引发选址地居民的反对，深刻反映出风险社会情境下治理社会问题的复杂性。近年来，随着城市化进程的不断推进和城市建设的发展，某些地方出现了居民对诸如垃圾焚烧厂、高架桥等邻避设施的选址、兴建的抵制问题，抗议对象从垃圾填埋场、垃圾焚烧发电厂到变电站、通信基站，乃至精神病治疗机构、养老护理中心。公众抵制的邻避设施类型逐渐增多。中国已经进入邻避敏感期，这既是风险社会情境中政府面临挑战的一个缩影，也是可持续发展进程中亟待解决的棘手性问题。

1.1 研究背景

1.1.1 风险社会情境下公共管理实践面临着严峻挑战

工业化进程的发展和科学技术的进步给人类社会带来了日新月异的变化。但社会的进步并没有为某些社会问题提供切实可行的解决方案，反而给治理这些社会问题带来了更多的不确定性和复杂性。人类认识到科学技术进步给社会发展注入动力的同时，也察觉到科学技术进步衍生出的负面影响。乌尔里希·贝克认为我们已经进入"风险社会"，科学技术的发展和应用为现代社会带来了"副产品"，即现代社会高科技的运用所带来的风险（核风险、基因风险、生态风险等）已经初见端倪。在风险社会语境中，人们将环境的危害、灾难和威胁看作一种风险。随着社会公众风险意识的加强，"科学技术进步＝社会进步"的短视认知开始受到社会的重新审视和质疑。吉登斯认为："在所有传统文化中，在工业社会以及直到今天，人类担心的都是来自外部的风险，如糟糕的收成、洪灾瘟疫或饥荒等。然而，从某个时刻开始，我们较少担心自然能对我们怎么样，而更多地担心我们对自然的影响。这标志着外部风险占主导地位转变成了被制造出来的风险占主要地位。"风险越来越成为现代化发展过程中广泛关注的议题。世界各国都存在社会风险问题，低收入和中等收入国家尤为突出。

中国的改革开放开启了中国的社会转型历程，中国"压缩式现代化"的社会转型伴随着急剧的社会变迁。以地震、城市季节性洪涝为代表的自然灾害和以非典、禽流感为代表的公共健康危机的发生彰显着传统与现代性风险在当代中国社会相互耦合和交织。随着中国民众生活水平的不断提升，社会公众的安全意识和权利意识也不断得到增强。"风险的分配逻辑"越来越成为中国民众关注的社会焦点问题。在此情形下，风险社会情境下的中国公共管理实践面临着前所未有的挑战。

风险社会与社会转型性风险的双重压力。风险社会与社会转型性风险的双重压力使中国情境下的公共管理实践环境更加复杂。贝克和吉登斯等西方学者认为工业社会本身就是一个"风险社会"的实际样态"风险图景"是现代化必须面对的后果。现代化后果的最根本原因是新生活方式的建立蕴含着对旧生活方式的破坏。中国社会转型过程中伴生的一系列社会问题，如就业保障、城市更新、社会保障、基层民主等，越来越成为政府必须着力解决和化解的焦点性社会矛盾和风险。中国社会转型性风险最为直接的表现形式就是突发性群体性事件。"双重"风险样态的复杂环境对中国政府的社会治理能力和治理的合法性提出了挑战。

风险话语中科学和专家权威的"消解"。风险社会情境中的公共治理实践面临着诸多不确定性，且复杂性极高，已经超越了"常规科学"思维下的技术治理模式。治理风险的"技术化""制度化"思维的持续推崇不断衍生出"技术化"风险和"制度化"风险。个体化进程从根本上对重塑风险社会的制度化规约提出了要求。个体化过程中蕴含着许多不安定因素，使社会中的不确定性急剧增加；个体化过程同样更新着社会知识的生产模式，并秉持差异化的价值观认识和解读世界，这在一定程度上对传统风险治理实践中专家权威主导的知识生产提出了挑战。专家政治和科学理性长期主导下的风险决策并不能有效回应社会个体对风险的差异化认知。现实的风险治理实践中，风险知识的生产被科技专家和技术官僚所垄断，风险决策某种程度上排斥知识生产中的公众参与。风险治理中民众与科学权威之间知识生产"鸿沟"的扩大不断侵蚀着公众对风险治理的制度性信任（institutional trust），这会引起风险治理中利益相关者对风险话语权的争夺，引发风险的社会放大效应的产生，甚或造成社会风险的再生产。因此，风险治理实践需要重新界定技术专家的角色，充分尊重风险治理中的公民身份，重塑技术专家与社会公众在风险知识生产中的关系，以实现风险议题决策中知识生产的民主化。

城市化发展进程中民众的"邻避情结"甚或由此引发的抗争活动为我们理解风险社会语境下公共管理与决策所面临的挑战提供了一个切入点。风险不仅是客观存在的社会现实，更是特定社会场景下不同的社会主体基于政治、社会、文化环境的主观性建构。风险是邻避设施自身的一种客观属性，更是邻避设施选址决策过程中利益相关者的一种认知性建构。利益相关者基于不同立场来理解此类设施的选址和建设奠定了分歧性风险认知的基础。复杂的制度化运作和技术官僚话语主导下的风险评估导致了邻避风险治理场景中的信任资源流失，强化了利益相关者对风险异议的表达和围绕邻避风险所展开的话语博弈。担纲邻避设施选址决策的政府机构对地方性知识参与邻避风险治理诉求的漠视和消极回应开启了邻避风险治理的社会风险再生产，即反对邻避设施的社会抗争出现。

1.1.2 政策僵局：邻避设施选址引发抗争

为满足城市发展需要和人民日益增长的美好生活需要，越来越多的公共设施项目，如通信基站、垃圾焚烧厂、火葬场、养老院和精神病院、变电站等在全国各地上马。建设此类公共设施是保障经济发展与社会建设的刚性需求，其在促进经济社会可持续发展和不断提升人民生活质量方面发挥着不可或缺的作用。但是此类设施自身的负外部性会对周边居民的生活环境和身心健康带来一定程度的消极影响，公众希望此类设施"不要建在我家后院（not in my backyard）"。伴随着中国民众环境意识的觉醒和权利观念的不断增强，邻避设施选址和建设常常诱发选址周边居民的焦虑心理和抵触情绪。而这种高度不确定性心理所引发的利益诉求若不能得到政府和其他利益相关者的积极回应，则会引发风险的社会扩大和公众情绪的社会化渲染，这种情绪发酵到一定程度，借助政治结构情境和资源动员的耦合逐渐演化为一种无序的社会稳定风险——邻避抗争。

近年来，因邻避设施的争议性环境风险所引发的社会抗争事件逐渐增多。其中，用以消纳城市垃圾的垃圾焚烧发电厂和垃圾填埋场是当前邻避抗争中涉及最多的邻避设施；养老院、临终关怀医院、精神病院等公益类社会服务设施逐渐成为近年来大中城市居民反对和抗议建在自家周边的一类邻避设施。

中国当前发生的邻避抗争事件有着深远的影响。一方面，邻避现象本身是社会公众维护自身环境权益的表现，彰显出公民环境意识的觉醒，一定程度上有助于推进环境保护工作和环境治理的法治化进程。邻避抗争一定情形下还可以培育环境公民，刺激公民社会发达地区的社会组织积极开展政策创议实践，推动政策变迁。但另一方面，邻避抗争危害社会秩序稳定，给社会治理带来了极大的挑战，一定情形下会加深公众与政府之间的隔阂，严重影响城市和社会的健康发展。邻避抗争事件会增加社会治理成本。一些项目因周边居民反对而陷入搁置，耽搁了公共设施规划的推进实施；建成后，居民反抗的邻避设施在某些情况下不得不重新考虑选址问题，这样会造成邻避设施前期规划和建设资源的极大浪费。同时因邻避抗争导致的项目中止或暂缓会延误政府公共服务的及时供给。邻避抗争还会污名化本地区的投资营商环境，影响投资者的投资意向，间接对本地区经济发展造成不良影响。

1.1.3 垃圾围城遇上居民反对垃圾焚烧设施"建在自家后院"

中国城市的急速扩张和大量外来人口的激增，使垃圾和废弃物的丢弃量迅猛增加，城市居民的生活空间不断遭受固体废弃物的挤压。中国城市环境卫生协会统计数据显示，全国城市生活垃圾每年超过 1.5 亿吨，并以每年 8%～10% 的速度递增，全国已有 2/3 的大中城市陷入垃圾包围之中，城市正在饱受"垃圾围城"之痛。根据 2019 年的《中国统计年鉴》的统计数据来看，截至 2018 年 12 月 31 日，中国城市生活垃圾清运量约 2.28 亿吨。未来垃圾产量的规模会更加庞大，这给城市生活垃圾终端处理带来了巨大的压力。"垃圾围城"已经成为当前制约中国城市发展的一大难题。中国处理垃圾的传统方式是填埋，这种处理方式成本低廉，但是效率低下，且不能从根本上解决城市用地紧张和避免污染环境的问题。

为了有效地改善城市人居环境，推动城市的可持续发展，近年来，中国政府十分重视城市"垃圾围城"问题，并就城市垃圾问题处理工作进行了布局。2011年国务院印发的《国务院批转住房城乡建设部等部门关于进一步加强城市生活垃圾处理工作意见的通知》指出要在垃圾分类收集的基础上进一步实现城市生活垃圾的资源化处理、减量化处理和无害化处理。翌年,《"十二五"全国城镇生活垃圾无害化处理设施建设规划》指出因地制宜地选择先进适用的技术,有条件的地区应优先采用焚烧等资源化处理技术,并确定了到2015年,全国城镇生活垃圾焚烧处理能力达无害化处理总能力的35%以上的目标,特别是东部地区达到48%以上。从我国目前的实际情况来看,在填埋、焚烧、堆肥三种处理技术中,垃圾焚烧能够实现垃圾的高效利用,是最具减量化、资源化的垃圾处理方式。

近十年来,我国垃圾焚烧处理能力得到大幅度提升(表1-1)。

表1-1　中国垃圾焚烧状况统计数据(2007～2018)

时间 (年)	垃圾焚烧厂 数量(座)	焚烧厂 平均规模 (吨/日)	无害化 处理能力 (吨/日)	焚烧处理 能力(吨/日)	焚烧能力 所占比例 (%)
2007	66	677	271791	44682	16.44
2008	74	697	315153	51606	16.37
2009	93	766	356130	71253	20.01
2010	104	817	387607	84940	21.91
2011	109	863	409119	94114	23.00
2012	138	889	446268	122649	27.48
2013	166	955	492300	158488	32.19
2014	188	989	533455	185957	34.86
2015	220	996	576894	219080	37.98
2016	249	1028	621351	255850	41.18
2017	286	1042	679889	298062	43.84
2018	331	1101	766195	364595	47.59

根据《中国统计年鉴(2019年)》统计数据来看,我国已建成垃圾焚烧厂331座,焚烧处理能力规模达到364595吨/日,焚烧能力所占比例达到47.59%,较2007年的44682吨/日增加了约7.16倍,这说明焚烧技术在中国垃圾处理中的分量越来越重,但是"垃圾围城"的形势仍旧严峻。

我国城市生活垃圾终端处理将逐步由过去的以填埋为主、焚烧为辅,向以焚烧为主、填埋为辅的格局转变。截至2019年第一季度,全国在运行的垃圾焚烧厂数量已经突破400座,在建、筹建项目分别为178座和82座,预计2020年将共有约600座垃圾焚烧厂处于运行状态。

用以消纳城市生活垃圾的焚烧处理设施是提高人们生活品质、满足社会公共服务需求和促进环境保护所必需的基础设施,是一种普遍意义上的福利设施。但垃圾焚烧处理设施本身存在产生环境污染的可能,其在日常运行中可能产生的臭气、二噁英、飞灰等诸多问题,正逐渐成为社会公众关注的敏感性话题。在担忧垃圾焚烧项目产生负外部性的心理驱动下,项目周边居民会用带有强烈的情绪化方式来反对、阻碍该类项目修建在其生活区附近。华东政法大学中国社会公共安全研究中心发布的《2016年中国社会群体性事件分析报告》显示,2016年第一季度各地有多个拟投建或在建的垃圾焚烧项目的项目信息一经公开就遭到周边民众的抵制,这种频繁的抗争事件深刻地揭示出政府部门秉持“代民做主”的行政思维来推进公共政策不可行。另外,垃圾焚烧设施运营管理方面存在着的不足也会给社会带来一定程度上的隐忧。环保组织芜湖生态中心发布的《垃圾焚烧行业民间观察报告》显示,全国在运行的359座垃圾焚烧厂中,仍有四成垃圾焚烧厂未在网上公开环境信息,七成垃圾焚烧厂未公开烟气、二噁英监测数据。上述垃圾焚烧设施运营管理方面存在的问题一定程度上会强化设施选址周边居民的“邻避情结”。如何化解居民对垃圾焚烧厂的“邻避情结”,摆脱垃圾焚烧项目“一上就闹、一闹就停”的政策困境是有效应对当前“垃圾围城”窘境迫切需要解决的关键议题。

公共政策是公共管理实践中价值理性和工具理性的集中体现,也是政府维护公共利益,供给公共服务的基础性工具和具体化途径。公共政策既讲究科学时效性又考究民主合法性。业已制定的公共政策的有效实施和执行需要得到政策受众的认可和接受。政策受众群体利益,亦即社会公众利益是公共政策的逻辑起点,也是保障公共政策顺利执行的前提。实现和彰显公共利益的公共政策要以公共政策制定、执行过程中社会公众的有效参与为基础。民意作为社会公众意愿的抽象化表达,是制定公共政策的逻辑起点。把公民意见纳入公共政策制定程序已经成为中国民众的普遍共识。从公共政策的理论视域来看,因垃圾焚烧厂选址引发的邻避抗争是公众对政府邻避设施选址政策不满而做出的一种回应。邻避抗争是公共政策执行阻梗的一种典型表现,是邻避设施选址政策受众群体对选址政策制定和执行的不遵从。学者将此类政策执行阻梗归因为政策本身的质量问题。当前,中国公共政策制定、执行过程中对民意的排斥进而引发公众寻求非常规的诉求方式是造成邻避抗争的主要原因。

合民意性的公共政策是政府化解邻避情结、规避邻避抗争的理性工具。公众接受性是国家邻避设施选址决策的重要价值尺度。邻避设施选址政策制定过程中选址周边公众民意的有效性输入是政府公共政策合法性的彰显。合法化的邻避设施选址政策才能被社会公众理解和认可，可以有效规避政策执行过程中可能出现的阻力，进而激发政策受众的政策认同感和主动遵从意愿。在制订邻避设施选址方案、执行政策规划时，如何理解、吸纳社会公众的价值和观点，平衡邻避设施选址周边居民的潜在风险和收益感知，抚慰公众情绪和情感，拓宽公众利益诉求的表达渠道，是化解公众邻避情结，规避邻避抗争，增强公众对邻避设施选址政策的认同，提升社会公众对于建在"我家后院"的邻避设施接受性的重要前提。

态度倾向塑造行为实践。公众抗议邻避设施的具体行为与公众对邻避设施的态度倾向密切关联。阻断民众"邻避情结"向邻避抗争演变的前提是必须充分认识公众为什么不认可邻避设施选址规划和决策，不接受邻避设施选址在自家后院。面对日益严峻的"垃圾围城"窘境，有效化解垃圾焚烧设施邻避困境的关键是理解消纳城市垃圾并为城市居民营造良好生活环境的利民项目，为何不得人心？要解答这一疑问，必须洞察"邻避情结"背后的社会心理机制，了解居民垃圾焚烧设施接受性的影响因素和驱动机理，为优化和改进地方政府邻避设施选址政策提供理论支撑和实践启发。

1.2　国内外研究动态与文献评析

1.2.1　邻避现象研究脉络概观

从世界各国城市发展的轨迹来看，中国正在经历的邻避问题并非个案。邻避问题是经济社会发展到一定阶段的产物，是一个世界性的社会问题。从20世纪70～80年代的欧美国家，到90年代的新加坡、韩国和中国台湾地区，经济发达国家和地区均经历了"邻避主义"的挑战。关于邻避现象的研究最早发轫于北美。自1977年O'Hare首次提出"邻避（not on my block）"概念以来，关注邻避现象和公共设施选址争议、冲突的研究成果逐渐增多。但这些研究成果多数是基于欧美国家邻避现象和选址冲突的经验性分析和探讨。欧美国家一直引领着邻避现象的国际研究前沿。进入 21 世纪以来，国外一些比较著名的期刊，如 *Journal of Risk Research*、*Environmental Politics* 等以专刊形式刊发了欧美学者关于邻避情结和邻避抗争方面的研究成果。随着世界经济增长热点向亚洲和太平洋地区的转移，亚太地区的日本、新加坡、韩国、中国台湾地区和中国大陆先后迎来了"邻避敏感期"，亚太地区的邻避现象和争议性选址问题逐渐受到学术界的关注，并迅速成为热点关注对象。2007 年，主要由亚太地区学者参与的"邻避挑战与问题"国际会议在香港中文大学举办。大部分参会论文编辑后正式出版。由此可见，邻避现象不仅是一个全球性的社会问题，同时也是一个全球性的学术研究话题。

作为棘手性社会问题，邻避现象受到来自政治学、地理学、城市规划、心理学、社会学和公共政策等多个学科的关注。一些西方学者曾尝试性地对邻避相关研究进行回顾式的梳理，Borell 和 Westermark 通过分析监狱、精神病治疗中心等公共服务类邻避设施（human services facilities）的相关成果，发现学者对公共服务类设施邻避情结的研究逐渐趋向情境化，即不仅关注特定人群在特定情形下对邻避设施的认知和态度，还聚焦于现实生活情境中社区居民对真实存在的邻避设施的态度和反应；DeVerteuil 通过对人类地理学顶级期刊中收录的邻避相关文献分析后发现，进入 21 世纪之后，社会地理学对邻避现象的研究逐渐式微，并呼吁社会地理学要多关注邻避问题。偏囿于特定的研究对象和不同学术背景，上述分析和总结只是对特定学科研究成果的归纳。Schively 的综述性文章对邻避研究进行的总概括较为全面和系统，其详尽阐述了邻避现象的特征、邻避情结的影响因素以及化解邻避情结的可行性办法。国内学者则侧重于从社会抗争（冲突或运动）角度对邻避现象进行精细化梳理和评述。对国内外邻避研究成果进行整合分析之后不难发现国内外学者研究邻避问题的取向不同，即国外倾向于从社会公众的感知性角度来分析其对邻避设施的态度和行为；而国内目前则较多关注邻避抗争或邻避冲突。

回溯邻避现象四十余年的研究历史，有学者将关于邻避现象的研究轨迹划分为三个阶段。第一阶段是技术导向的邻避项目环境影响评估。第二次世界大战之后，欧美等较先开始工业化的国家经济开始逐渐恢复。随着这些国家城市化进程的不断推进，邻避现象和邻避冲突开始逐渐增多。邻避抗争最先出现在美国的城市郊区。与这一阶段紧密相关的学术研究主要来自环境科学领域，而较少关注邻避设施的社会影响。学术界将这一阶段的邻避抗争与环境保护关联在一起。因此，这一阶段的邻避抗争，也被称作"环境邻避运动"。第二阶段是社会公众对邻避设施接受度的动机与行为。这一阶段的学术研究开始强调邻避设施的社会影响，尤其关注公众对邻避设施接受的动机和行为。这一阶段的学术研究一定程度上与学者对"邻避情结"的认识有着较高的关联性。起初，一些较早关注邻避现象的学者认为居民对邻避性设施的反对和抵抗是基于感知性风险的一种狭隘和利己性行为。随着学者对这一现象的认识不断深化，后续的研究逐渐开始将公众的邻避情结和邻避抗争理解为一种理性化的态度或行为反应，开始批判"不要建在我家后院"分析框架的狭隘化和利己性假设，并开始从公众的主观态度来探寻潜在的动机和影响因素。第三阶段是从可持续发展和治理的角度来化解邻避困境。这一阶段的学术研究主要关注面对城市发展进程中发生的邻避冲突，如何有效地整合和兼顾城市发展和环境保护工作，并通过具体的政策举措来化解和规避邻避冲突。

1.2.1.1 认识论趋向下邻避现象的论争

Freudenburg 和 Pastor 认为，20 世纪 70 年代以来西方学者对邻避现象的认识经历了三个阶段，作者分别从非理性行为（ignorance/irrationality）、自利性行为和审慎性行为三个视角对西方学者的认知进行了解读。首先，将公众对建在自己社区周围的邻避设施的反对看作公众的无知和不理性。这些学者认为科学是绝对正确的、合理化的知识；公众应该对科学知识有充分性的认识。政府决策中对科学和技术专家十分依赖，排斥大众常识，公众的诉求和行为被视为无知的和非理性的。随着后常规科学时代的到来，科学技术的不确定性和副作用日益凸显。科技伦理开始反思技治主义中的专家偏好和价值理性，社会公众的态度和理念开始受到重视，这改变了学者对邻避现象的非理性化认知。学者从对公众无知性的批判开始转向理解公众的态度和行为。其次，从自利性视角解读邻避现象是基于"经济人"假设，即邻避设施会给选址周边居民带来额外的负担。此处的自利性视角是一种情感中立的表达，不带任何歧视性。最后，审慎性视角认为邻避现象是合理性的意见表达，且能为改进政策设计提供有价值的政策输入。

随着对邻避问题持续的理论挖掘和探索，国内外学术界对邻避现象的认识逐渐深化。学者对邻避现象的认知的讨论主要围绕邻避主义（NIMBYism）这一分析框架展开。一些早期的学者推崇这一分析框架，认为居民反对邻避设施建在自己所在社区是基于一种狭隘的、自利化、情绪化和非理性的行为动机，认为这种狭隘的地方主义保护行为损害了社会整体性利益，严重阻碍了地方社会经济发展。Sjöberg 等人认为"邻避情结不仅是一种简单的反对行为，更是一种自私性的行为；也是让他人蒙受风险而自己坐享社会福利的一种意图"。一些学者认为这种现象是亟须解决的社会"综合征""邪恶之龙"。Esaiasson 通过准实验性研究设计发现居民对通信基站进行抗议时，总是借助对社会公共利益的考量来淡化自利性动机，这在一定程度上验证了邻避主义分析框架的核心观点。一些学者认为居民自利性的邻避反对行为严重阻碍了公共设施建设。另外，邻避主义分析框架还提出"邻避设施距离社区居民越近，受到居民反对的可能性就越大"，该论断被称为"接近性假说（proximity hypothesis）"。

但是也有学者认为将邻避现象归结为公众的非理性行为，有失偏颇，如 Bell 等人指出"邻避主义概念受到批评的原因就在于其没能全面揭示居民行为背后的复杂性因素，没有考究居民与社会制度之间的交互作用"。Kraft 和 Clary 在分析社区居民反对核废料储存点选址案例时，发现居民抗议选址在自己社区的回应并不是基于狭隘的地方保护主义和高度情绪化心理，而是出于对项目风险的高度担忧和对开发商的不信任。郑卫等通过分析花园二期居民对上海虹杨变电站的抗争事件发现，居民的抗议行为并非出于自利心理，其焦点集中在规划项目本身的科学性。还有一些学者认为居民对周边规划或兴建邻避设施的反对和抗争是维护社会正义、公民环境权和生存权的积极性彰显。Matheny 和 Williams 认为居民对邻避设施选址的反对是面对社区健康和自身财产潜在风险的一种理性化行为表现，在政治上具有合法性；Johnson 和 Scicchitano 的实证性研究发现，针对即将或正在修建的垃圾处理（中转）设施，被调研居民的回应并不是未加考虑的自利性反对，而是出于对个人健康和环境安全的顾虑；Mei-Fang 从环境公民权视角分析了中国台北垃圾焚烧设施所引发的地方性群体抗争，认为地方性的抗争行为是基于对环境恶化的关切和未来子孙健康担忧的表现。由此可以看出，随着对邻避现象的认知逐渐深化，学者开始辩证性地看待这一社会现象，邻避主义分析框架的解释力和适用性受到质疑。

随着对邻避现象认识的深入，进入 21 世纪以来，很多学者开始尝试通过建构更具解释力的分析框架来理解这种社会现象。Devine-Wright 基于社会心理学和环境心理学中的地方理论概念，将邻避现象解读为"一种地方保护形式，以维护对于社区已经存在的情感依赖和认同"。为更好地解释这一社会现象和认识其所带来的社会影响，Sebastien 以法国圣埃斯科比勒一个垃圾填埋场的土地使用纠纷事件为例建构了"开明性抵制"这一分析框架。"开明性抵制"分析框架认为邻避现象是动态化的行为过程，即由最初的自利性的抗争，通过不同形式社会资本的动员和汇聚，逐步演变为开明化的抵制。Bell 等人基于英国风能发电领域设施选址的邻避现象提出了"二维式分化"分析框架。这一分析框架包含两个维度的分化：社会分化（social gap）和个人分化（individual gap），前者描述民意调查中对风能产业的高度支持和现实风能开发中规划项目的选址失败之间的分化；后者指个人总体上对风能发电产业持积极支持态度，但反对在自己社区附近搭设风能发电设施。Bell 等人将社会分化归因为"民主赤字"，即风能产业发展政策由少数精英决定，而这一政策过程并没有代表社会大众的意愿；"有限性支持（qualified support）"，即社会公众支持风能产业发展，但同时也关注风能设施自身对人文景观和环境等的消极影响。个人分化被归因为"自利性动机（self interest）"，也就是邻避主义框架中对邻避现象的自利化和情绪化的解读。但是上述超越邻避主义的解释框架是源自特定领域（特定案例）和特定社会情境下而建构的分析框架，普适性和解释力悬而未决。而本质上旨在关注民意的公众接受度这一分析框架逐渐被关注能源领域邻避现象的学者所推崇，并被逐渐应用于分析其他领域的邻避问题，逐渐成为分析邻避现象的主导性概念框架。

1.2.1.2 邻避问题引发的邻避抗争

邻避问题引发的社会抗争是典型的集体行动。邻避抗争的研究主要集中在邻避抗争的发生学、邻避抗争中的话语分析、邻避抗争的社会影响和化解邻避抗争的策略四个方面。

邻避抗争的发生学。面对愈演愈烈的邻避抗争事件，很多国内学者尝试解构邻避抗争的发生逻辑，从而为提出更具针对性的规制策略提供借鉴。从政治机会结构视角来解析邻避抗争发生的宏观社会条件：如王刚等通过乳山红石顶核电站和厦门 PX 项目的对比分析，认为政府供给能力与民众参与诉求的非均衡性导致政体的"相对封闭"、精英团体的分裂与外部联盟构建、政府较低的容忍度相互作用导致民众抗争的出现；而高新宇通过案例比较分析发现政治机会结构只是邻避抗争发生的重要外部条件，政治机会结构、行动者社会网络和借助互联网发酵议题并进行动员三个因素共同作用构成邻避抗争发生的链条；卜玉梅等也持有类似的观点，认为政治机会结构只是强调宏观结构和制度层面的分析，而邻避抗争的发生还需要营造一定的话语抗争空间。Wright 和 Boudet 通过模糊集定性比较分析方法（fsQCA）对美国加州 18 个能源类邻避设施涉及的 20 个社区进行了分析，研究结果发现政治机会结构和资源禀赋并不是邻避抗争出现的必要条件，社区情境塑造抗争动机，将动机与能力相结合，才能更好地诱发邻避抗争的出现。沿袭西方社会运动传统理论的核心观点，从社会心理学视角对邻避抗争进行分析：如张郁认为邻避冲突不仅与公众风险感知紧密相关，还是多种心理因素在特定情境下综合作用的结果；张海柱认为风险是基于知识建构的内在属性，邻避设施风险的实质是知识生产，不同主体间的风险知识的差异化认知是邻避冲突的重要构成。还有学者通过建构综合性的动态分析框架来揭示邻避抗争的发生：王学栋等认为邻避抗争的发生不是单纯成本收益分配不公的结果，其产生与演变是一个动态化的发展过程，且根据组织行为学行为的产生过程"需要—动机—行为"，他们认为邻避抗争的产生和发展与邻避情节引发的认知、预期、情感、理性考量、需要以及由此引发的动机紧密相关，将邻避抗争看作一个"认知—质疑—价值诉求—动机—集体行动"的复杂过程；张乐等基于一个核电站备选厂址的案例分析发现推动环境抗争不断发展的动力既不是单纯的经济利益分配不公所激化的矛盾，也不仅是环境权益维护者对行政权力独大的抗议，而是由"价值—理性—权力"构成的复杂链条的交互力量所主导；朱伟等从社会运动的结构和文化层面分析了邻避抗争的深刻社会背景和复杂逻辑，并将机遇结构、情绪认知、动员策略认定为邻避抗争发生的核心变量；王刚等认为"差序信任格局"是引发中国邻避抗争的核心因素，并结合 R 市反核运动建构了包含身份特质、风险机会和媒介建构三维度解释框架；侯光辉等通过多案例对比分析且依据扎根理论，建构了邻避抗争演进的整合性分析模型，其中抗争参与者的风险感知、挫折感和不信任感是内在驱动力，利益相关者和地方政府的随机性应对策略是调节变量，邻避设施规划体制和危机应对体制等外部情境是邻避抗争衍生的现实环境，同时抗争者、企业和其他主体是这一模型中主要的行动者。相较于国内的研究成果，国外学者对邻避抗争发生的解释则较为微观。Anderson 和 Schirmer 通过个案分析了堪培拉社区居民抵制燃气发电站的抗争是如何发生的，分析显示地方依恋是刺激居民抵制抗争活动的催化剂，而社会资本则是居民抗争社会网络形成的重要支撑条件。他们还通过分析抵制燃气发电站和风能发电厂的抗议活动，通过社会资本的黏合资本（bonding capital）和嫁接资本（bridging capital）详尽描绘了抗争型社会网络的催化、形成、维持和扩散是如何通过不同社会资本形式进行发展演化。

应对和治理邻避抗争。总体来看，目前学术界侧重于对抗争发生学进行深入细致的阐述和较为全面的分析，而在应对和治理邻避抗争策略方面的立意宏大，浅伏于表面，并没有对邻避抗争发生学的细微解构进行延伸性的深入分析。总体来看，大部分学者从单一性理论视角来解构邻避抗争，进而提出对应性策略。一些学者认为邻避抗争的发生除了涉及利益分歧，还受更深层次价值因素的影响，公共利益价值偏差和扭曲激化了矛盾，进而引发邻避抗争，并提出重塑邻避设施规划选址中利益相关者的公共利益理念，培育共识性公共价值以化解矛盾。一些学者认为现行的政府主导下的政策体制阻隔了邻避设施选址政策中公众的有效参与，严重削弱了邻避设施选址政策的合法性，也影响了公众对于邻避设施的接受度，难以避免邻避抗争发生，提出在政策参与时机、参与程度、参与形式等方面进行精细化的政策设计可以有效规避和化解邻避抗争。另一些学者指出，邻避抗争背后隐藏着不同联盟的互动和博弈，这些联盟的互动机制是邻避抗争发生及消解的关键，进而提出重塑和优化邻避设施选址治理结构，推动不同联盟和主体之间的良性互动是化解邻避抗争的核心。还有一些学者从环境正义理论出发，主张公民环境权受到侵犯、环境风险与利益失衡是导致邻避抗争的主要原因，建议保障公众环境公民权利、通过环境合理补偿实现环境公平正义、确保环境决策的正义。一些学者认为协商缺失及邻避设施选址中他者的缺席是引发邻避抗争的根本，为此提出要通过协商治理走近他者，通过树立协商民主的思维，提升公众协商能力，拓宽公众协商渠道来寻求破解邻避困局。

话语即权力，邻避抗争中多元主体对话语权的建构和争夺同样彰显出行动者之间的博弈。邻避抗争中抗争主体如何通过策略化话语修饰来建构行动以达成扩大抗争的影响逐渐成为国内外邻避研究的重要话题。如 Johnson 发现北京反焚烧抗争中社区居民采用"专家化策略"，即自学或咨询领域专家来学习相关知识，以此来有效反驳政府和技术专家的主导性话语；他还发现焚烧抗争者以"政策倡议"的形式来展现抗争参与者对一般性环境问题的关切实际上是一种策略性工具，目的在于有效维持抗争的非政治化属性。胡颖君总结了连云港反核事件中抗争主体建构集体行动合法化的四种具体机制：我们与他者的建构、环境议题与社会议题的勾连、体制内的反抗、摆脱邻避自利化标签。Smith 以加拿大多伦多市库克镇（Corktown）美沙酮服务站选址为案例，通过分析访谈资料和公开文献详尽描述了当地居民抗议该邻避设施过程中采用的三种话语策略：城市规划政策缺陷（recourse to planning policy）、美沙酮维持治疗实践的非医学化（demedicalization of methadone maintenance treatment）和社会空间的污名化（socio-spatial stigmatization）。信息时代的快速发展为邻避抗争的传播提供了媒介，邻避型集体行动中的参与者通过社会媒介"造势"，以博得社会关注和支持，如 Lin 和 Xie 通过对比发生于广州的两个邻避运动发现，"成功的"邻避运动植根于抗争—媒介的社会化互动过程：通过与社会的情感共鸣，顺势摒弃抗争的自利标签以赢得社会支持；通过倡导政策以确保抗争在国家赋权限度内的可生存性。还有邻避运动的参与者通过空间话语来建构自己的话语策略，如 Rozema 等人将集体行动的政治学与人文地理学相融合，分析了英国 Chilterns 地区高铁项目中的邻避抗争参与者如何通过空间重塑，即将本地的抗争与跨地域的其他抗争进行空间上的跨地域拼凑（translocal assemblage），将地区性的抗争重塑为全国性的抗争。王佃利等将邻避运动中的公众话语理解为公众空间权益的被剥夺叙事。受西方集体行动研究传统的影响，邻避抗争行动中参与者如何通过框架化工具激励和引导更多的人参与抗争是当前策略化使用的研究重点。Černoch 等人通过分析捷克斯洛伐克一个煤矿开采邻避运动中参与者的话语表达实践，详细分析了邻避抗争过程中出现的三种框架化模式（local impact、low-carbon transition、anti-systemic environmental）。Shemtov 分析了环境型邻避抗争群体是如何扩大和延伸自身最初只是反对有害性设施的目标的。他将这一过程解释为社会行动中邻避抗争者以社会问题的"主人翁（ownership）"身份自居，通过"诊断式框架化（diagnostic framing）"、"预报式框架化（prognostic framing）"和"动机式框架化（motivational framing）"建构该群体在诊断和解决本社区环境问题方面的道德合法性，进而将社会运动群体的抗争目标从反对有害性设施延伸至监管社区未来的环境威胁、积极倡议替代性的社区环境问题的解决方案。环境正义是邻避抗争参与者使用较多的一种话语叙事，如 Dorsey 使用焦点访谈方法，对美国杰纳西河垃圾焚烧设施抵抗活动中的环境正义框架的不同阶段（问题意识、环境关注、环境诉求和环境不公正）进行了梳理和分析；还有学者提出对邻避抗争的理解应从对单一主体的分析转向对多元主体的考察，如卜玉梅分析了邻避抗争中抗争主体通过转移法、挤出法和制约法等策略对权势话语的合法化展开质疑，进而建构自身的"保护家园"框架；尹瑛以六里屯和番禺居民反建垃圾焚烧厂事件为例，描绘了公众、专家和政府如何就话语权展开争夺，并揭示了公众通过大众传媒建构自己的风险话语，并揭示出垃圾焚烧风险；Burningham 等人分析了风能农场开发商通过建构邻避自利化话语（discourse of NIMBYism）来凸显抗争者知识的非科学性和抗争合理合法层面的不足。

邻避抗争的社会影响。邻避抗争会引发政策变迁，学者主要关注邻避抗争引发政策变迁的作用机理。如 Wong 以北京和广州的反焚烧邻避抗争为例，借助倡导联盟框架（advocacy coalition framework）对比分析了环境型邻避抗争引发政策变迁的发生机理。她发现广州的反焚烧邻避抗争中政策变迁（新型公共协商机制的设立，即广州市城市废弃物处理公众咨询监督委员会）受两个方面的因素影响：一是地方政府对于邻避抗争中居民诉求的积极性回应；二是广州作为我国改革开放前沿阵地，有着较为发达的公民社会，广州的反焚烧抗争形成了倡议废弃物管理政策变迁的联盟。邻避抗衡引发非常规性的政策变迁（邻避项目取消、搁置或迁址）的具体机制同样是学者关注的研究对象。联盟机会结构（coalition opportunities structure）如何影响政策变迁是 Gupta 的博士论文的一个重要议题。Gupta 通过对世界范围内 269 个相关案例进行概念化操作并分析之后发现联盟机会结构中的两个维度，即政治系统的开放程度（degree of openness of a political system）和政治系统中对政策变迁的共识性（the degree of consensus required for major policy change within a system）是影响核设施选址决策变迁的重要因素；

Tang 运用模糊集定性比较分析方法解构了 2007 ~ 2014 年发生在中国的 20 个较有影响力的邻避抗争案例是如何引发政策变迁的。分析发现来自非政府组织、公众人物或普通民众中的积极分子发起的政策倡议是连接抗争与政策变迁的必要条件。杨志军将中国场景下城市邻避抗争引发非常性化政策变迁的原因归结为公共政策的技术官僚治理模式，即公共决策过度依赖技术专家，使政策制定陷入技术利维坦困境。一些研究分析了邻避抗争在社会创新方面的影响。崔晶在分析中国大陆四个典型"邻避抗争"的基础上，提出"中国式"邻避抗争过程中民众不断地进行着社会学习，这种社会学习体现在民众对邻避设施代表的环境问题进行集体反思，并借助邻避抗争尝试与地方政府建立沟通机制来促进对这一问题的解决。谭爽对 7 个邻避抗争事件进行深度剖析，发现邻避抗争通过运动空间分疏、环境公民生产、环境非政府组织组建和环境公民社会运转与回退四个闭环过程建构环境公民社会。张劼颖以番禺垃圾焚烧厂事件为例，描绘了番禺反焚运动中生物公民的"私利"诉求转向"环保"和"公益"目标蜕变的全过程。研究发现环境非政府组织的存续和环保公益叙事的表述和生成是这一变迁轨迹的动力。邻避抗争同样触发了地方政府的学习，如王郅强等以 H 市 Z 区环保能源发电项目为例，通过纵向分析发现上级政府的任务导向、危机学习结果的问题导向、政府外部多元利益主体的需求导向是地方政府危机学习的驱动因素；上级政府资源保障与政府内部组织记忆流动是地方政府危机学习的必备条件；当单环危机学习无法满足社会治理需求时，则需要更深层次的双环危机学习进行变革。Hager 和 Haddad 等将世界范围内产生持久积极性影响且超越选址争议本身的邻避抗争案例进行了系统化的梳理和分析，并编辑出版了《"不要在我家后院"也很美：全球地方行动主义和环境创新的案例透视》，他们认为邻避抗争并不是短视的、狭隘的利己主义，相反，一定程度上助推了社会的创新和发展。邻避的"美丽"之处主要体现在三个领域：政治创新，如催生新的社会网络、带来制度和政策变迁；科技创新，如能源电网改进、新的核废料处理技术；社会创新，如新非政府组织出现、锻造公民能力等。

1.2.1.3 风险管理视角

邻避现象的出现是社会发展到一定阶段的产物，这与工业化进程中社会形态的演变以及居民的环境意识和风险意识紧密相连。国外学术界自 20 世纪 70 年代前后就开始从风险治理角度来分析邻避现象。但当时的分析仅限于探究社会公众对核设施的感知性风险与专家之间的差异，以求弥合分歧，推动社会公众对具有创新性技术的接受度。邻避风险是风险分析和治理领域的主要研究对象，邻避风险的出现在一定程度上推动着这一研究领域的发展。《风险治理：应对复杂世界中的不确定性》一书中将风险治理划分为风险评估（风险感知）、风险容忍和接受度研判、风险管理和风险沟通。这一理论视角的文献梳理关注风险评估（风险感知）和风险沟通。关于邻避风险容忍度和接受度的分析与邻避设施公众接受性研究范畴紧密相关，本书在此不赘述。

风险感知是人们对风险的态度和直觉判断。洞察公众对邻避设施的风险认知是风险评估的重要内容，也是风险治理策略和风险沟通开展的基础。目前，国内外学术界对公众邻避风险感知进行了系统的分析。陈绍军和胥鉴霖通过对 K 市两个典型垃圾焚烧发电项目的实地问卷调查，对项目周边环境敏感区域公众的环境风险认知水平进行了测量。分析发现文化程度因素是制约公众环境风险认知的关键因素。朱苇苇等利用我国山东省海阳市海阳核电站周围居民的调研数据验证了其基于防护性行为决策模型建构了公众核风险感知影响因素模型。研究发现传统信息渠道获取的核电建设信息程度越高，感知性核电风险越高；依赖网络信息渠道获取的信息程度越高，感知性核电风险越低；而公众感知到的核事故知识越多，其核风险感知越高；利益感知与风险感知之间存在倒 U 形关系；Huang 和Wang 以中国台湾第二核电站为例研究了社区居民核电风险感知的影响因素，分析发现社会信任、距离、心理和经济社会特征、社会生活质量的影响是影响此类邻避设施居民风险感知的重要因素。Litmanen 在对芬兰核废物处理设施潜在选址社区居民的研究中发现居民对此类邻避设施的风险感知还受社会阶层等社会文化情境的影响。由此可见，公众对邻避设施风险的感知受多种因素的影响，且社会文化背景是分析居民对邻避设施风险感知差异不可忽视的因素。另外，不同利益相关者对邻避设施风险的感知也各不相同，如有些学者认为专家、地方政府和公众在面对邻避项目时的风险认知存在差异，差异化认知促成各利益相关者提出不同的主张，努力建构基于自身立场的"邻避风险"话语，这是对邻避风险进行评估时需要关注的重要内容，达成风险认知上的共识是有效规制邻避风险的关键。

环境风险评估是邻避设施规划、选址决策的重要参考。目前，学者对邻避项目环境风险评估的关注主要聚焦于两个方面。第一，一些学者提出了邻避项目环境风险影响评估的具体性策略和方法，如 Canter 以废弃物填埋场为例，提出一套完整的环评方法框架，并详尽阐述了这一框架所涵盖的信息收集与分析、相关法律规范、选址地点的环境背景等 10 个方面的具体内容；考虑到当前环境风险评估方法中没有充分地考虑累积性风险，Guputa 等将模糊逻辑应用到垃圾填埋场环境风险评估中，开发了基于模糊隶属度权重的环境风险评估方法，以更好地支撑垃圾填埋场的选址决策。第二，邻避设施选址环境影响评估实践的诊断式分析，如 Petts 认为当前英国废弃物管理中环境影响评估的公众参与面临着环境评估制度"父爱主义"的长期侵蚀、技术专家"缺陷模式"的固化思维、环境影响评估的技术滞后三个方面的障碍；Bond 等以德国、西班牙和英国的三个核电站为例，认为实现环境影响评估中公众的有效参与需要满足认同公众理念、将公众参与纳入环评整个过程、环评决策需充分吸纳公众诉求、保障决策公开透明和为公众参与提供充分信息五个方面。

风险沟通致力于风险信息在专家、风险管理机构、利益组织和社会公众之间的流动，强调专家如何将风险信息告知公众，引导政府组织、企业和公众建立伙伴关系，促成风险方面的良性对话，进而达成风险共识。一些研究基于具体案例来描述邻避风险沟通中不尽如人意的表现、实践，如戴佳等以江门鹤山反核事件为例，分析了政府邻避风险沟通为何失败？分析发现风险沟通失败主要表现在政府秉持"缺陷模式"思维、专家的风险沟通困境以及情绪化民意的混乱回应；对政府和技术专家系统信任的缺失是导致风险沟通失败的根本原因；程惠霞等将茂名 PX 事件风险沟通的失败教训归结为风险沟通时间滞后、沟通强度不足、沟通信息不全面、沟通方式强硬；Beder 和 Shortland 分析了澳大利亚新南威尔士州垃圾焚烧场选址过程中政府的风险沟通表现，分析发现理想化科技模式主导下的风险沟通策略采用了一种高强度的说服式沟通，沟通内容主要关注焚烧风险的可控性和可预测性，脱离了社会情境；Snary 以英国朴次茅斯垃圾焚烧设施规划项目为例，对该项目环境风险评估中创新性的风险沟通实践—联络小组—进行了评估，通过对项目经理和联络小组成员半结构式访谈资料进行分析发现该项目的风险沟通主要围绕技术评估展开，且风险沟通过程仅为感兴趣的利益相关者提供了有限的参与机会。还有一些学者关注如何改进当前邻避风险沟通中的不足，以提升沟通效果，如 Trettin 和 Musham 通过对美国能源部萨凡纳河核基地和其他邻避设施周边居民的焦点小组访谈，提出邻避设施风险的沟通策略不仅要重建政府公信，同时也需要关注设计容易被公众所接受和理解的沟通程序和标准；Lofstedt 以欧洲的碳捕获和储存设施为例，从主动性沟通、信任、透明性、公众教育和社会契合性五个方面具体说明了如何开展风险沟通工作。

1.2.1.4 公共政策视角

从公共政策视角来分析邻避问题主要体现在中国邻避设施选址决策实践的诊断性分析和推动选址顺利实施的政策工具上。

中国邻避设施选址决策实践的诊断性分析。一些学者对当前中国邻避设施选址政策进行了深入的分析，如黄振威通过 X 市和 Z 市 PX 项目的案例对比分析，提出当前中国邻避设施决策是"半公众参与决策模式"，作者认为这一决策模式意味着封闭的传统决策体制仍然是主导邻避设施选址决策的模式，但随着公众诉求和抗争行为的高涨，传统的决策体制捉襟见肘，政府进而将公众参与作为当前决策体制的补充和纠偏策略。邻避决策中的公众参与是表征邻避设施选址政策合法性的重要标志，但现实公共政策实践仍不尽如人意，如 Jami 和 Walsh 基于案例研究方法，通过对渥太华六个风能发电项目利益相关者的半结构式访谈，发现当前加拿大风能发电设施选址决策中公众参与程度较低，主要停留在信息供给和公众咨询。还有学者关注公众参与的有效性，如基于决策过程和公共参与的类型与程度，Wu 等人以磁悬浮建设项目为例，建构了选址决策中公共参与的有效性模型，并进行了假设验证，研究发现公共参与的制度性安排和利益相关方的社会责任感是制约公共参与决策有效性的因素；金璐婷通过对平望、番禺和阿克苏三个垃圾焚烧厂的案例对比分析，发现抗争主体特质、网络媒介运用是影响居民参与决策的重要因素。

塑造公众对邻避设施态度的政策方案（工具）。学者大致从两个方面阐释塑造公众对邻避设施态度的政策方案。一种方案认为经济补偿措施可以消解邻避设施给本地区带来的负外部性，从而弱化其反对项目建设的动机，增进民众对邻避设施的接受度。一般来讲，经济补偿主要有六种形式：直接的金钱补偿、实物性质的基础设施捐赠、税费优惠、财产价值保障、个人福利保障和社区活动基金。尽管经济补偿被认为是化解邻避情结的有效措施，但是补偿方案在实际操作过程中面临的困难经常会引发纠纷和争论。这种困难主要体现在现实中补偿方案常常难以实现最优解，经济补偿会带来贿赂效应、动机挤出效应等负面影响。通过对中国台湾垃圾焚烧厂利益相关者的访谈，Chiou 等人提出基于开放公平的谈判协商达成补偿方案的共识，可以有效整合分化的利益，以有效提升选址地区居民对垃圾焚烧设施的接受水平。相较自上而下的补偿方案，欧美国家在邻避设施选址中的一种政策创新——竞争性志愿选址——被视为"较有前途"的补偿性选址方式。竞争性志愿选址机制通过向社会民众赋权，由社区民众抉择是否参加选址竞争，最后以补偿为核心的竞争拍卖机制最终决定邻避设施的选址。尽管基于经济理性的竞争性志愿选址机制可以通过市场机制甄别社区接受邻避设施的充分信息，使补偿方案实现帕累托最优，有效避免邻避冲突的发生，但基于此种选址机制的设施常常落址在弱势群体居住的社区，因此被抨击为违反环境分配正义理念。另一种方案认为邻避设施选址决策中社区居民的有效参与、政府与社会的积极性互动，可以缓解居民对邻避设施负外部性的顾虑，培育社区居民对政府、项目开发商、运营商的制度性信任，增加社区居民对邻避项目的支持度。McAvoy将公共参与认定为有效化解邻避冲突的重要工具，他认为保障项目听证会中的公共参与，改进风险沟通策略，提升居民对邻避设施规划和运营的了解，会建构和增进公民与政府、开发运营商之间的信任，避免不必要的冲突。Cowan 认为居民事先参与到邻避设施的选址决策中，不仅会让居民更容易接受计划建设的项目，还会在选址方案设计中充分利用居民的地方性知识和智慧，优化最终的选址决策。Devine-Wright 认为选址决策中的公民参与是规避邻避效应的关键，所以各利益相关者都要参与到选址决策中来，应平等且相互尊重地进行交流沟通。还有学者分析了邻避设施选址决策中公共参与的实际情况，并就如何提高选址决策中公众的有效参与进行了分析，如以核废物处理设施为例，Krütli 等人提出了公共参与的动态性功能程序。该程序将决策过程阶段与公共参与水平和类型进行有效整合，详尽阐述了四种参与水平（信息供给、咨询、合作与赋权）在公共决策各阶段中应对应契合的谁参与、参与的时间节点、参与内容等具体要求，进而为有效指导现实选址决策中公共参与实践提供指导。

1.2.2 邻避设施公众接受性影响因素

正如前面所述，随着对邻避现象认识的不断深化，学术界发现邻避主义分析框架的"利己"假设无法完全解释公众面对邻避设施时的复杂性动机。而作为缘起于 20 世纪 80 年代晚期西方可再生能源社会接受性研究重要子维度的公众接受性，因其本质上的民意属性，逐渐成为学者广泛推崇并用以理解公众面对邻避设施时社会心理的主导性分析框架。就作者目前所掌握的文献资料来看，邻避设施公众接受性的研究主要分布在欧美等西方国家，主要关注风能和核电等能源类邻避设施，而基于垃圾焚烧发电设施（项目）的分析较少。

1.2.2.1 风险感知

风险具有双重属性，即社会风险是客观存在的社会现实，也是特定主体对社会事实反思性实践的主观建构。风险感知是人们在不确定情形中，在其所处社会环境多种因素的主观作用下，对客观存在的风险事实的特征、未知性、危害性的评判过程中所形成的感知。"经济人"假设认为社会活动中的人具有自利性和理性倾向，"经济人"在社会活动中总是寻求个人利益的最大化。经济人假设同样可以用来理解社会公众面对邻避设施时的社会心理机制。风险感知是理解社会公众面对邻避风险的核心概念，也是形塑邻避设施公众接受性的基本性因素。社会公众反对邻避设施建在自己社区周围的态度很大程度上是出于邻避设施对自身生活环境和身体健康影响的考虑。已有大量研究发现邻避设施风险感知与邻避设施公众接受性呈负相关关系，如 Easterling 和 Kunreuther 发现设施安全感与核废料处理设施公众接受度呈正相关关系。同样地，Lober 在分析公众对垃圾填埋场、垃圾回收站、垃圾运转站和垃圾焚烧场的态度时，发现风险感知显著预测公众对四类废弃物邻避设施的接受性。上述研究中对风险感知概念的界定和概念化操作是基于对邻避设施风险感知的认知，也就是认知型风险感知（cognitive components of perceived risks）。随着风险感知研究不断深入，一些学者发现人的情感类因素，如焦虑、恐惧、愤怒等在风险判断和行为决策过程中与理性分析相互作用，共同塑造风险感知的形成。Finucane 等人提出了情感在风险感知形成过程中的情感启发式机制，该机制指出受情感的影响，人们对特定风险的判断并非理性思考的结果，进而导致人们在对客观风险进行判断时会产生较大的偏差。因此，"作为情感的风险（risk as feeling）"越来越多地被纳入对公众风险感知的分析中，以更好地解释、预测风险情境下的公众态度和行为。研究发现邻避设施的情感型风险感知是预测公众对邻避设施接受性的重要因素。另外，还有一些研究同时关注两个不同维度的风险感知对邻避设施公众接受度的影响。王锋等以六里屯垃圾填埋场为个案，通过分析周边居民对此设施态度的影响因素，发现作为情感型风险感知的焦虑情绪与作为认知型风险感知的生活品质、环境污染、身体健康均显著与居民接受度呈负相关关系，其标准化回归系数分别为 -0.40、-0.14、-0.10、-0.09；Biel 和 Dahlstrand 通过情境法以瑞典 4 个核废料设施为案例探究核废料风险感知的影响因素，分析发现风险感知的两个维度，即情感性风险感知和认知型风险感知均与公众接受性呈负相关关系，其标准化回归系数分别为 -0.37 和 -0.27。从上述研究结果我们可以发现，相较于认知型风险感知，情感性风险感知对邻避设施的公众接受度有着更强的解释能力。

1.2.2.2　利益感知和补偿

利益感知是"经济人"人性假定下理解邻避设施公众接受性的重要因素。垃圾焚烧厂、核电厂等邻避设施一定程度上会给附近社区带来一定的经济影响，如房产价值缩水、投资环境恶化等。但邻避设施本身作为一种公共物品，为公众的生活需求提供了便利或福利，如核电站的建设可以降低电价；垃圾焚烧厂的运营可以缓解城市垃圾围城的风险。另外，邻避设施的建设和运营可以作为一个产业，为当地提供新的就业岗位、为地方财政创造税收，推动地方经济发展，甚至是推动当地的民生发展。上述诸多因素都是反映邻避设施附近居民感知物质利益损失或收益的重要参照标的，从而形成对特定邻避设施的利益感知。大量研究发现收益感知是预测邻避设施公众接受性的重要前因变量。Chung 和 Kim 以韩国庆州核废料处理设施为例，分析了邻避设施公众接受度的影响因素，分析发现收益感知显著影响公众接受度（$\beta=0.51$）。Guo 和 Tao 以中国计划建设核电厂的葫芦岛和汕尾两地为调研对象，分析了两地居民核电厂接受度的影响因素，研究发现收益感知与公众的接受度呈显著的正相关关系（$\beta=0.40$）。周根通过对中国江浙沪 4 个垃圾焚烧发电厂附近居民的问卷调研发现，收益感知显著预测垃圾焚烧发电厂的公众接受度（$\beta=0.22$）。从上述研究我们可以看出收益感在解释邻避设施公众接受度方面的能力因邻避设施类型而异。

源于"经济人"的人性假设，自身利益最大化是驱动人社会活动的初始动机。为提高邻避设施周边居民的净收益，补偿作为一种缓解邻避情结的传统举措已经在欧美国家得到大力的推广。一般来看，针对邻避设施的补偿分为两种：一种是货币补偿；另一种是实物性质非货币补偿，其包括基础设施捐赠、税费优惠、财产价值保障、个人福利保障和社区活动基金。国内外大量文献证实了补偿有利于邻避项目选址和施工的顺利推进。但是学术界对补偿措施在提升邻避设施公众接受度方面的有效性并没有达成一致。Kunreuther 和 Easterling 对美国邻避设施补偿政策的实践效果和文献梳理发现，补偿政策可以有效地提升附近居民对大部分邻避设施的接受度，但对于公众感知高风险或公众质疑其合法性的邻避性设施，如核废料处理设施，补偿政策的效用十分有限；他们还发现面对高风险的邻避设施，只是简单通过货币补偿这一举措试图抵消附近居民的消极态度是无效的，甚至会产生"贿赂效应（bribe effect）"，让居民感觉到自己是被金钱收买，从而产生了厌恶心理。近年来，一些学者开始关注不同的补偿方式对邻避设施公众接受性的影响机制。García 等以风能发电项目为例，通过选择性实验来分析居民对邻避设施补偿方式的偏好，研究发现居民倾向于选择实物补偿，且实物补偿在提升公众对邻避设施接受度方面的效果更好。而 Zhang 等人在分析两种不同补偿方式对形塑中国居民对社区附近页岩气开发项目态度方面的作用时，发现货币补偿和页岩气开发税收收入补偿基础设施建设对居民态度的预测能力存在差异。其中，货币补偿变量显著且积极影响居民支持度，两种补偿方式的组合变量显著且积极影响居民支持度，但是以基础设施建设作为补偿方案变量的加入并没有显著提升居民的支持度，这说明货币补偿在提升居民接受度方面是有效的，而基础设施建设作为补偿举措则不能提升居民接受度。Claro 对不同补偿方式影响邻避设施公众接受性的作用机制的分析发现货币补偿通过基于自由的市场关系影响居民对邻避设施的态度；而实物补偿则通过基于公正的平等关系作用于居民对邻避设施的态度。我们可以发现不同的补偿方式对邻避设施居民接受度的影响效果因不同社会文化背景而异。

1.2.2.3 知识

核电站、通信基站和垃圾焚烧厂等设施的邻避风险本身具有高度的科技属性，呈现出技术风险—环境风险—经济风险的演化路径。公众面对科技属性的邻避设施时的焦虑和恐惧很大程度上是对科学不确定性情形下的一种常规性反应。

社会公众对科学或科学技术应用的理解和认知一定程度上是由其所具备的科学素养或科学知识所决定。20 世纪 80 年代开始，公共理解科学理论在西方学术界蓬勃发展。政府和科学家们坚信，随着公众对科学技术发展认知的深化，公众的科学素养会逐渐得到提升，这反过来会推动公众对科学的理解和支持。这一公众理解科学的认知逻辑被学术界称为"缺失模型（deficit model）"，其核心观点是公众对现代科学技术的认识是"有缺陷的"；而科学家掌握了充分的科学知识。正是由于公众对科学知识不了解，无法对科学技术的风险和收益作出正确的评估，才导致其对新科学技术怀有敌意。"缺失模型"认为知识是解释公众理解科学的最重要因素，其政策启示是政府在选址和建设科技类邻避项目时，应大力开展教育宣传工作，向邻避设施附近居民普及邻避设施相关科学知识，引导公众理性看待邻避项目。这些知识一般包括邻避项目技术、设施运营、潜在风险等方面的内容。事实上，这一理论模型的核心观点在大量研究中已经得到证实。一些研究发现科普或公共教育可以缓解公众邻避情结，如任依依以浙江余杭九峰垃圾焚烧发电厂为例，分析发现科普教育在缓解公众邻避情结方面的作用明显；Ibitayo 和 Pijawka 基于美国全国性调研数据分析发现，州政府就有害废弃物开展的公众教育是有效推进嫌恶性邻避设施成功选址的重要举措。还有研究证实具备邻避设施相关知识的公众更加乐意接受邻避设施建在社区附近，如 O'Garra 等以拟建氢气加油站为例，通过分层抽样和问卷调研对伦敦 346 名居民的数据分析发现，了解氢气知识的居民中对当地氢气加油站项目持支持态度的居民是持反对态度居民的 4 倍。Kraft 和 Clary 通过对美国多个拟建核废料处理设施附近 1045 位居民的分析发现居民核废料处理设施知识水平正向促进居民接受该设施。从政策科学的角度来看，知识是政策制定和政策方案选择的重要支撑。对于个人来讲，知识是寻求问题解决方案的重要资源储备。个人对公共政策的态度同样受到其所具备的知识的影响，如 Greenberg 通过对美国 11 个核设施附近约 80 千米内的 2101 个居民和美国其他地区 600 名居民的问卷调查分析发现，对周边核设施熟悉程度越高的民众越倾向于支持核设施选址政策。

但有些研究结果显示公众所具备的相关知识并不一定正向促进邻避设施的公众接受性，如 Wright 以德州一个拟建废弃物处理设施的项目为例，分析居民对该设施态度影响因素时发现公众所具备相关知识与公众邻避设施接受度呈负相关关系，Aoki 发现作为测量公众相关知识的跨域处理、安全标准和 3Rs 政策（减少、再利用和收废物）中只有 3Rs 正向显著预测公众对拟建地震废弃物处理设施的接受度。Zhu 等人通过对山东海阳核电站周边居民的问卷调查研究，甚至发现公众知识水平与核电设施反对态度之间呈现出一种 U 形关系。还有一些研究发现，公众具备的知识水平与邻避设施的接受度之间没有显著性关联。有的学者将已有研究关于二者关系结果的不一致性归因为公众所具备邻避知识差异性。当公众不能凭借之前所积累的知识来理解邻避设施的运营、风险或收益时，他们会依据对邻避设施中其他利益相关者的信任来作出判断。

1.2.2.4 社会信任

"在不断提高的社会复杂性的条件下，人们能够而且也必须发展出比较有效的简化复杂性的方式"，在风险社会语境中，这种社会复杂性简化方式就是信任。随着风险社会形态中复杂性和不确定性的加剧，信任在社会治理中的功能和定位越发凸显。在早期邻避现象研究中，就有学者提出信任是理解邻避问题和化解邻避情结的重要要素，公众对地方政府部门邻避设施风险监管方面的质疑，对邻避设施选址、开发和运营中相关政府机构和企业行为的非合意性都是公众信任流失的表现，信任缺失是导致邻避抗争发生的必要构件。社会信任是一个被多学科领域所关注的概念。社会信任是指愿意在技术、环境、医药或其他公共卫生安全等领域依赖负有决策和行动责任的个人或组织的意愿。我们还可以将其理解为一个人对社会网络中的他人或组织按照他们可胜任的、可预期的和关注的行为方式所持有的期望性信念。本书中的社会信任是指邻避设施周边居民对邻避设施选址、建设和运营过程中相关政府、企业和专家的信任。在风险管理领域，研究已经证实社会信任有助于我们更好地理解公众对邻避设施风险和收益的主观感知，如 Yang 等人发现社会信任能有效降低公众对碳捕获和存储实施的风险感知，并提升公众对该设施的利益感知。基于核能发电厂、危险品仓库、化工厂和垃圾焚烧发电厂的研究得到了类似的发现。另外，信任还在风险沟通中扮演着重要角色，有学者认为风险沟通中对政府或专家的不信任是导致风险沟通失败的主要原因。

风能发电厂、核能设施和垃圾焚烧厂等邻避设施的技术属性较高，一般公众不具备涉及这些科学技术的工程项目或设施经营的相关知识。当缺乏足够评价邻避设施的知识和信息时，公众一般转而依托社会信任而作出判断或采取行动。依循这一理论逻辑，很多学者验证了社会信任对邻避设施公共接受性的作用机制。一些基于垃圾焚烧设施的研究发现社会信任正向促进邻避设施的公众接受性。其中杨雪锋等、Guo 等对垃圾焚烧设施和核能发电设施的调查发现社会信任除了直接影响公众的接受度，还通过对邻避设施的收益感知作用于公众的接受性，而葛宇佳和周根基于垃圾焚烧设施分析发现社会信任除直接影响公众的接受度之外，还通过对邻避设施的风险感知作用于公众的接受度。因此，未来研究中需要进一步分析社会信任与其他因素的交互效应对邻避设施公众接受性的影响。另外，一些研究还就社会信任对邻避设施公众接受度的影响进行了更加细致的分析，如刘冰发现以地方政府为信任客体而测得的"信任"显著强化 PX 项目公众接受性；而柯培华发现构成"社会信任"变量的三个题项中中央政府信任、地方政府信任和垃圾焚烧厂信任对垃圾焚烧厂公众接受性的影响还受到其他因素的制约：具体情境下（强调公众与垃圾焚烧厂的"邻近关系"），公众对邻避焚烧厂的接受度受到地方政府信任水平和垃圾焚烧厂信任水平的影响；而一般情境下（不强调公众与垃圾焚烧厂的"邻近关系"），公众对邻避焚烧厂的接受度受到中央政府信任水平和垃圾焚烧厂信任水平的影响。这启发我们在未来分析中要关注"邻近"情境对社会信任与公共接受度间关系的影响。

1.2.2.5　正义感知

从风险收益的均衡性来分析邻避设施的公众接受性属于理性主义的范畴，而基于工具理性的政策设计在现实公共管理问题面前经常会"失灵"，纯粹的技术性分析远不如价值分析重要。有学者指出邻避设施选址决策和建设过程实质上是邻避设施风险的分配过程，风险分配的非正义性是社会稳定风险再生的深层原因；从正义原则框架解构邻避现象是妥善化解邻避困境的关键。因循降低交易和补偿成本及"最小抵抗路径"原则，邻避设施的选址一般选在边缘化社会群体或低收入群体的居住地区。20 世纪 80 年代初，美国北卡罗来纳州沃伦县居民对氯联苯废弃物填埋场选址的抵抗而引发的"沃伦事件"就是当地居民认为受到了极不公正的对待。沃伦县聚集着大部分的贫穷黑人，是相对容易"被俘获"的弱势群体。具有邻避属性的"沃伦事件"是推动美国环境正义运动发展的开端。总体来看，从正义框架来分析邻避现象的讨论主要分为分配正义和程序正义两个方面。分配正义又称结果正义，主要关注邻避设施风险分配结果的公平公正。鉴于邻避设施的兴建和运营必然会将选址地周边居民暴露于风险之中，地方政府一般通过经济补偿手段赢得周边居民的"同意"。而现实中的补偿并不一定有助于削弱邻避情结，甚至有时会激化社会矛盾。这时作为分配正义的拓展和有效手段的程序正义的重要性开始凸显。程序正义强调邻避设施选址和建设过程中一系列政策制定规则的合理性、合法性，充分保障和实现公众的知情权、参与权。但是需要注意的是，尽管在一些由社区主导的邻避设施选址过程中，程序正义价值理念的遵循和实践在现实中面临着的挑战。

围绕分配正义和程序正义，大量国内外学者分析了正义感知对邻避设施公众接受性的影响。Gross 以澳大利亚新南威尔士州一个引发冲突的风能发电厂为案例，通过对主要信息人半结构访谈内容的分析，发现正义缺失是导致社区居民反对风能发电厂的重要原因；社区居民就如何提升协商过程中的正义缺失问题的意见不一。Besley 对南加州核电厂扩建项目的研究发现，程序正义和分配正义正向显著影响周边居民对扩建项目决策的接受度，且影响效果无明显差异；研究结果还显示愤怒情绪负向调节程序正义、分配正义和居民接受度的关系。还有一些学者发现分配正义和程序正义对邻避设施接受性的影响效果不同，如 Walter 通过瑞士农村地区 5 个潜在风能发电厂选址地点周围 919 名居民的实验性调研数据分析发现，程序正义和分配正义同时显著影响居民对风能发电厂的接受度，但是程序正义的影响效果较小，而分配正义则对公众接受度的影响十分明显；Lima 基于里斯本和波尔图计划建设的垃圾焚烧厂案例的研究结果显示分配正义正向显著影响公众接受性，而程序正义对垃圾焚烧厂公众接受性的影响则不显著；进一步的分析结果显示分配正义在距离与垃圾焚烧厂公众接受度间起部分中介效应。而来自中国大陆垃圾焚烧厂的案例的分析结果显示程序正义不显著影响邻避设施公众接受度，这说明在中国情境下，无论垃圾焚烧厂相关政府决策在多大程度上符合程序正义性原则，公众本质上还是希望远离高污染性的邻避设施。在中国情境下，虽然程序正义对邻避设施公众接受度的直接影响效果不显著，但是部分学者发现程序正义完全通过其他因素作用于公众接受度，如刘冰发现程序正义通过风险感知和政府信任间接影响 PX 项目公众接受性。

1.2.2.6　地方依恋

当讨论"邻避"时，我们到底在谈什么？越来越多的学者借用列斐伏尔的空间生产理论解读邻避现象。列斐伏尔认为社会空间逐渐超越自然属性，趋向社会属性，是人类日常生活中所建构的场域，本质上是社会关系的再生产。从空间生产理论来看，邻避设施的选址和运营是一种空间的再生产过程，是实现公共设施服务社会目标的空间配置。所以，邻避现象可以理解为邻避设施周边居民对设施所承载空间生产过程的不满和抵抗。这种消极性态度和行为经由空间剥夺感这一心理机制所触发。同样是关注特定场域空间的社会属性，地方理论（place theory）认为地方不仅是空间实体的自然属性，也是个体和社群自我身份建构过程中的重要媒介，个体和社群通过对地方的诠释和意义建构来理解自己的身份和自我存在。地方依恋（place attachment）是地方理论的重要分支，是个人基于生活体验和情感而对特定地域产生的一种依恋情结。地方依恋是复杂而具有综合性特征的概念。基于地方依恋概念，Devine-Wright 将居民对建在社区周围邻避设施的抵抗看作"一种地方保护行为（as a form of place-protective action）"，该种行为（态度）的触发缘起于邻避设施的选址和运营破坏了周边居民对该场域业已形成的情感依赖、干扰了居民对物理空间的认同过程。除了理论上的推演，Hall 等人通过对澳大利亚 7 个陆上风能发电项目利益相关者的访谈分析，发现地方依恋是影响公众对风能发电项目接受性的重要因素。Kim 和 Chung 通过对韩国内陆风能发电厂周边居民的访谈内容分析发现日常生活中关于地方干扰的记忆和体验是引发居民反对态度的重要因素。

依循 Devine-Wright 对邻避现象的新解读，大批国外学者验证了地方依恋对邻避设施公众接受度的影响。Devine-Wright 发现地方依恋与居民对附近潮汐发电设施接受性呈显著正相关关系。通过对拟建高压输电站途经小镇 503 名居民的调查分析，Devine-Wright 发现地方依恋强度（intensity of place attachment）、传统型地方依恋（traditional place attachment）和主动型地方依恋（active place attachment）中只有主动型地方依恋负向影响公众对不同选址方案的支持度。但来自美国的研究发现，地方依恋对邻避设施公众接受度的作用不明显，如 Carlisle 等通过对南加州 6 县 594 位居民的调研数据分析发现，作为地方依恋替代变量的本地居住时常并不能显著影响居民对附近拟建太阳能发电厂的支持态度，他将来自欧洲和美国研究中地方依恋对能源性邻避设施公众接受度影响的差异性归结为社会文化的不同，欧洲社会中社群文化关注人与地之间的联结，因此地方依恋能有效解释欧洲研究中地方依恋对能源性邻避设施的接受度，而美国民众对能源性邻避设施的认识多受到经济收益和政治倾向的影响。

还有一些学者发现地方依恋通过与其他因素的交互效应共同作用于居民接受度，如 Liu 等人发现地方感知并不直接影响居民对附近火电厂的接受性，但利益感知在二者之间的关系中发挥了完全的中介效应。Hou 等人发现地方依恋与居民对附近垃圾焚烧厂的邻避情结呈正相关关系，且在风险感知与居民邻避情结之间起到部分中介和调节作用。除塑造公众对邻避设施的态度之外，地方依恋还是推动居民参与邻避抗争的重要触发因素，如 Tiwari 基于美国安纳罕姆市调研数据的分析结果显示空间认同（spatialized identity）显著正向影响公众对经济适用房的接受度和公众抗议行为；Garland 通过对英国水力压裂开采页岩气抗议活动事件的分析，认定除政治机会结构因素之外，担忧工业化的地方干扰（place disruption）同样是引发邻避抗议活动的重要因素。

1.2.2.7 政治效能

政治效能这一概念是由坎贝尔等人于 20 世纪 50 年代首先提出的。他们从公民责任视角出发，认为政治效能是指"个人的政治行动对政治过程所产生影响力的知觉，也是个人践行其公民责任的感觉"。罗伯特·E.莱恩将政治效能感分为内在政治效能感和外在政治效能感。内在政治效能感是指个人对自己影响政治过程的能力的一种感知，而外在政治效能感则是指个人对整个政治体系回应民众问题的一种主观认知。这一划分方式经 Balch 的实证性研究证实之后，逐渐被学术界接受和应用。政治效能感是一个态度性概念，通过心理上的预期影响民众对政治过程（或结果）的态度及参与政治活动的潜在可能。邻避设施选址、建设和运营活动过程同样也是一个政治过程，其涉及政府、开发商、选址周边民众等多个利益相关者。居民对建在社区附近邻避设施的态度和抗争行为同样受到政治效能感的驱动。就作者目前所掌握的文献来看，探究政治效能对邻避设施公众接受度的研究很少，Joe 等人通过对爱达荷州南部 695 名居民的调研分析发现，政治效能显著正向影响民众对社区附近拟建高压架空输电线路的反对态度。需要指出的是这一研究中对政治态度和居民反对态度两个核心变量的测量都是通过其他变量的替代而获得。其中，政治效能由意见领袖感知、教育水平和收入水平三个显变量代表，而对拟建高压架空输电线路的反对态度的测量则由视觉干扰、财产价值和地理邻近替代。这些替代变量的使用会对研究结果产生一定的影响。

　　政治效能或近似于政治效能的变量更多地被用来考察对居民参与邻避抗争活动的预测能力，如 Mannarini 等基于意大利西北部高铁项目的分析发现，集体效能感（collective efficacy）与居民参与抗争活动呈显著性正相关关系。Liu 等人通过对中国香港垃圾填埋场和垃圾焚烧厂周边居民的问卷调查研究发现团体效能（group efficacy）、自我效能（self-efficacy）和代理效能（proxy efficacy）是影响当地居民参与邻避抗争活动的决定因素。Wu 等人基于重庆和四川页岩气开发项目周边居民的调研，将公众对开发项目的一种态度定义为"顺从式支持（resigned support）"，这一态度的主要特征就是居民感到自身在社会活动中的政治效能较低。总体来看，上述研究中所提及的政治效能或近似于政治效能的变量都只是关注公众自身的政治影响力，即内在政治效能，而作为对政治（政府）体系回应问题的外在政治效能却并没有得到充分的关注。未来研究中需要同时关注政治效能的不同维度对邻避设施公众接受性的影响和作用机理。

1.2.2.8　距离

　　"不要建在我家后院"本身就是指公众不愿与邻避设施为"邻"，这说明公众居住地点到邻避设施选址的地理距离是影响居民对邻避设施接受性的基础性因素。早期分析邻避现象的邻避主义分析框架就提出"距离社区居民越近的邻避设施，受到居民反对的可能性就越大"的"邻近性假说（proximity hypothesis）"。这一假说在诸多研究中得到验证，如王丽娟通过对武汉盘龙城垃圾焚烧厂周边居民的数据分析发现距离显著影响居民对垃圾焚烧厂的反对态度，且二者呈负相关关系；Gallagher 等人发现距离垃圾填埋场越近的居民，对该设施的反对态度就越强烈。还有一些研究发现地理距离对邻避设施公众接受性的影响还受其他变量的驱动，如 Lima 发现地理距离是社区居民对垃圾焚烧厂接受性的决定性因素，但二者之间的关系受到风险感知、程序正义作为中介变量的影响；Nelso 等人发现风险感知和信任部分调节感知距离与居民对周边电力传输线路反对态度的关系；Clarke 发现政治倾向部分调节物理距离与居民对液压天然气开发项目支持度的正相关关系。

　　但已有研究结果显示地理距离与邻避设施公众接受性二者之间的关系比较复杂。基于新能源类邻避设施的研究中，"邻近性假说"经常不能得到证实。如Hanger 等人通过对摩洛哥太阳能发电厂周边居民的数据分析发现地理距离与发电厂接受度之间的正相关关系并没有通过统计学上的显著性检验。Warren 等的研究甚至发现居住在距离正在运营中的风能发电厂越近的人，越支持这一邻避设施的选址。有学者从四个方面对关于二者关系相关结果的不一致性进行解释：邻避设施类型多样导致其外部性存在差异；选址地点经济、社会、文化情境存在差异；邻避项目开发阶段的差异和特定项目执行过程中的政策不同。另外，Alcorn 等人研究发现距离对邻避设施公众接受性的影响还取决于距离概念的测量和地域差异。他们对美国宾夕法尼亚州、得克萨斯州和俄亥俄州三州居民对水力液压天然气开采项目态度的数据分析发现物理距离负向显著影响俄亥俄州被调研公众对液压项目的"暂停"偏好（$\beta=-0.056$，$P=0.002$），而感知距离正向显著影响宾州和德州被调研居民的"暂停"偏好（$\beta=0.258$，$P=0.074$；$\beta=0.284$，$P=0.043$）。

　　还有研究发现二者之间并非简单的线性关系，如Guo 等人通过对甘肃酒泉698 个有效样本数据的分析发现，受到成本感知和收益感知共同影响，地理距离与居民对风能发电设施的接受性之间呈现出一种倒U 形关系，即公众期望从这一项目中获益，但同时迫切希望规避这一项目带来的潜在环境风险。类似地，Jenkins-Smith 等基于新墨西哥州居民的数据分析发现地理距离与居民对核废料处理设施反对态度之间也不存在线性关系：距离核废料设施越近的居民，对该设施的支持度越高，但是随着距离不断延伸，支持度逐渐递减。

　　另外，还有一些学者认为地理距离对公众邻避设施态度的影响是一个社会化的过程，且这一过程可以通过多个空间维度来影响公众的态度。如Tan 等人通过对中国西南部地区页岩气开发项目周边居民的结构访谈发现地理距离、时间距离、社会距离（国家认同）和体验距离都是影响居民对该设施接受性的距离维度；通过对比利时北部法兰德斯三个风能发电厂的质性访谈，Pepermans 发现地理距离、政治距离（决策者与地方居民的隔阂）、社会距离（开发商与地方居民的隔阂）侵蚀风能发电项目利益相关者之间的互相信任，是导致风能发电项目选址失败的重要原因。因此，在后续验证距离与邻避设施公众接受度之间的关联时，我们不仅要考虑地理距离与其他因素的交互性作用效果，还需要关注其他维度的距离对公众接受性的影响。

1.2.2.9 社会人口统计学因素

社会人口统计学因素是塑造社会公众风险感知和偏好倾向不可忽视的因素。大量国内外研究表明年龄、性别、教育程度等社会人口统计学变量是甄别邻避设施公众接受性差异化的重要因素。但这些研究结果显示社会人口统计学变量对邻避设施公众接受度的影响因邻避设施类型、案例来源的社会背景不同而呈现差异化。如基于废物处理设施的案例研究来看，Bacot 等人发现女性、低收入和未接受良好教育的群体更倾向于反对垃圾填埋场；但 Mansfield 等人通过北卡罗来纳州格林斯伯勒 258 名居民对垃圾焚烧、填埋等设施的调研数据分析结果显示年长、接受过良好教育和高收入群体是典型的反对者。另外还有学者发现社会人口统计学变量与此类邻避设施的公众接受性之间并没有显著的相关性关系。

以核能设施为案例的研究结果显示社会人口统计学因素在不同社会文化情境下对公众接受度的影响不一致。Huang 等人通过对距离中国台湾核电厂最近的连云港的居民的研究发现低收入，没有公职的女性对中国台湾核电厂的接受度较低；Hüppe 等人发现年长的女性对核电发电厂的抵触态度较为强烈。类似地，George 等人通过对加州 Diablo Canyon 核电站周边居民的数据分析发现低收入、接受良好教育的女性对核电站的接受度较低。但基于中国大陆社会情境中调研数据的分析发现高收入和接受过良好教育的公众对核电项目的接受度较低。另外，Chang 从人类文化学的角度分析了中国台湾的排湾族居民与长居海岛的达悟族人对中国台湾电力公司拟建核废料存放设施的接受态度的鲜明对比；Freudenburg 和 Davidson 认为性别对邻避设施公众接受性的影响机制主要通过男女社会分工的作用，而随着职业女性的增多，未来研究中需要分析性别和职业的交互作用对公众接受性的影响。通过文献梳理发现，社会人口统计学变量不同程度上对邻避设施的风险和邻避设施的公众接受性存在影响。而中国情境下邻避设施态度的研究中较少关注到这一点。基于此，本书从社会人口统计学因素分析邻避设施公众接受性的差异化。

1.2.3 文献评析

邻避现象是经济社会条件发展到一定阶段的产物。随着越来越多的国家和地区实现工业化，邻避现象逐渐衍生成一个世界性问题，并发展成一个全球性的学术话题。作为一个棘手的社会现象，邻避问题受到来自环境科学、政治学、地理学、城市规划、心理学、社会学和公共政策等多个学科领域学者的关注。综合来看，国内外学者从社会运动、风险管理、公共政策和邻避设施的公共接受性四个不同的视角对这一现象进行分析和解读。通过对当前国内外邻避现象研究的横向对比不难发现，国内外学者对邻避问题的研究有所侧重，取向不同，即国外倾向于从社会公众的感知性角度来分析公众对邻避设施的态度和行为；而国内目前则较多关注由邻避问题引发的邻避抗争或社会运动。

基于社会运动视角下的邻避问题分析侧重于挖掘邻避抗争的发生、冲突各方的话语叙事、抗争的社会影响及化解邻避抗争的策略。基于这一研究视角的知识累积并不能为地方政府邻避政策的公众不服从提供全景式的解读。充分认识和理解公众为什么不认可邻避设施的选址规划和决策，深刻洞察公众不接受邻避设施建在"自家后院"背后的社会心理机制，了解邻避设施公众接受性的驱动因素和驱动机理是化解邻避困境的关键和基础。

西方社会情境下的研究发现风险感知、利益感知和补偿、知识、社会信任、正义感知、政治效能、地方依恋、距离和社会人口统计学特征是邻避设施公众接受性的重要影响因素，而基于中国情境下探析邻避设施公众接受性的研究较少。基于这一研究线索，本书旨在探析中国情境下邻避设施公众接受性的影响机理。

1.3 研究目的与意义

1.3.1 研究目的

本书以垃圾焚烧发电厂为案例，旨在对邻避设施公众接受性的影响因素体系、影响因素的驱动机理、垃圾焚烧发电厂公众接受性的实现条件及可能路径进行深入分析，进而为提升居民对邻避设施接受性的政策设计提供理论依据。基于扎根理论这一质性研究方法，尝试从居民感知视角探索垃圾焚烧发电厂公众接受性的影响因素，并厘定影响因素的作用机理，进而建构垃圾焚烧发电厂公众接受性影响因素模型。根据理论模型中影响因素的概念维度，在借鉴已有研究的基础上开展垃圾焚烧发电厂公众接受性及其影响因素的社会调查，通过问卷调研获取垃圾焚烧发电厂公众接受性及其影响因素的基础数据，借助多元统计分析和路径分析等统计检验方法验证垃圾焚烧发电厂公众接受性的作用机理。在前述量化分析的基础上，通过模糊集定性比较分析方法探索影响垃圾焚烧发电厂公众接受性的多重因素组合及可能路径。

1.3.2 研究意义

在当前日益严峻的"垃圾围城"和居民对垃圾焚烧设施日益高涨的嫌恶情结背景下，本书借鉴国内外邻避现象和公共政策相关研究成果，尝试从社会公众的态度入手，对垃圾焚烧发电厂公众接受性影响因素和作用机理进行理论分析，基于扎根理论的质化分析研究和基于社会调研数据的量化和组态分析，探索垃圾焚烧发电厂公众接受性的理论模型、影响机理和组态效应，进而尝试提出提升邻避设施公众接受性的针对性政策建议。这一研究设计具有一定的理论和实践意义。

1.3.2.1 理论意义

一项政策得到顺利实施的关键是获得政策受众群体的认同和接受。当前国内对于邻避问题的研究聚焦于邻避风险向社会稳定风险演变的逻辑、邻避抗争的社会条件以及超越"邻避困局"的理论探讨。超越"邻避困境"的核心是围绕公众接受性进行切实可行的政策方案设计。而从公众接受性入手分析邻避现象并没有得到国内学术界的足够重视。本书借助扎根理论来甄别和提炼垃圾焚烧发电厂公众接受性的影响因素，建构垃圾焚烧发电厂公众接受性影响因素模型；积极围绕垃圾焚烧发电厂公众接受性这一研究视角来展开分析与探讨，拓展出一个分析邻避问题的研究视角。

垃圾焚烧发电厂公众接受性一定程度上可以理解为垃圾焚烧发电厂政策（选址决定）的可接受性。基于特定场域下公共政策可接受性的研究可以拓展公共政策可接受性这一研究议题，丰富公共政策接受性理论。本书建构垃圾焚烧发电厂公众接受性影响因素模型可以为其他领域政策公众接受性研究提供理论参考。"公共政策能否有效执行，在相当程度上则取决于政策适用主体的态度"。当前我国对于公共政策的民意调查、公众态度的关注度仍旧匮乏，这一定程度上不利于优化公共政策制定程序，也不能为公共政策的顺利实施提供智力支撑。希望本书可以推动国内学者们未来从心理学、政治学、社会学等多学科展开对公众公共政策态度及其影响因素和公共政策形塑公民行为等学理方面的基础性研究。

1.3.2.2 现实意义

优化邻避设施选址政策制定和执行程序，推动邻避设施选址政策体制的良性转型。质性与定量相结合的研究方法有助于更精准地甄别邻避设施公众接受性的影响因素，从而为具有可操作化的政策工具设计提供理论依据，提高邻避设施选址政策的科学性和有效性。当前"代民做主"式邻避设施选址政策体制已经脱离了高风险性社会政策的现实属性。邻避情结引发的邻避抗争充分说明封闭式政策体制已经过时，完全依靠行政强制性的单一政策工具不尽如人意。邻避抗争事件的频繁发生严重影响社会稳定秩序，迫使政府信任流失，损耗治理体系权威。针对垃圾焚烧设施选址这一敏感和紧迫的议题，必须从政策受众群体入手，基于实证性的理论研究成果为推进政策工具创新、不断丰富政策工具箱、探索多元化的混合型政策工具提供参考。

有助于推动国家垃圾焚烧政策的有效执行，保障城市生活垃圾得到便利化的处理，保障城市发展的可持续性。"垃圾围城"危机的迫切性，凸显出建立大型垃圾焚烧设施的急迫性和必要性。当前，城市政府在垃圾焚烧设施选址和建设过程中对环境风险治理的短视激起当地民众抗议，政府在制定和执行垃圾焚烧政策时没有将社会公众纳入政策议程，都会影响政策执行的实效性，进而导致城市垃圾不能得到及时有效的处理。垃圾焚烧设施选址政策制定过程中，公众议程的实质性输入有助于促进垃圾焚烧项目设施政策的有效执行和顺利推进。

阻断邻避风险衍生邻避抗争的风险链条，节约社会治理成本。中国已经进入邻避敏感期，邻避风险引发的邻避抗争事件已经出现。由政府主导的威权式邻避风险治理模式阻隔社会公众的参与，一定程度上助长当地居民非理性集体行为，甚至最终演化为群体性冲突。关注公民对邻避设施选址及对应政策的可接受性可以促进政府与社会公众之间的互动和沟通，消除二者之间的认知鸿沟，抑制政策受众群体的非理性反应。邻避抗争事件的爆发一定程度上迫使政府增加各项资源投入来消除邻避抗争对社会稳定的潜在威胁和影响。因政府在社会治理过程中积累的政治资源无法弥补损耗的政治资源而造成制度权威、政府公信力和社会满意度下降等政治层面的影响，进而导致后续社会治理成本的上升。另外，邻避抗争在某种情况下会迫使地方政府暂停、搁置或取消政策规划或在建项目。公共政策领域通常称为"非常规政策变迁"。这种非常规的政策变迁在一定程度上增加了邻避设施选址和建设的投入成本。关注公民对邻避设施选址及对应政策的可接受性会推动政府与政策受众的双向互动，增进政府与政策受众群体之间的信任资本，改善邻避风险治理结构的合理性、合法性，有效保障邻避设施选址政策的科学性、合理性，积极推进选址政策的常规化变迁，节约社会治理成本。

1.4 研究方法、可能的创新点和研究内容与技术路线

1.4.1 研究方法

本书将综合运用质性与量化的研究方法，通过多种统计分析工具（方法）来建构垃圾焚烧发电厂公众接受性的理论框架并对相应的假设进行验证，深入解读垃圾焚烧厂公众接受性的驱动机理和可行路径。

1.4.1.1 定性分析

定性分析是国内外探索邻避现象研究中常用的一种研究方法。本书中使用的定性分析方法指半结构访谈和扎根理论。经验资料是理论建构的基础，本书通过半结构式访谈，获取垃圾焚烧发电厂周围居民的接受性特征、垃圾焚烧发电厂公众接受性的影响因素的文本资料；依循扎根理论中关于理论建构的具体原则和实际操作，通过三级编码，提炼获取文本资料中的核心概念，建构垃圾焚烧发电厂公众接受性的理论框架。

1.4.1.2 量化分析

本书中的量化分析方法旨在验证垃圾焚烧发电厂公众接受性理论框架中的假设。本书在借鉴已有量表的基础上，开发了垃圾焚烧发电厂公众接受性的量表以获取原始数据。通过 SPSS 和 Amos 对问卷数据进行数理分析。这些分析主要包括公众接受性的描述性统计分析、核心变量的信度和效度检验以及假设检验。

1.4.1.3 定性比较分析

定性比较分析方法是一种超越定性与定量研究思维，力求整合"定性（案例导向）"和"定量（变量导向）"两种分析方法的长处的研究方法。超越了定量研究中线性关系存在与否（强度）的基本思路，定性比较分析方法假定社会现象中因果关系的复杂性和替代效应，关注社会现象的多重条件组合并发的因果关系。近年来，这一研究方法被广泛用于邻避现象的研究中。鉴于已有定量研究中发现变量间的交互作用对邻避设施公众接受性的影响，本书尝试通过模糊集定性比较

分析方法，甄别垃圾焚烧发电厂公众接受性的多重路径，以探究垃圾焚烧发电厂公众接受性的多重组合性因素。

1.4.2 可能的创新点

本书的创新点体现在以下几个方面：

1.4.2.1 独特的分析视角

当前国内关于邻避现象的研究多从社会运动视角出发分析邻避抗争的发生演化或依循问题解构、重构的逻辑主线阐述邻避抗争的治理之道，这些视角较为宏观且未系统分析社会公众面对邻避设施时的态度和社会心理以及背后的驱动因素。从邻避设施公众接受性入手，是认识邻避现象的基础，也可为化解这一棘手性社会问题选择更有效的政策工具提供经验性证据。

1.4.2.2 本土化的理论框架

当前国内对邻避设施公众接受性的研究较少，大部分是对国外理论经验的移植和验证，这对解释中国情境下的邻避问题并不具备普适性。采用扎根理论对中国场景中居民对垃圾焚烧发电厂感知的经验资料凝练出的理论框架更贴近中国社会场景，是理解邻避设施公众接受性的一种本土化理论建构。

1.4.2.3 引入新的研究方法

当前关于邻避设施公众接受性的研究都是利用定量方法检验影响因素对公众态度的"净效应"或通过案例推演影响因素的作用机理，忽略了要素间的关联和抑制作用。本书通过引入模糊集定性比较分析方法探析前因条件对公众接受性的多重因果关联性，从组态视角剖析了垃圾焚烧发电厂公众高接受性形成的等效路径和条件间的替代效应，进一步丰富了关于提升邻避设施公众接受性的理论基础。从作者所掌握的文献资料来看，这是定性比较分析方法首次应用于邻避设施公众接受性研究。

1.4.3 研究内容与技术路线

基于邻避现象，尤其是邻避设施公众接受性的已有研究成果，本书旨在分析我国城市居民对垃圾焚烧发电厂这一典型邻避设施的接受性。本书首先通过质性研究方法厘定垃圾焚烧发电厂公众接受性的影响因素，建构垃圾焚烧发电厂公众接受性理论模型，并在此基础上开发并验证垃圾焚烧发电厂公众接受性及其影响因素的测量量表，深入分析垃圾焚烧发电厂公众接受性影响因素的作用机理。其次，引入模糊集定性比较分析方法探析前因条件对公众接受性的多重因果关联性，从组态视角深度剖析垃圾焚烧发电厂公众高接受性形成的等效路径和条件间的替代效应。随后，结合本书研究发现从完善制度建设和谋划政策工具设计两个方面提出增进垃圾焚烧发电厂公众接受性的政策建议。最后，总结研究发现，对研究中存在的局限性进行说明，并讨论未来研究的可行方向。本书的研究框架与技术路线如图 1-1 所示。在研究框架和技术路线的指导下，本书将分为 7 个章节展开，各章基本内容如下：

第一章：导论。对本书的研究背景、文献梳理与评析、研究目的与研究意义、研究方法、创新点研究框架与内容加以简单介绍。

第二章：基本概念与理论基础。首先，对邻避情结、邻避设施概念进行了界定，着重分析了垃圾焚烧发电厂这一典型的邻避设施，对本书的研究对象——垃圾焚烧发电厂公众接受性进行了界定；其次，对本书中涉及的理论基础——人性假设、公共政策遵从等进行了介绍和梳理。

第三章：理论建构：邻避设施公众接受性的质性观照。基于扎根理论的质性研究方法，以垃圾焚烧发电厂为例，对拟建或运行中垃圾焚烧发电厂周围居民开展半结构式访谈，并借助 Nvivo 软件对访谈的文本内容进行三级编码，并结合已有研究和咨询专家，甄别和提炼垃圾焚烧发电厂公众接受性的影响因素，进而建构垃圾焚烧发电厂公众接受性理论模型，并提出研究假设。

第四章：影响机理：邻避设施公众接受性的量化分析。首先，详尽介绍了垃圾焚烧发电厂公众接受性影响因素量化分析的研究方法：变量的概念化操作、变量测量量表、试调研和正式调研实施和数据收集过程；其次，通过数据分析软件 SPSS 和 Amos 对量表的信度和效度进行检验，以便于后续研究假设的验证；最后，借助 Amos 软件的路径分析对垃圾焚烧发电厂公众接受性模型中的假设进行验证。

第五章：组态效应：邻避设施公众接受性的定性比较分析。借助目前人文社科领域中超越定性与定量研究的新方法——定性比较分析——对垃圾焚烧发电厂公众高接受性的等效路径和前因条件的替代效应界定和解读。

第六章：提高邻避设施公众接受性的治理路径。从宏观层面深入剖析通过加强制度建设提升邻避风险的治理能力和治理合法性，从微观层面探讨精准性的政策工具设计以形塑公众态度。

第七章：结论和展望。在扎根理论、路径分析和组态分析的基础上，总结研究发现，对研究中存在的局限性进行说明，并讨论未来研究的可行方向。

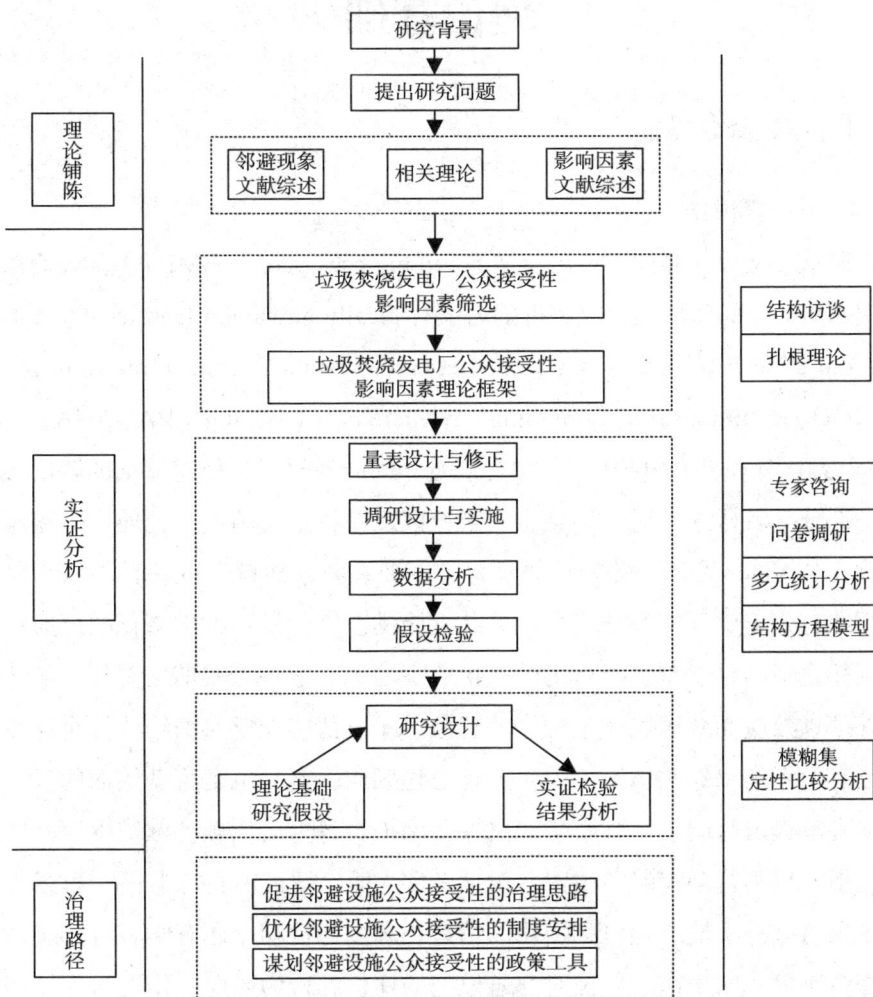

图1-1　研究框架与技术路线

2 邻避设施公众接受性的基本概念与理论基础

2.1 相关概念界定

2.1.1 邻避情结

邻避情结又称邻避症候，由英文 not in my back yard（NIMBY）翻译而来。在西方学术界，与邻避情结意涵相近的名词有 locally unwanted land uses（LULUs）、not on our street（NOOS）、not on planet earth（NOPE）、not in my term of office（NIMTOO）、build absolutely nothing anywhere near anything（BANANA）、not in anybody's back yard（NIABY）。综合来看，国内外学者对邻避情结的解读各有侧重。一部分学者认为邻避情结是个人或社区反对特定设施或土地使用而表现出来的态度，如 Vittes 等认为邻避情结就是"不要在我家后院"的一种主张，是一种全面拒绝有害于生存权和环境权的公共设施的态度，是一种情绪化的反应；陈宝胜指出邻避情结是邻避抗争行为的直接心理动力，他将邻避情结看作因某些设施的负外部性效应而令居民产生的嫌恶意象、矛盾情感和反对情结的综合性心理倾向。还有学者指出邻避情结不仅是一种心理倾向，同时也是行动层面的反应，如陶鹏、童星提出邻避情结其实是居民想要保护自身生活领域、维护生活品质而产生的抗拒心理和行动策略；中国台湾学者邱大昕、罗淑霞将邻避情结解读为个人或社区反对某种土地或建筑物使用的情绪、态度与行动。还有学者将邻避情节等同于邻避态度，用来描绘居民对邻避设施的评价和行为倾向。作者认为情结本身是一种心理层面的概念化术语，故邻避情结应是人们面对邻避设施时的一种心态。所以，作者将邻避情结理解为公众基于邻避设施特性而产生的一种综合性心理状态，这种心理状态的形成是基于邻避设施对个人健康和生活品质等方面的事实性或经验性影响的感知。

2.1.2 邻避设施

时代的变迁和社会的进步使人们对生活环境和生活品质的要求不断提升。但因应民众生活需求并提供服务所衍生的各类设施并非都会被接纳。一些设施虽然提供大部分民众所需服务，但因其自身负外部性而受到当地居民的嫌恶和排斥，这些引发居民邻避情结的设施就是邻避设施。李永展认为邻避设施指服务广大地区的使用者，但可能会影响附近地区生活品质、危害附近居民安全健康或降低其财产价值，以致令居民排斥或感到险恶而不愿与其为邻的设施。翁久惠指出邻避设施是服务于特定地区民众或特定的经济目标，但对居民健康、生命财产造成威胁的设施。何艳玲认为邻避设施是指一些具有潜在污染威胁的设施，如垃圾焚烧厂、变电站等，这类设施能满足全体居民的福利，但同时也可能产生严重的负外部性效应。综上所述，邻避设施具有三个主要特征：第一，必要性，邻避设施是满足居民生活需求的必需性设施，是提供社会福利所不可或缺的；第二，外部性，邻避设施具有直接或间接的污染性和危险性；第三，嫌恶性，即邻避设施因其成本与收益的不均衡性遭受当地居民的抵制和反对。

对邻避设施的类型进行划分是认识邻避现象的需要，也是分析和治理邻避问题的基础。邻避设施不同，其负外部性并不相同，所造成的邻避效应及其原因也各不相同。基于不同类型的邻避设施而进行的经验性研究是推进知识累计，以更好地提升选择针对性的邻避情结治理工具。Schively 根据邻避设施对环境的潜在影响，将其分为影响生活品质和财产价值的公共服务设施和对生活环境和健康造成影响的邻避设施。我国的邻避现象最早出现在中国台湾地区，中国台湾地区学者对这一现象的关注更早，并较早地提出根据邻避设施的不同属性进行分类，以更有效地治理这一现象。何纪芳早在 1995 年便根据设施规模将邻避设施分为区域性邻避设施（高铁）、市际性邻避设施（垃圾处理设施）、市域性邻避设施（变电站）和邻里性邻避设施（加油站）。之后他与李永展通过建构邻避指数（依据邻避效果）对设施进行分类，并提出依据邻避效果采取针对性的应对方法以有效改善民众的邻避情结。潭鸿仁与王俊隆根据邻避设施所产生的危害和风险，将设施分为污染性设施、空间摩擦设施、嫌恶性设施、风险集中设施、邻避型公共设施等。大陆学者陶鹏、童星则根据"预期损失——不确定性"两个维度，将邻避设施分为污染类、风险聚集类、心理不悦类和污名化类四大类。

2.1.3 垃圾焚烧发电厂

垃圾焚烧是指将垃圾作为固体燃料投入焚烧炉内，在高温条件下，垃圾中的可燃成分与空气中的氧进行剧烈化学反应，转化成高温烟气和性质稳定的固体残渣，并释放出热量的过程。相较于传统的填埋方式，对垃圾进行焚烧可以有效地实现垃圾的减量化处理，一般来讲，垃圾焚烧后其体积可减少90%左右；高温焚烧还可以消除垃圾中附带的有害物质，实现垃圾的无害化处理；另外，垃圾焚烧后的余热还可以转化为电能，实现资源的循环利用。随着焚烧工艺的发展和技术层面的不断创新，世界各国将垃圾焚烧作为最主要的垃圾处理方式来推广。

垃圾焚烧发电厂是一个消纳垃圾的环保类公共设施，但其又是一个典型的邻避设施。垃圾焚烧发电厂邻避效应的产生源于垃圾焚烧设施运行过程中附带的二次污染。这些主要体现在二噁英、二氧化硫等废气，垃圾渗沥液、冷却水等废水，垃圾焚烧处理后的炉渣、飞灰，污水处理站外溢的恶臭和垃圾运输过程中的散落和臭气等。鉴于垃圾焚烧发电厂运行过程中产生的废气、废水和恶臭等对潜在选址周边居民生活环境和生命健康等方面的影响，拟建或在建的垃圾焚烧发电厂经常遭到周边居民的反对和抵触。

2.1.4 邻避设施公众接受性

精准厘定邻避设施公众接受性的概念化范畴首先需要对邻避设施公众接受性有清晰的理解。作为一种分析框架的邻避设施公众接受性的出现与学术界对邻避现象的认识和论争有着紧密关系。如 Freudenburg 和 Pastor 所总结的那样，西方学者对邻避现象的认识经历了一个过程。非理性行为视角认为公众对自家附近邻避设施的反对凸显出公众的无知。秉持这一视角的学者认为公众应对科学知识有充分的认识，应通过风险沟通提升公众的科学素养和知识水平。从非理性行为视角解读邻避现象的学者们的话语逐渐演变为邻避主义分析框架。基于非理性行为视角的学者推崇这一分析框架，认为居民反对邻避设施建在自己所在社区是受自利化和情绪化动机的驱动，严重损害了社会的整体福祉。随着对邻避现象的认知不断深入，一些学者认为毫无辩证地将公众的行为看作非理性的，有失偏颇；邻避主义作为一种解读邻避现象的分析框架本身存在一些缺陷，并不能全面透视居民背后的复杂性因素；在一定程度上阻碍了社会对这一现象的深入认识。

建立在对邻避主义分析框架的批判之上，自利性行为和审慎性行为视角对邻避现象的解读跳出了认为居民无知的批判性藩篱，逐渐正视和理解邻避设施选址周边居民的态度和行为，并开始尝试建构更具有解释力的框架来分析邻避现象。Devine-Wright 基于社会心理学和环境心理学中的地方理论概念，将邻避现象解读为"一种地方保护形式，以维护对社区已经存在的情感依赖和认同"。还有学者尝试利用程序正义理论来解释邻避现象，如通过对澳大利亚一个风能发电设施选址的案例分析，Gross 发现程序正义会影响居民对选址政策的合法性，公正的选址过程会提升居民对风能发电设施的接受度。为更好地解释这一社会现象和认识其所带来的社会影响，Sebastien 以法国圣埃斯科比勒一个垃圾填埋场的土地使用纠纷事件为例建构了"开明性抵制"这一分析框架。"开明性抵制"分析框架认为邻避现象是动态化的行为过程，即由最初的自利性的抗争，通过不同形式社会资本的动员和汇聚，逐步演变为开明化的抵制。Bell 等基于英国风能发电领域设施选址的邻避现象提出了"二维式分化"分析框架。这一分析框架包含两个维度的分化：社会分化和个人分化，前者是描述民意调查中对风能产业的高度支持和现实风能开发中规划项目的选址失败之间的分化；后者是指个人总体上对风能发电产业的积极支持态度，但反对在自己社区附近搭设风能发电设施之间的分化。Bell 等人将社会分化归因为"民主赤字"，即风能产业发展政策由少数精英决定，而这一政策过程并没有代表社会大众的意愿；"有限性支持"，即社会公众支持风能产业发展，但同时也关注风能设施自身对人文景观和环境等的消极影响。而个人分化被归因为"自利性动机"，也就是邻避主义框架中对邻避现象的自利化和情绪化的解读。但是上述超越邻避主义的解释框架源自特定领域（特定案例）和特定社会情境下建构的分析框架，其应用在其他领域的普适性和解释力悬而未决。而本质上旨在关注民意的公众接受度这一分析框架逐渐被关注能源领域邻避现象的学者所推崇，并被逐渐应用于分析其他领域的邻避问题，逐渐成为分析邻避现象的主导性概念框架。

"接受"是邻避设施公众接受性概念中的核心词语。接受的抽象性含义包括认同、支持、肯定等。人类对世界的认识总是从肯定或认同特定对象开始的，社会个体与世界的联结本质上就是个体被不断塑造以及不断接受和认识世界的过程。接受性问题是人文社会科学领域的永恒话题，包括哲学、语言学和法学等众多社会科学的分支学科将接受性问题列为重要的研究课题。接受认识论认为认识论应当关注接受活动，并倡导以接受活动为研究对象建构认识理论。接受认识论认为接受是一个动态性的活动过程，包括理解和运用两种不同的活动形式。人们总是通过自身所建构的标准来对经验世界的现象或活动进行判定。还有一些学者在能源类邻避设施的研究背景下对"接受"进行定义。Upham 等人在对能源类设施社会接受性的范式框架进行回溯时指出接受是"特定社会单元（国家或地区，社区或乡镇和家庭，组织）的成员对拟建或已建科技或社会—技术系统的支持性或积极性的回应（包括态度、意图和行为）"。而 Wustenhagen 等人认为社会接受性的概念范畴应对不同社会主体进行划分，认为社会接受性可以分为政治接受性、市场接受性和个人接受性；一般地是将接受度看作一种态度性倾向。尽管不同学科对接受性概念的界定不尽相同，但又存在一些共性之处：受众是接受性的最主要特征，特定的受众是接受性问题研究的出发点；受众本身的多样性特征决定了满足受众的政策方案是一种妥协和折中的结果。

可接受性是与接受性相对应的一个概念，二者并没有本质上的区别。有的学者认为可接受性更像是"英式汉语"的表达，为的是充分展现"acceptability"一词的内涵。就汉语表达习惯中，"接受"强调的是主体的态度；而"可接受性"一般强调的是客体。

综合来看，学术界从心理上的认同和行为上的许可两个层面来理解接受这一概念。从作者掌握的文献资料来看，当前学术界多从社会个体对特定事物的心理认同来研究接受性问题。本书中，作者将邻避设施公众接受性界定为社会公众对邻避设施心理上的接受和许可。更具体一点来讲，本书的研究对象是居民对本地垃圾焚烧发电厂的接受度，这与西方研究中的社区接受度（community acceptance）概念相一致，侧重于关注具体情境下居民对垃圾焚烧发电厂的接受度。

2.2 理论基础

2.2.1 社会科学中的人性假设

公共政策的有效执行取决于政策目标群体对政策工具的主观感受，公共政策制定与设计的社会建构框架强调政策工具选择情境中的公众话语。任何公共政策工具的设计和选择都以特定人性的假设为前提，人性假设是理解目标群体对特定政策态度反应的理论基础。

2.2.1.1 经济人假设

经济人假设是西方经济学理论的逻辑起点，其萌芽初始于崇尚自然法则的重商主义和重农主义。对这一思想的系统阐述最早可回溯到亚当·斯密的经典著作《国民财富的性质和原因的研究》。亚当·斯密指出"我们每天所需的食物和饮料，不是出自屠户、酿酒家或烙面师的恩惠，而是出自他们自利的打算。我们不说唤起他们利他心的话，而说唤起他们利己心的话"，这清晰地论述了人本质上是经济人，利己性是经济人的本性，是每个人从事一切经济活动的动机。穆勒在《论政治经济学的若干未定问题》一书中曾系统论述新古典经济学的经济人假设。具体来看，经济人假设包含三个方面的内容：经济人的自利性，即每个人的经济活动的根本动机是追求自身利益；经济人是理性的，人具备完备的知识和计算能力，总是能将经验中学到的东西用于调整经济行为，从而实现自身利益最大化；在特定制度安排下，经济人追求个人利益最大化的自由行动会无意识但有效增进社会总福利。

经济人假设对人性的抽象化解读成为科学研究、制度设计和社会实践的基本预设，对公共行政思想产生实质性影响。公共行政理论建立初期的科学管理理论和韦伯的官僚制理论都将人看作理性经济人，注重通过制度规范克服人的自利行为。在西方经济大萧条时期，以布坎南为代表的公共选择理论将古典经济学的经济人假设作为方法论来分析政治领域中政府和官僚的行为选择，用成本—收益的思想分析非经济领域的活动，创造性地解构了政府失灵的原因。20世纪80年代兴盛于西方发达国家的新公共管理改革实践同样以经济人假设作为最基本的前提，倡导在公共部门推行私营部门的管理方法。

2.2.1.2 社会人假设

关于社会人假设的阐述散落于各个学科，并没有得到系统化的整合。在批判古典经济学经济人假设的基础上，经济社会学学派指出，经济是社会的一部分，社会生活中的人本质上是社会人，人类的经济行为和社会活动总是嵌入特定社会关系网络之中。经济社会学的主要代表人物格兰若维特认为嵌入性（embedded）

是理解人类经济行为的核心概念。他将嵌入性分为关系型嵌入和结构型嵌入，并明确指出人类不会像游离于社会联系之外的原子那样进行决策和行动，相反，他们尝试进行的有目的行为是嵌入在具体的、正在进行的社会关系体系之中的。在不否认经济人假设中个人利益最大化目标的同时，新经济社会学的社会人假设，认为社会个体既利用经济资本又利用社会资本去实现个人的最大化目标。基于社会人假设的经济社会学为社会资本理论的研究奠定了基础，推动学者从社会关系和社会结构等社会环境来分析经济、社会生活中人的行为。

管理学领域的社会人假设出现在二十世纪二三十年代到六十年代的行为科学理论。行为科学理论建立在社会人假设的基础上，认为人是复杂的社会动物，不仅追求经济方面的需求，还注重情感等诸多社会方面的需求。行为科学理论肇起于著名的霍桑实验。霍桑实验发现工作场所物理环境的改变未能实现生产效率的提升，而员工间非正式社交网络的存在会提升工人士气和人际关系，进而提升企业工作效率。因此，梅奥在《工业文明中人的问题》一书中明确提出了社会人的概念，他认为组织中的成员不完全受经济利益驱使，他们还有情感和人际关系等社会属性。社会人假设奠定了行为科学理论的基础，这一时期的需求层次理论、双因素理论等都围绕如何满足人的社会需求进而激发人的动机和行为展开。

2.2.1.3 政治人假设

政治人假设的提出最早源于古希腊思想家亚里士多德的至理名言："人是天生的政治动物。"亚里士多德对政治人假设的相关表述是基于对古希腊城邦时代人的生存状态的分析，即凡人都生活于城邦，人是趋向于城邦生活的动物。鉴于"政治（politics）"衍生于"城邦（polis）"一词，那么"人是趋向于城邦生活的动物"这一假设就可以理解为"人是天生的政治动物"。亚里士多德在《政治学》中对政治人假设的分析主要体现在三个方面：人作为政治动物首先在于表达，这种表达体现在人是合群性、群居性和社会性的动物，这是政治人假设的最基本特征；人作为政治动物不仅趋向于群居，还在理性的引导下揭示正义与不正义，具备协调利益的自觉性；人作为政治动物还具有合作精神，追求至善的价值目标。工业社会阶段学者对政治人人性假设的论述与民主不分左右，更多的是围绕现实的社会生活来论述政治人。李普塞特在《政治人——政治的社会基础》一书中将人的政治属性直接表述为政治人，并指出现代社会中的人都是政治人，所有的政治人时刻生活在一定的政治关系之中；着重论述了作为政治人的公民实现民主政治生活的条件。拉斯韦尔与卡普兰在《权力与社会》一书中对政治人的外延不断拓展，从政治人理性的基本逻辑出发，指出政治人是这样一种人，他们要求关乎他们所有价值权力的最大化，希望以权力决定权力，还把别人也当作提高权力地位和影响的工具，进而明确提出政治人是追求权力最大化的人。

2.2.2 公共政策遵从

无论是国内学者经常提及的"政策执行阻滞"还是国际上学者所说的"政策失灵（policy faliure）"都是尝试描绘政策实施结果未能达成预定政策目标的学术话语。影响政策执行效果的因素有很多，学者对中国场景下政策失败的理论化阐述主要集中于政策本身质量、政策制定者、政策执行者、政策环境和政策体制方面，这些研究视角忽视了公共政策目标群体对政策执行效果的影响。民意是民众意愿和情感的表征，同样是公共政策的逻辑起点。公共政策不仅涉及复杂的社会性问题，更是对社会价值的权威性分配。因此，公共政策能被目标群体所认可、接受并遵从，是保障公共政策实现预期目标的前提。公共政策遵从实质上是政策目标群体对政策在心理和行为上的认同和接受，这一分析公共政策的视角不仅迎合了社会建构取向的政策设计理念，还符合从社会个体心理状态和行为层面来研究公共管理领域问题的前沿发展趋势。围绕公共政策遵从的相关研究恰好能用于分析本为利民的邻避设施选址政策为何得不到公众的支持。

政策执行理论总是假定公众有义务遵守政府所规划的政策方案，因而在过去，公共政策学者并没有重视政策遵从议题，西方公共政策经典著作也没有详尽阐述这一概念。学术界对这一议题的关注和探讨很大程度上衍生于现实公共管理实践中公众对政府政策方案的不遵从。鉴于公共政策制定旨在规范和引导特定目标群体的观念和行为，所以当提及政策遵从时一般是指目标群体对公共政策的服从。丘昌泰将政策遵从分为"心理认同"和"行为符合"两个方面，认为心理上的认同是政策遵从的关键，只有得到目标群体心理上的接受和认同，公共政策才能得到有效的执行。一些学者对政策遵从进行了解读，Neubauer 和 Kastner 着重阐述了政策遵从两端的自愿性遵从和非自愿性遵从；Milward 等学者则认为遵从与不遵从并非一分为二的两个极端，而是呈现一个光谱式的连续体：不遵从（non-compliance）、阳奉阴违式遵从（paper compliance）、形式主义遵从（tokenism）、听天由命的遵从（elephant burial grounds）和完全遵从（full compliance）。政策遵从是指当某一项政策付诸执行时，与政策执行相关的人或机构，包括执行者、目标群体、执行机关等，表现出愿意正面接受、配合政策推进，以实现预定政策目标的态度与行为。

公共政策遵从的影响因素有很多，且不同社会领域（场景）的研究发现存在差异。对公共政策遵从这一理论的梳理围绕法社会学、环境政策和行为公共管理范式下公共政策接受性三个领域展开。

遵从法律的心理动因是法社会学的基本研究主题。围绕这一主题的实证性研究主要来源于西方社会场景。西方社会场景下公民和企业遵从法律的动因可以归结为三个方面：计算性动机（calculated motives）、规范性动机（normative motives）和社会性动机（social motives）。计算性动机认为人们之所以服从法律，是基于实际利益的考虑。计算性动机主要关注不守法被发现、受到惩罚的风险和与违规相比遵从行为的成本与收益。规范性动机认为人们遵从法律的动因在于内在价值取向的驱动。人们遵从法律是因为他们认为法律是正义的，可以维护社会福利。社会性动机认为人们之所以遵从法律是基于社会关系的考虑，即人们遵守法律是出于声誉和同侪评价的考虑。美国学者泰勒（Tom R. Tyler）《人们为什么遵守法律》一书开创了法律遵从实证性研究的先河。在该书中，泰勒通过对芝加哥地区调研数据的分析发现受惩戒的风险、同侪的评价、个人道德观念和法律的合法性是人们服从法律的前因变量，其中主观法律责任感和对法律权威拥护的法律合法性对公民是否守法有着独立的影响。以泰勒这一研究为参考，冯仕政通过对北京居民的调研发现，个人道德观念、主观化的法律责任和同侪评价是造成北京居民服从法律的显著性因素。这说明不同社会文化背景下，人们遵从法律的动因存在差异。

环境政策。环境政策遵从的研究对象多为企业。国外学者一般通过法社会服从研究中的工具性动机、规范性动机和社会性动机的理论框架来解释企业对环境政策的遵从行为。Gunningham 等学者通过对澳大利亚电镀和化工企业访谈内容的分析发现含蓄的一般威慑效应（持续的检查和执法活动）对于企业遵从行为的影响大于企业所经历的特定惩戒效应，且这种影响在中小企业中更为明显；看重企业声誉的环境敏感性化工企业倾向于更好地执行环境规制要求以赢得经营的社会许可；大约一半被调研企业表示对环境管制的遵从源于社会性规范的驱动。Winter 和 May 通过对来自 1562 名丹麦农民的数据分析发现，除了规范性动机和社会性动机，规制政策了解程度和监管者的执法风格是驱动农民遵从农业环境管制政策的重要因素。中国场景下的相关研究主要关注法治化转型进程中政策执行和监管的不确定性对企业遵从行为的影响。赵小凡在其博士论文中探索性地分析了中国企业为何会服从政府在能源节约领域的监管。研究发现弥散式威慑是中国企业服从节能监管的主要驱动力，这一驱动机制主要体现在政府规章与行政命令的临时性、不明确性和模糊性，以及监管执法工具的不确定性；企业对弥散性威慑的感知因所有制和规模而异，小型民营企业对弥散式威慑的感知较大型国有企业更为强烈；技术能力制约着企业的监管服从，节能监管部门的协助可以助推企业的服从程度。Liu 与其合作者的研究结果在一定程度上证实了赵小凡的研究发现。Liu 通过对珠江三角洲地区生产企业的调研分析发现，政府在环境保护方面明确的政治承诺与企业一般性的环境保护实践呈正相关关系；而模糊性的政策标准和执法标准与企业的环境保护实践呈负相关关系；她与合作者还发现企业组织能力和外部监管强度共同影响企业对环境管制政策的遵从。

行为公共管理范式下公共政策的可接受性。行为经济学的兴起和发展不断修正着传统经济学的理性经济人假设，还推动了公共管理领域学者运用心理学方法从个体态度和行为这一微观层面研究公共管理问题。国内外学者关注政策透明度对改进民众政策接受度的影响，如张书维等在垃圾中转站的选址决策调查实验研究中发现决策透明（过程透明和内容透明）正向影响决策接受性，结果依赖调节两类透明与决策接受性的关系，而政府信任只调节内容透明与决策接受性的关系；Porumbescu 等基于美国民众的实验分析发现政策透明通过政策理解程度间接影响政策接受意图，但这一间接效应的出现依赖于政策领域；Jenny 基于公共卫生领域的稀缺资源分配案例的实验分析发现，决策透明性显著影响感知性程序正义，但对政治决策公共接受性的影响并不显著。遗憾的是，该文并没有进一步分析决策透明是否通过感知性程序正义间接作用于决策的公共接受性。国内外研究结果显示正义感知显著影响公共政策的可接受性，分配正义和结果正义的解释能力存在差异。Esaiasson 等人通过情境实验和田野实验对瑞典不同群体的分析证实了程序正义对提升政府决策民众接受性的作用，但分析结果显示基于结果偏好的分配正义会挤压程序正义在预测民众接受政府决策的解释效力。来自中国的实证性研究进一步证实了结果偏好较强的解释效力，Wu 等基于中国不同阶段学生的实验研究发现作为程序正义重要维度的公众话语正向影响民众对公共政策的支持度，但公众话语的解释力在低结果偏好情形下解释能力更强。基于非实验条件下的核电设施选址决策问卷调研结果同样显示结果偏好对公共决策接受性的较强预测能力。研究还显示不同政府回应形式（倾听民众诉求、向民众解释政策和按照民意调整政策决定）对民众政策接受度的影响在引入结果偏好时会被削弱。

2.2.3　社会许可

社会许可概念的提出源于矿业发展过程中解决现实问题的需要。20 世纪末，矿业开采项目中经常出现矿坝坍塌事故，矿场运行过程中产生的泥浆、废水不断排入周边社区进而影响当地居住环境问题。作为一个具有丰富的公关经验的矿业公司高管，面对开启新项目或扩建已有项目时遭受到当地居民的批评和反对而遭遇严重损失，Jim Conney 认为矿业公司要顺利推进开采项目，除了获得必要的法律许可，赢得当地居民的同意和支持，即社会许可，同样至关重要。Jim Conney 于 1997 年在世界银行会议上首次提出社会许可，随后，这一概念被矿业领域、政府机构和学术界广泛应用，并逐渐作为一种理论框架用于分析可持续能源、天然气开发等其他社会行业的社会许可性问题。

社会许可概念的提出，为企业主动与社区居民就项目开发带来的环境、社会影响进行磋商，以赢得当地居民认可企业项目开发的资格提供了具体思路，还推动了学术界对社会许可理论的探讨。学术界对社会许可概念的界定繁多，但这些定义本质上相通：社会许可是对特定项目的认可和接受；社会认可是许可人（当地社区甚至更广泛的地区）与被许可人之间的基于信任、期望或接受的关系；作为一种关系的社会许可是许可人和被许可人持续互动的结果。另外，Boutilier 和 Thomson 就社会许可所提出的概念化模型，有助于更深刻地理解社会许可的动态性特征。基于玻利维亚采矿项目周边居民大量访谈资料，两位学者建构了"社会许可的金字塔模型"（图 2-1）。该模型由三个边界分割出社会许可的四个层级，层级越低说明许可人对被许可人的接受度越低。第一个边界是"合法边界"，若项目未达到这一边界，则公众不认可企业项目，公众的态度一般是"撤回"；若项目高于此边界，公众的态度是"允许"；第二个边界是"信誉边界"，达到该边界，则公众的态度是"支持"；第三个边界是"信任边界"，超越该边界，公众的心态表现是"心理认同"。

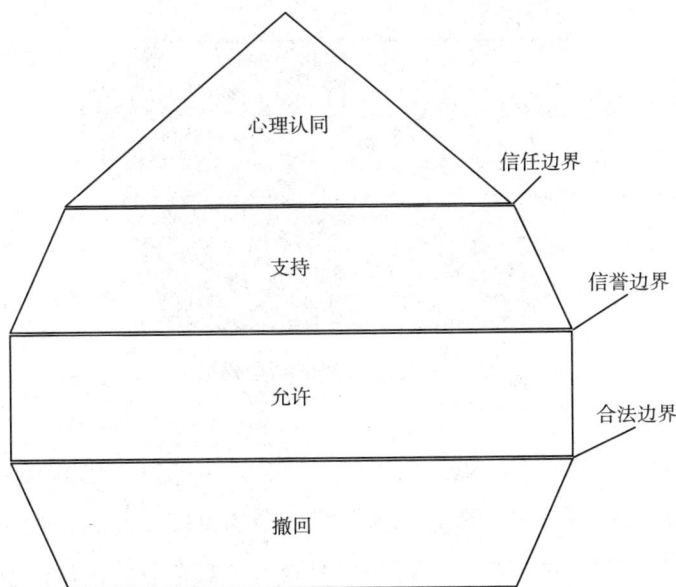

图2-1　社会许可的金字塔模型

　　然而，将社区公众理解为社会许可关系中的许可方，并没有充分体现社会许可情境的复杂性。意识到这一点后，Boutilier 和 Thomson 用利益相关者网络来替代社区公众，并对已有模型进行修正，提出了社会许可的箭型模型（图 2-2）。社会许可的箭型模型并未对社会许可进行水平化的层级分割，而是将社会许可看作累计性的因素构成。这四个因子分别是经济合法性（economic legitimacy）、社会政治合法性（socio-political legitimacy）、互动式信任（interactional trust）、制度化信任（institutionalized trust）。制度化信任是最高水平，利益相关者如果给制度化信任因子打分很高，那一般其他因子也会有较高得分；利益相关者给社会政治合法性和互动式信任打分较低时，那么制度化信任肯定不会有较高得分；利益相关者给经济合法性打分较低，那其他因子的得分都会比较低。

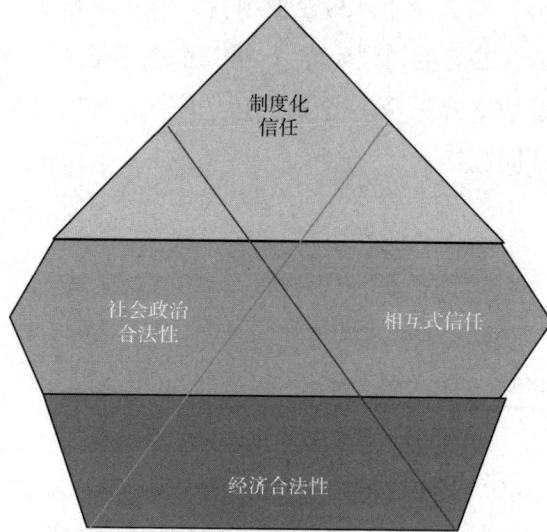

图2-2 社会许可的箭型模型

尽管学者基于现实经验证据开发了针对社会许可的概念化模型，但在量化实证性研究中，社会许可一般被概念化为社会公众的可接受性。张爱荣等人通过文献梳理发现利益公平、过程公平、政府管理能力、对企业的信任以及特定社会环境和文化背景是增强社区公众对项目接受度和认可度的重要因素。尽管社会许可这一分析框架注重从社会企业的角度入手分析公众对可能引发环境问题项目的社会许可，但是其本质上是从社会民意角度来分析公众对引发潜在环境问题项目的态度，这与本书的立意一致。另外，目前一些国内学者已经开始尝试使用社会许可这一分析框架来阐述中国场景中的邻避问题，这更加佐证了社会许可概念框架是可供探讨邻避设施公众接受性的重要借鉴。

2.2.4 信任、信心与合作模型（TCC模型）

风险是客观存在的，但风险也是社会主体反思性实践的结果，即风险是一种社会的主观建构。当面对环境问题或技术风险时，社会公众对风险管理者的信任一定程度上会弱化其对社会风险的感知，进而影响其对风险的接受度。基于社会信任在风险治理中的重要性，Siegrist、Earle 和 Gutscher 三位学者提出并验证了风险治理的信任、信心与合作模型（trust, confidence and cooperation model, TCC 模型）（图2-3）。

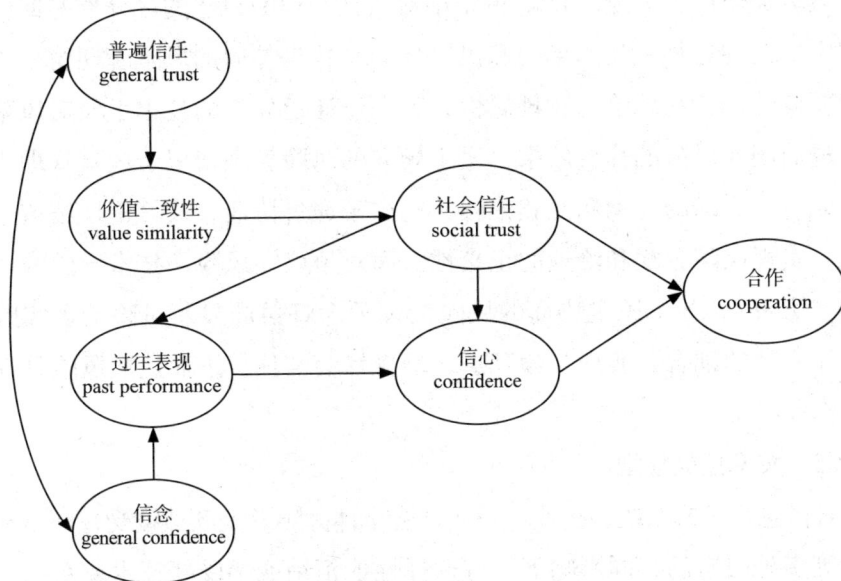

图2-3 信任、信心与合作模型

　　面对风险管理中信任概念使用的繁杂和混乱，Siegrist 等依循罗素等人对社会科学领域中信任概念的界定，以价值一致性（value similarity）和经验或事实为标准，将风险管理中涉及的信任划分为关系型信任（relational trust）和计算型信任（calculative trust）。二者在 TCC 模型中分别对应的是社会信任（social trust）和信心（confidence）。其中，信任是基于被信任者意图的相似性，将自己弱点暴露给对方且不担心被利用的意愿；而信心是基于对被信任者的过往经验，预期未来事件的一种信念。Siegrist 等以通信基站为案例，通过随机获得的 1313 位瑞士公民的数据，证实了 TCC 模型的有效性，即信任与信心这两种不同的社会心理是解释不确定场景下个体与权威及社会机构合作的驱动因素。TCC 模型还认为，在高知识门槛的科技风险面前，当公众不能充分掌握与风险相关的经验和信息时，基于过往经验的信心对公众合作意向的解释力下降，基于关系型信任的个体评判则凸显为解释个体接受风险意愿和合作行为意图的重要路径。

TCC 模型为风险管理中的公众合作提供了两个不同的解释机制，其后来被广泛应用于解释多种风险议题中的公众合作，如生物转基因、碳存储技术、核电厂和垃圾焚烧厂。另外，TCC 模型中对信任与信心概念的区分恰好回应了风险管理中的两种思维：技术导向和民主导向。技术导向的风险管理植根于风险计算的精确性，关注风险的物理属性，趋向于通过先进的技术手段对风险进行评估，进而阐述风险的社会后果。民主导向的风险管理植根于风险管理决策过程中多元主体之间的互动和互相依赖，趋向于通过协商、政策论坛渠道达成风险共识，实现风险分配和治理的正义性。面对争议性风险，技术导向的风险管理实践"失灵"，基于民主协商的风险治理理念日益凸显。风险治理实践中应通过多元主体的耦合，实现互赖互惠，培育社会信任，进而达成风险管理中的公众合作。

2.2.5 技术接受模型

面对信息技术或系统，企业用户或社会个体并不总是欣然接受，而是在环境和个体等多种因素的共同影响下，有选择性地拒绝或接受新技术或系统。对新技术的接受性和使用行为的研究，技术接受模型（technology acceptance model, TAM）是颇具代表性且被广泛应用的理论模型（图 2-4）。

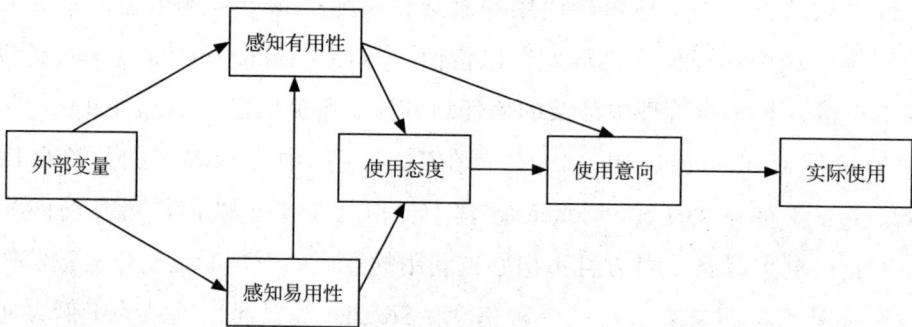

图2-4 技术接受模型

为探究计算机被社会广泛接受的决定性因素，Davis 以理性行为理论为基础，提出了解释技术接受态度和使用行为的技术接受模型。TAM 认为用户对技术或信息系统的感知会影响其态度，态度会影响使用或接受意图，并进一步形塑用户的使用行为。TAM 强调"感知有用性"和"感知易用性"两种信念对预测技术接受意图和使用行为的作用。感知易用性是指用户认为使用某一技术或信息系统可以减少所付出努力的程度；感知有用性是指用户认为使用某一技术或信息系统所带来的好处的综合性感知。模型中的外部变量是感知有用性和感知易用性的前因变量，这些外部变量在模型中的外部因素和内部因素间建立了一种联系。

尽管 TAM 被广泛应用于信息技术的接受领域，但是鉴于邻避设施的高技术属性，TAM 同样可以用于理解邻避设施的公众接受性。针对邻避设施的公众接受性问题，技术接受模型中的使用态度、感知有用性和感知易用性变量可以直接嫁接到邻避设施的公众接受性研究中。

3 理论建构：邻避设施公众接受性的质性观照

通过对国内外邻避现象研究脉络，尤其是邻避设施公众接受性研究脉络的梳理可以发现，基于中国情境的邻避问题研究较多关注邻避抗争的发生和治理，而社会公众接受性或公众态度层面的研究大部分是基于国外已有经验性研究而进行的量化分析。这种实证主义研究范式围绕邻避设施公众接受性所进行的经验性分析有助于增进中国场景下邻避设施公众接受性这一社会问题的知识累积，但不能深刻地诠释中国本土化情境中邻避设施公众接受性这一棘手性的社会问题。基于解释主义范式的扎根理论研究方法旨在通过从社会现象中发现规律，进而凝聚和提升理论，实现对社会现象透彻的理论解释，特别契合邻避设施公众接受性形成这一研究话题。本章以垃圾焚烧发电厂为例，尝试通过甄别社会公众对邻避设施接受性形成的主要驱动因素，抽象并提炼出邻避设施公众接受性的理论框架，建构一个系统性解释邻避设施公众接受性形成机理的理论，进而为后续的量化研究奠定基础。

3.1 研究设计

3.1.1 方法论基础

研究范式主要由本体论、认识论和方法论三个要素构成，不同的本体论和认识论立场会导致不同的方法论选择，从而形成差异化的研究范式。一般来看，认识论和本体论谱系的两端存在着两个不同的研究范式，即实证主义研究范式和诠释主义研究范式。实证主义研究范式被认为是定量研究的哲学基础，认为社会现象是客观存在的，不以社会主体的意志而转移；人类对社会现象的认识是一种直观性、机械式的反映，可以通过科学的方法获取对社会现象的认识。实证主义研究范式坚持实验和操纵的方法论，强调操纵工具的科学性和规范性，因循经验性的假设来探寻社会现象背后的因果关系。诠释主义研究范式被认为是定性研究的哲学基础，认为社会现实并不能脱离作为参与者和观察者的社会主体。诠释主义研究范式的核心是人类经验是基于与外部世界互动过程的一种解释。就认识论来看，诠释主义研究范式认为知识是社会建构化的概念和意义；知识的生产过程是社会主体的互动过程，研究者将自己的生活经历和社会处境代入研究对象之中，而不是冷眼旁观地分析社会世界，分析研究对象时的社会情境和研究者与研究对象间的关系都会影响最终的研究结果。诠释主义范式主导下的定性研究在方法论上坚持归纳式策略，通过对社会主体（参与者）所描绘的现实世界图景进行归纳和凝练，进而达成诠释社会现象的目的。

　　第二章对邻避设施相关研究的系统性回顾，发现国内很少有研究从公众接受性或公众态度层面来分析邻避现象。已有邻避设施公众接受性研究大部分是基于对西方国家情境中的经验性结论而进行的验证。受社会文化和治理体系的差异化影响，源于西方情境的经验性理论在一定程度上并不适用于中国。鉴于垃圾围城问题迫在眉睫，且用于消纳垃圾的垃圾焚烧发电项目屡遭选址周边居民反对，本书聚焦于垃圾焚烧发电厂来探析中国情境下的邻避设施公众接受性。

　　本章的分析为探索式研究，旨在强化邻避设施公众接受性研究的本土化叙事。具体来看，本章旨在探索社会公众对社区附近垃圾焚烧发电厂的接受度以及这种接受度的形成前因，并进一步诠释影响因素对垃圾焚烧发电厂公众接受性的影响机理。另外，社会公众对社区附近垃圾焚烧发电厂接受性的形成过程是错综复杂的，存在多种因素互相交织的情况。在研究过程中研究者应根据与垃圾焚烧发电厂附近居民的互动过程不断扩充自己的社会性经验，尽力去捕捉居民接受性形成的多种路径。深入理解社会公众对社区附近垃圾焚烧发电厂接受度形成的多种路径一定程度上也需要通过质性研究来实现。质性研究的哲学基础较为丰富，基于质性研究的途径主要有叙事研究、现象学、扎根理论、民族志、个案研究。其中扎根理论是最符合探索社会现象并建立理论的研究方法。

3.1.2　扎根理论方法

　　长久以来，社会科学领域沉溺于纯粹的理论探讨和对经验性事实的描绘，使理论与经验研究相互脱离。为"填平理论研究与经验研究之间尴尬的鸿沟"，格拉斯（Barney Glaser）与斯特劳斯（Anselm Strauss）在1967年出版的《扎根理论的发现：质性研究策略》一书中提出质性资料系统分析与理论建构的研究方法，提倡从基于数据资料的研究中开发理论，而不是从已有的理论中演绎可验证性的假设。这一方法被后来扎根理论方法学者称为经典扎根理论（classical grounded theory）。但是此书对于扎根理论的介绍大部分是原则性的，直到 Strauss 和 Corbin 1990 年《质性研究的基础：扎根理论程序与技巧》一书的问世，扎根理论作为一种研究途径实现了从理论基础到操作程序上的完整呈现。

扎根理论虽含有"理论"一词，但其本质上并不是实体性的理论，而是一种质性的研究途径或策略。扎根理论通过自下而上的研究路线，整合特定社会现象的信息资料，借助主题分析的方式（thematic analysis），从经验性资料中提取可能的概念或主题，进而实现诠释社会现象的理论建构。扎根理论方法是从经验性资料中建构理论，本质上是归纳式的研究方法。基于对客观社会现实的解释和揭示，扎根理论不仅可以从经验性资料中建构出新的理论，还可以通过系统性分析确定新的变量、概念和假设，进一步拓展新的研究议题。作为一种研究方法的扎根理论较好地规避了研究者将先入为主的概念强加于研究对象，同时又提升了质性研究的规范性，被认为是社会科学研究方法中最具影响力的研究范式，是当前质化研究革命的最前沿。当前，扎根理论已经成为教育学、心理学、社会学和管理学等社会科学领域中被广泛应用的质性研究方法，而公共管理（公共政策）领域已有研究中对这一研究方法的使用较少。

经过长达半个世纪的发展，扎根理论已经形成了既有联系但又存在差异的三个流派：Glaser 和 Strauss 的经典扎根理论、Strauss 和 Corbin 的程序化扎根理论和 Charmaz 的建构型扎根理论。基于实证主义的哲学基础，经典扎根理论认为理论发现应坚持客观、中立的立场，倡导研究者在开展扎根理论研究之初不阅读与研究相关的实质性文献，避免在理论建构过程中受到原有文献的影响。受实用主义和符号互动论的影响，程序化扎根理论认为通过程序化程度更高、系统化程度更严格的编码过程可以消除初学者在资料分析过程中经常遭遇的"无从下手"和"茫然"，并支持通过查阅相关文献来提升研究者的理论敏感度，从而为资料收集和分析提供锚定方向。建构型扎根理论认为个人与社会情境不可分割，理论建构结果会受到研究者自身理论偏好和受访者的影响，提倡研究者在资料分析过程中记录自己的研究日记。尽管三个流派在哲学取向和编码体系上有着一定的论争与分歧，但都遵循扎根理论的基本原则：归纳式的质性研究方法、从经验性材料中建构中观理论，研究结果的可溯性、研究程序的可重复性，强调个人行为、人际关系及人与社会情境的互动。

作为一个初学者，笔者秉持"问题不在于认同哪一个流派，关键是从这些流派中获得了什么，如何辩护自己的立场"这一原则，不卷入流派论争，只是使用程序化流派的三级编码对文本资料进行分析。扎根理论强调研究者在资料收集、分析和理论建构过程中应时刻保持理论敏感，这不仅有助于提升资料收集的针对性，更益于建构具有较高解释力和普适性的理论。程序化扎根理论倡导通过灵活运用相关文献来提升初学者的理论敏感性，这与扎根理论避免"先入为主"的思想并不矛盾，反而更有利于资料收集、经验性资料编码到概念凝练和理论建构三者之间的良性衔接。

3.1.3　数据资料收集

扎根理论研究方法论认为一切皆为数据。资料收集是扎根理论研究的第一个过程，研究者只有有了丰富的数据资料，才能产生具有较强解释力的建构性理论。卡麦兹认为民族志方法、深度访谈以及档案文本分析都会成为扎根理论数据收集的重要工具。理论建构的质量和可信度是从数据开始的，数据资料的广度和深度对于建构具有较高解释力的理论至关重要。国内一些学者通过质性研究设计尝试性地对邻避设施公众态度的形成机理进行了理论提炼，但是其建构理论所用的资料源于研究文献和新闻素材。"尽管有很多因素会影响分析的质量，但最重要的因素之一是研究者正在分析的资料的质量"。基于二手资料对经验性事件开展的描述在恰适性和充分性方面有一定的缺陷，一定程度上制约了理论建构的精准性。

本章的研究目的是深入探究和分析垃圾焚烧发电厂公众接受性形成机理这一问题。垃圾焚烧发电厂的公众接受性本质上是公众对垃圾焚烧发电厂的态度和看法，故本书选取了一种指向性较强的资料收集的方式，即对垃圾焚烧发电厂周边居民进行深度访谈。切实可行的访谈提纲是保障资料收集全面和有效的前提。围绕研究问题，参考已有研究文献，在与长期关注垃圾焚烧发电厂的环境志愿者和有着丰富质性研究经验的研究人员讨论后，笔者拟定了访谈提纲（表3-1）。访谈提纲只是推动访谈过程的引导性线索，访谈重点关注垃圾焚烧发电厂公众接受性的影响因素。访谈过程中笔者会根据实际情况进行适当调整，从不同角度适当推动讨论。

表3-1　访谈提纲

主题	内容提纲
对垃圾焚烧的认知	面对城市垃圾日益增多这一形势，您如何看待焚烧垃圾这种处理垃圾的方式？
	您感觉垃圾焚烧发电厂会给您带来什么影响？
垃圾焚烧发电厂的公众接受性及其影响因素	请大致介绍一下您家周边（拟建、正在修建或运营中）的垃圾焚烧发电厂
	您如何看待附近的垃圾焚烧发电厂，是持接受还是不接受的态度？请详尽阐述一下原因
	您觉得什么因素会提升您对社区附近垃圾焚烧发电厂的接受性？
	如果想提升居民对自家附近垃圾焚烧发电厂的接受性，地方政府或相关企业需要做什么？
地方政府举措	在垃圾焚烧发电厂规划、建设和运营过程中，地方政府为促进周边居民对垃圾焚烧发电厂的接受性采取过什么样的措施？这些措施是否有效？

　　资料收集过程按照扎根理论研究方法的理论抽样程序进行。首先，采用目的性抽样，通过微信社交工具邀请垃圾焚烧发电厂周边居民进行访谈；其次，通过滚雪球式抽样，邀请已接受访谈的受访者推荐同一垃圾焚烧发电厂周边居民来拓展潜在受访者。访谈对象的选择遵循了三个基本条件：一是遵从受访者意愿；二是受访者需对附近垃圾焚烧发电厂有一定了解和认识；三是来自同一个垃圾焚烧发电厂周边的受访者数量不超过 4 人。本书最终访谈了来自 11 个垃圾焚烧发电厂附近的 22 位居民。受访者基本信息见表 3-2。

表3-2　受访者基本信息统计

排序	受访者	性别	年龄	垃圾焚烧发电厂/公司	职业	学历	居住时间/相关描述
R01	余女士	女	35	ZSCQ 环保能源有限公司	插画师	中专	9 年
R02	赵先生	男	50	BJDGC 垃圾焚烧发电厂	农民	初中	土著
R03	吴先生	男	47	QDH 垃圾焚烧发电厂	个体户	初中	土著
R04	刘女士	女	40	CSHMF 垃圾焚烧发电厂	志愿者	本科	土著
R05	梁先生	男	43	JJ 垃圾焚烧发电厂	志愿者	本科	农村老家
R06	苏先生	男	33	ZSCQ 环保能源有限公司	网管员	大专	3 年
R07	唐女士	女	45	MY 垃圾焚烧发电厂	自由职业	大专	14 年
R08	江女士	女	38	CSHMF 垃圾焚烧发电厂	销售	中专	土著
R09	张先生	男	38	ZSCQ 环保能源有限公司	个体户	本科	5 年

续表

排序	受访者	性别	年龄	垃圾焚烧发电厂/公司	职业	学历	居住时间/相关描述
R10	陈女士	女	40	HK生活垃圾焚烧发电厂	医生	大专	4年
R11	曾女士	女	40	TY生活垃圾焚烧发电项目	农民	初中	土著
R12	冯先生	男	68	HK生活垃圾焚烧发电厂	农民	高中	土著
R13	刘女士	女	72	HK生活垃圾焚烧发电厂	退休教师	大学	2年
R14	刘先生	男	35	ASTA垃圾焚烧发电厂	律师	大学	土著
R15	周女士	女	69	QH垃圾焚烧发电厂	退休	大专	8年
R16	张女士	女	62	QH垃圾焚烧发电厂	退休	大学	3年
R17	王女士	女	59	QH垃圾焚烧发电厂	工程师	本科	5年
R18	常先生	男	57	DC垃圾焚烧发电项目	设计师	本科	1年
R19	王女士	女	30	DC垃圾焚烧发电项目	学生	研究生	3年
R20	李先生	男	64	QH垃圾焚烧发电厂	退休	高中	3年
R21	浣女士	女	38	CSHMF垃圾焚烧厂	自由职业	中专	土著
R22	费女士	女	40	ZSCQ环保能源有限公司	房产销售	大专	14年

访谈工作全部由笔者本人独立完成，从2020年3月到4月共持续了两个月的时间。访谈方式是基于社交工具的电话访谈。选择电话访谈主要基于两个方面的考虑：一是新冠疫情的暴发打乱了原计划的面对面访谈；二是电话访谈一定程度上可以消除受访者的顾虑，为受访者营造一种安全的访谈空间，有助于受访者对访谈问题畅所欲言，分享真实的感受和经历，为研究提供更丰富的资料。在访谈正式开始之前，笔者通过展示学生身份证明信息来打消受访者的疑虑，并以口头形式向访谈对象承诺"恪守学术道德规范，充分遵守受访者隐私权，不将访谈内容和信息泄露给第三方，如违反上述承诺，本人愿意承担法律责任"来赢得对方的信任。经访谈对象同意，所有访谈都进行了录音，这保障了访谈内容最终呈现的完整性。另外，部分受访者提供的文本资料和针对具体案例从互联网获取的信息资料对访谈资料提供了有力的补充和验证。

3.1.4 资料分析方法

科宾和施特劳斯认为"分析是一门艺术，也是一门科学"，这其实是在告诉我们基于扎根理论的资料分析和处理同时需要遵循一定的理论方法和分析工艺技术。这里的理论方法就是编码理论，是扎根理论的核心组成部分。正如笔者在介绍扎根理论时所提及的，本章依循科宾和施特劳斯的扎根理论编码程序和方法，即开放式编码（opening coding）、主轴式编码（axial coding）和选择式编码（selective coding），对收集到的访谈资料进行分析（图3-1）。

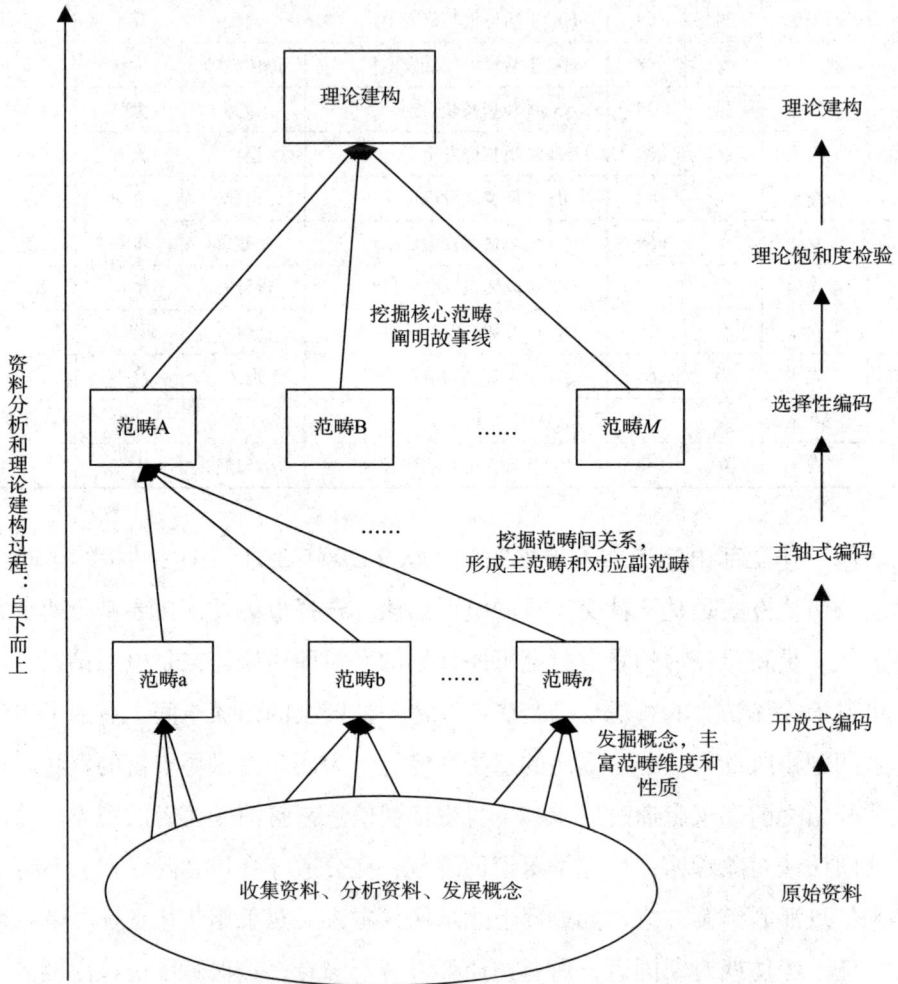

图3-1　扎根理论的编码过程和操作程序（资料来源：王建明）

分析资料的编码过程是从"收集到第一份资料就开始分析"，编码过程中使用持续比较方法，不断提炼新概念和类属，直至新的访谈资料不再对理论建构有贡献为止。为提高编码的科学性和客观性，降低个人主观性对编码结果带来的偏差影响，笔者邀请有丰富编码经验的研究人员共同对第一份文本资料进行编码。后续的文本编码工作由笔者本人独立进行，必要时邀请上述有丰富编码经验的研究人员共同讨论、商定。

资料分析的艺术维度是指借助计算机辅助质性数据分析（CAQDAS）软件对质性资料进行分析，将研究者从处理大量文字材料的繁重工作中解脱出来。质性研究的原始材料大部分为访谈手稿、文本资料等，有信息量大、联系复杂等特点。借助 CAQDAS 软件辅助分析，有助于对大量文本内容进行分类、存储和分析。CAQDAS 优点主要体现在：提升处理大规模数据资料的效率；较为精确的计算现象特征；进行统一编码，推动团队合作；确定抽样方案，满足理论建构的需要。本章使用 Nvivo11 作为资料编码的辅助工具。这一质性研究分析软件已被用于风能发电厂公众接受性的分析中。

3.2 资料分析与范畴提炼

笔者遵循 24 小时内对访谈记录进行整理的原则，每次访谈结束后，通过讯飞听见网站将语音记录在线转化成文字稿。通过研究助理对文字稿的初步校对和笔者本人对文字稿的最后修正，最终整理出 14 万字的访谈文本资料供分析使用。所有访谈记录逐一转录后，随即依据科宾和施特劳斯的三级编码程序进行编码分析。笔者首先将随机抽取的 17 位受访者的访谈记录作为原始编码分析结果，用剩余 5 位受访者的访谈文本的编码结果来检验理论饱和度。

3.2.1 开放式编码

编码就是对数据资料进行概念化的过程，是联结质性资料与理论建构之间的关键环节。开放式编码又称开放式登录，是对质性资料进行编码的第一步。开放式编码是把每一个观察到的现象或任何文件中的一个句子、段落予以分解并概念化，然后以新的方式将其组合起来的操作过程。换句话说，开放式编码是将收集的资料分成多个片段，对其进行概念化，通过对同一资料不同内容和不同资料的不断比较，逐级提炼，从而达到资料概念化与范畴化的目标。开放式编码有多种，包括逐词编码、逐行编码和逐个事件编码，而采用何种编码方式取决于研究的实际需要。逐行编码是一种专断性的行为，因为并不是每一行都包含一个完整的句子；但逐行编码会使编码人员对数据保持开放性态度，能识别数据中的不同主题，进而尽早地建构范畴。作为一个编码初学者，笔者采用逐行编码的编码方式。给予概念化标签时，笔者遵循"鲜活编码"原则，尽量使用受访者的原话对文本资料进行概念化命名。

第一次访谈结束后便开始进行开放式编码。对第一份访谈记录中所有文本资料进行概念化标签后，不断对比分析这些概念之间的异同和关联性，对概念化标签范畴化。根据第一份访谈记录编码过程中遇到的问题和提炼出的概念范畴，有针对性地开始第二次访谈。按照这一逻辑，直到笔者感觉到编码的概念和范畴已经比较丰富，且概念化标签和相关范畴在编码操作过程中重复出现，这说明抽样已经充分，开放式编码已经达到"饱和"。此时则可以停止访谈，进入下一阶段的编码。

通过对比分析，笔者将只涉同一现象的初始概念抽象化为范畴。其中程序正义、结果正义、互动正义范畴化为正义感知；政府信任和企业信任抽象化为公共信任；房产贬值、投资环境恶化和影响当地产业发展范畴化为利益感知；体现健康风险的二噁英有毒气体、刺激性臭味儿和体现环境风险的污染空气、污染水源和飞灰抽象化为风险感知；垃圾焚烧工艺了解程度和垃圾分类范畴化为垃圾焚烧知识；内在政治效能和外在政治效能范畴化为政治效能。范畴化的结果便是垃圾焚烧发电厂公众接受性的主要影响因素。由此，我们可以得到垃圾焚烧发电厂公众接受性的影响因素：正义感知、公共信任、利益感知、风险感知、垃圾焚烧知识、政治效能、距离、建垃圾焚烧发电厂的必要性和社会人口统计学变量。

3.2.2　主轴式编码

从理论上来讲，开放式编码与主轴式编码是两个独立的编码程序，但在实际的质性资料编码操作中，研究者经常将二者进行交替使用。主轴式编码又称关联式编码，是在开放式编码所形成范畴的基础上，进一步更精准地了解和发展范畴。主轴式编码是利用产生这一现象（范畴）的条件、这一现象所具有的特定性质、这一现象中行动者所采取的策略以及策略的结果来更加精确地理解现象（范畴）。这里的条件、性质、策略同样属于范畴，但由于其与某一个范畴相关且用来帮助理解这一范畴，故被称作副范畴。主轴式编码实质上是通过"因果条件—现象—脉络—中介条件—行动/互动策略—结果"编码典范模式，以开放式编码得到的特定范畴为轴心，将它和潜在的副范畴进行有机的联结，从而以若干范畴为轴对复杂的访谈资料进行系统化的重新统合。需要指出的是主轴式编码并不是把范畴联系起来建构一个全面性的理论架构，而只是为了进一步发展范畴。根据不同范畴概念层次上的逻辑关联，笔者识别出 5 个主范畴。主轴式编码过程，即主范畴及其对应的副范畴和逻辑关系内涵如表3-3 所示。

表3-3　主轴式编码过程及结果

主范畴	副范畴	范畴关系内涵
垃圾焚烧发电厂外部性	风险感知	居民对垃圾焚烧发电厂的风险感知是影响其对该设施接受性的外部性层面因素
	利益感知	居民对垃圾焚烧发电厂的利益感知是影响其对该设施接受性的外部性层面因素
政府—公众界面因素	正义感知	居民对垃圾焚烧发电厂选址、建设和运营过程中的感知性正义是影响其对该设施接受性的社会情境因素
	政治效能	居民对垃圾焚烧发电厂选址、建设和运营过程中的政治效能感知是影响其对该设施接受性的社会情境因素
社会情境	公共信任	垃圾焚烧发电厂选址、建设和运营过程中居民对政府和企业的信任感是影响其对该设施接受性的社会情境因素
个体层面因素	地方依恋	居民对居住地的情感联结是影响其对垃圾焚烧发电厂接受性的个体层面因素
	垃圾焚烧知识	居民对垃圾焚烧知识的了解程度是影响其对垃圾焚烧发电厂接受性的个体层面因素
	建垃圾焚烧发电厂的必要性	居民对建设垃圾焚烧发电厂必要性的认识是影响其对该设施接受性的个人层面因素
居民属性	性别、年龄、受教育程度、收入水平、居住时间、距离、家庭结构	性别、年龄、受教育程度、收入水平、居住时间和距离为垃圾焚烧发电厂附近居民的社会人口统计特征；家庭结构为垃圾焚烧发电厂附近居民的家庭统计特征

3.2.3　选择式编码

开放式编码和主轴式编码完成之后，我们就已经开发了很多主范畴和他们各自的诸多副范畴，这就为最后的选择式编码提供了相当丰富的资料。选择式编码又称核心式登录，是对所有的范畴进行重新梳理并整合到一个核心范畴的过程，其主要关注核心范畴与其他范畴之间的逻辑关联并围绕核心范畴建构完整的理论。一般来讲，选择式编码有五个步骤：确定统领大部分范畴的核心；将范畴与其附属范畴进行联结；将各范畴进行联结，阐明故事线（story line）；用所有资料来验证上述范畴之间的关系；继续开发范畴使其更加细致和完备。通过对主轴式编码得到的 5 个主范畴及其对应的子范畴进行深入分析和挖掘，并基于原始资料不断比较，本书厘清了垃圾焚烧发电厂外部性、政府—公众界面因素、社会情境、个体层面因素、居民属性和垃圾焚烧发电厂公众接受性之间的逻辑关系，并建构了以"垃圾焚烧发电厂公众接受性"为核心范畴的"垃圾焚烧发电厂公众接受性影响因素模型"（图 3-2）。

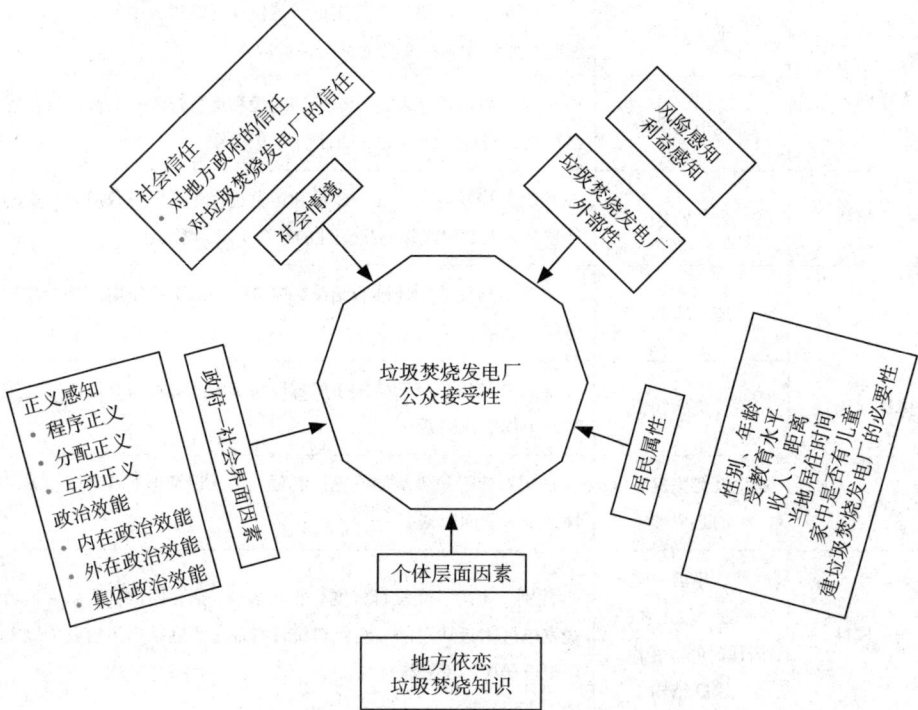

图3-2　垃圾焚烧发电厂公众接受性影响因素模型

3.2.4　理论饱和度检验

理论饱和度检验是检验理论建构效度的重要步骤，也是决定是否继续进行理论抽样的重要标准。当研究人员发现一种类属为理解一个现象提供了具有较高深度的信息，且该类属与其他类属之间的关系已经被清晰厘定时，说明理论抽样足够充分，理论建构已经达到饱和。本书用随机抽取的22个受访者中剩余5位的访谈文本的编码结果来检验理论饱和度，分析结果符合提炼出的理论模型的脉络与关系，未发现新的范畴和关系。由此可以看出，本书通过扎根理论建构的垃圾焚烧发电厂公众接受性影响因素模型在理论上是饱和的。

3.3 研究结果与分析

通过运用程序化扎根理论的开放式编码、主轴式编码和选择式编码对半结构式访谈文本资料进行分析，本章甄别出垃圾焚烧发电厂公众接受性的五大影响因素。基于相关理论和已有研究发现，并结合受访者的访谈文本资料，本书接下来将对垃圾焚烧发电厂公众接受性影响因素进行详尽的论述，分析垃圾焚烧发电厂公众接受性的形成机理并相应地提出理论假设。

3.3.1 垃圾焚烧发电厂外部性

外部性，又称外部效应，一直是经济学领域中重要且颇具争议的一个研究议题。外部性理论及基于其的政策变迁是经济思想史演进的重要线索，学术界对外部性问题的分析大致围绕福利经济、市场失灵和政府规制等议题展开。当前国内外包含完整学科体系的经济学书籍都会对外部性理论进行介绍和论述。鉴于外部性问题在经济学学科体系中的特殊地位，外部性概念被提出之后，无数的经济学家尝试从不同角度对其内涵进行界定。统观这些定义，大致可以分为两种：一种是从外部性诱发主体入手对这一概念进行界定，如萨缪尔森认为外部性是指"那些生产或消费对其他团体强征了不可补偿的成本或给予了无须补偿的收益的情形"；另一种是从外部性承受主体入手对这一概念进行界定，如兰德尔认为外部性是"当一个行动的某些效益或成本不在决策者的考虑范围内的时候所产生的一些低效率现象：也就是某些效益被给予，或某些成本被强加给没有参加这一决策的人"。类似于上述逻辑的外部性概念界定过于空洞，只是强调了社会主体的经济活动对他者的影响，并没有详细阐述影响的路径、影响的表征等问题。但总的来看，外部性有三个构成要素：引发外部性的主体、承受外部性的主体以及诱发外部性的社会活动或个体行为。

外部性由人的社会活动诱发。人的社会活动具有多样性，因此，不难理解，外部性的存续会跨越社会领域的边界，任何社会领域都有产生外部性的可能。随着解决现实社会中诸多外部性问题的需要，外部性理论的应用已经逐渐拓展到政治、环境保护等其他社会领域。垃圾焚烧发电厂是一个带有典型外部性特征的公共物品。垃圾焚烧项目上马旨在缓解城市"垃圾围城"窘境，为整个城市发展和居民生活营造良好的环境。但垃圾焚烧发电厂这一公共物品的供给削弱了选址地周边居民的福利水平，包括侵蚀人体健康、房屋等不动产价值缩水、心理不舒适和破坏生态环境等风险，形成了一定程度的负外部效应。深度访谈中部分受访者认为地方政府采取的一些补偿措施，如引入自来水、拓宽马路等只是补救措施或策略性行为，这些举措或行为并没有给垃圾焚烧发电厂周边地区带来实质性的便利和利益。

作为垃圾焚烧发电厂负外部性效应承受者的周边居民同样是理性经济人，有着追求个人自身效用最大化的动机和倾向。面对垃圾焚烧发电厂的潜在风险和不确定性，作为理性经济人的周边居民显然不会对潜在的利益受损无动于衷。正是基于风险感知和利益感知的潜在考虑影响了他们对垃圾焚烧发电厂的接受性态度。基于外部性理论和经济人假设，并结合扎根理论分析结果，本书对垃圾焚烧发电厂风险感知和利益感知与垃圾焚烧发电厂公众接受性之间关系假设如下：

H1：风险感知对垃圾焚烧发电厂公众接受性存在显著负向影响。

H2：利益感知对垃圾焚烧发电厂公众接受性存在显著正向影响。

3.3.2 政府—公众界面因素

扎根理论分析结果显示正义感知和政治效能这两个政府—公众界面因素是影响垃圾焚烧发电厂公众接受性的影响因素。其中，正义感知有四个维度：程序正义、分配正义、互动正义；政治效能包括外在政治效能、内在政治效能和集体政治效能三个维度。基于扎根理论分析结果，并结合相关经验性研究，进一步分析政府—公众界面因素对垃圾焚烧发电厂公众接受性的作用机理。

3.3.2.1 正义感知

人类社会对正义的关注历史悠久，最早可以追溯到柏拉图的"什么是正义"这个问题。从一定程度上来说，西方政治思想史就是关于正义思想的演进史。正义是人类社会崇高的理想价值和行为遵循，本书所讲的正义是指社会关系领域的正义，可以抽象地被理解为对社会关系中道德正当性的追寻。哲学家或政治哲学家对正义形而上的价值追寻终究要通过社会实践活动得以实现。与哲学家们的关注点不同，从社会现实问题出发关注正义的学者更加对公众如何感知和认识正义感兴趣。换句话说，这类学者希望通过经验性的描述和解释深刻地揭示人们如何对某一社会事件或经历进行正义性评价。从这一视角来看，正义是一个可被描述的主观性概念。面对复杂多变的社会问题，正义是一个多维概念的主张已经得到大部分学者认可。南茜·弗雷泽认为正义是一个复合型的理论架构，再分配、承认和代表权都是正义框架中不可化约的维度。再分配、承认和代表权分别植根于社会经济关系、社会交往与互动和政治关系之中，与政治、文化和政治三个社会领域一一对应。但弗雷泽的批判性正义理论存在严重的实践依据不足的问题，并不一定能贴切的指导、透视经历或体验的正义性评价。组织管理领域的实证性研究认为正义是一个三维度的理论架构，即程序正义、分配正义和互动正义。其中程序正义是指成员对组织分配结果和决策的途径和程序的正当性感知；分配正义是指成员对组织中收益与成本分配的正当性感知；互动正义是指组织活动过程中成员对其所受到的包括尊重、解释等在内的人际对待问题的正当性感知。组织管理领域对正义维度的理论化框定植根于社会实践并逐渐受到关注社会问题学者的认可和应用。以组织研究领域的正义维度为基础，周鸿雁同样认为公共管理活动，即政府—公众界面的公众正义感知由程序正义、分配正义和互动正义三个维度构成。从公众角度出发，将政府—公众层面的三维构念正义框架应用到公共治理绩效、公共政策遵从和公众与政府合作的实证性研究日益增多。

　　本书扎根理论分析结果识别出垃圾焚烧发电厂这一基础设施供给中公众感知到的三个维度的正义，即程序正义、分配正义、互动正义。访谈文本资料显示，正义性缺失是引发公众不接受垃圾焚烧发电厂的重要因素。社会交换理论认为社会中人与人之间的关系本质上是一种交换关系，双向互惠是驱动社会交换活动的基本准则。基于社会交换理论，公众在垃圾焚烧发电厂这一公共事务中的权利得到保障和实现，受到权力部门的公正对待，得到地方政府部门的合理和详尽解释，并真正感受到垃圾焚烧发电厂维护了自身的利益，那么公众就会更加信任地方政府，支持并积极配合地方政府关于垃圾焚烧发电厂的相关决策，进而积极地接受垃圾焚烧发电厂。国内外已有研究证实不同维度的正义感知对邻避设施公众接受性有显著性影响，如 Maria 通过对意大利波尔图地区垃圾焚烧厂周边居民的调查分析发现分配正义与垃圾焚烧支持态度呈显著的正相关关系；Besley 通过对南加州拟扩建核电项目周边居民的实证性分析发现人际正义、程序正义和分配正义均对扩建决策的接受性有显著的正向影响；基于社会交换理论和已有研究发现，并结合半结构访谈文本，本书对公众正义感知和垃圾焚烧发电厂公众接受性之间关系假设如下：

H3：公众分配正义感知对垃圾焚烧发电厂公众接受性存在显著正向影响。

H4：公众互动正义感知对垃圾焚烧发电厂公众接受性存在显著正向影响。

H5：公众程序正义感知对垃圾焚烧发电厂公众接受性存在显著正向影响。

3.3.2.2 政治效能

政治效能是公民政治心理活动的重要组成部分，是公民在政治活动或政治过程中对自我政治能力的感知和评价，被认为是影响个体政治行为的重要因素。坎贝尔等人在 20 世纪 50 年代初研究美国选民选举行为时正式提出政治效能这一概念，并发现政治效能是除政治认同、问题取向和选民取向外，对美国民众选举行为有着重要影响的第四因素。政治效能概念的提出不仅为解释美国民众的选举行为提供了新的理论基础，同时也成为用于理解其他形式政治参与的重要心理结构。政治效能是一个多维化的理论构念。罗伯特·E.莱恩将政治效能感分为两个维度，即内在政治效能感和外在政治效能感。内在政治效能感是指个人对自己影响政治过程的能力的一种感知，而外在政治效能感则是指个人对整个政治体系回应民众问题的一种主观认知。这一划分方式被学者接受并得到广泛应用。

垃圾焚烧发电厂的选址、建设和运营活动过程同样也是一个政治过程，其涉及政府、开发商、选址周边民众等多个利益相关者的互动和博弈。居民对本地区垃圾焚烧发电厂的态度和抗争行为同样受到政治效能感的驱动。就笔者目前所掌握的文献来看，探究政治效能对包括垃圾焚烧设施在内的邻避设施公众接受度的研究很少，Joe 等通过对爱达荷州南部 695 名居民的调研分析发现，政治效能显著正向影响民众对社区附近拟建高压架空输电线路的反对态度。需要指出的是这一研究对政治效能和居民反对态度两个核心变量的测量都是通过其他变量的替代而获得。其中政治效能由意见领袖感知、教育水平和收入水平三个显变量代表，而对拟建高压架空输电线路的反对态度的测量则由视觉干扰、财产价值和地理邻近替代。这种替代变量的使用会对研究结果产生一定的影响。

内在政治效能通过强化情绪化心情、弱化潜在的消极性政策影响来形塑个体的态度甚至驱使其采取行动。内在政治效能感较强的个体，一般对自己通过参与政治活动达成期望的目标有着较高的信心，这会强化其朝着期望的目标不断努力。面对周围生活环境带来潜在影响的垃圾焚烧项目，当个人认为自己有能力影响相关决策时，这种心理上的认知资源就会正向强化其对本地区的保护意愿，进而对垃圾焚烧项目产生抵触心理。认知失调理论认为，当认知之间存在矛盾时，个体会设法消除这种失调状态。垃圾焚烧发电厂属于公共事业，涉及特定的群体，即周边居民的利益。面对垃圾焚烧发电项目，周边居民一般与地方政府的价值观念不一致，当周边的某个居民认为个人诉求能得到地方政府的积极回应时，其表达自己真实政策态度的意愿就会被增强；反之，居民表达自己真实政策态度的意愿就会被削弱。集体政治效能对公众参与邻避设施抗争行动的预测作用得到了验证，如Mannarini等基于意大利西北部高铁项目的分析发现，集体效能感与居民参与抗争该项目活动呈显著的正相关关系。Liu等通过对中国香港垃圾填埋场和垃圾焚烧厂周边居民的问卷调查研究发现团体效能是引发当地居民参与邻避抗争活动的决定因素。Yeich和Levine认为集体性政治效能是政治效能的第三个维度。Lee和赵璐验证了政治效能是三个维度理论框架的假定。由此我们认为集体效能也会对垃圾焚烧发电厂的公众接受性产生影响。

近年来，中国社会治理中不断拓展公众参与的渠道和形式，但公共事务治理中的公众参与仍存在受限的情形，这在一定程度上会削弱公众的政治效能感。

基于上述理论分析，本书对政治效能和垃圾焚烧发电厂公众接受性之间的关系作如下假设：

H6：内在政治效能对垃圾焚烧发电厂公众接受性存在显著正向影响。

H7：外在政治效能对垃圾焚烧发电厂公众接受性存在显著正向影响。

H8：集体政治效能对垃圾焚烧发电厂公众接受性存在显著正向影响。

3.3.3 社会因素

扎根理论分析结果显示影响垃圾焚烧发电厂公众接受性的社会因素就是公共信任。不同于关系信任和契约信任，公共信任是发生在社会公共生活领域的一种信任。理解公共信任的内涵及其发生逻辑首先就要深刻认识信任。综合来看，学者主要从"信任对象""信任内容"和"信任的产生机制"三个方面来解读信任这一概念。公共信任是一个伞形化的概念，包括四个方面的内容：对社会成员的信任，对政府官员、医生等社会角色的信任，对社会机制和制度的信任以及对民主社会民主、公正等价值观的信任。信任是一个多维度的概念，一般包括能力和意图两个维度。基于能力的信任是指对受信方职责、承诺履行的能力及专业化知识、技能的期待；基于意图的信任是指对受信者德性和责任的期望。

本书中公共信任的对象是与垃圾焚烧发电厂紧密相关的地方政府机构、政府工作人员、垃圾焚烧发电厂运营机构及其工作人员。质性研究的文本资料充分体现了信任的两个维度：有受访者认为地方政府在解决垃圾焚烧发电厂的问题上能力和魄力不足；垃圾焚烧发电厂运营不规范，给周边居民带来消极影响，导致公共信任流失，进而强化公众对垃圾焚烧发电厂的反对态度。

社会资本理论认为人们通过社会中的互动活动和与他人的联系形成持续的社会关系网络且这一关系网络能够促进行动者获取自身发展的资源。Putnam 将社会资本用于化解集体行动的悖论，认为社会资本"可以通过促进社会中的合作行为而提高社会效率……在一个继承大量社会资本的共同体内，自愿的合作更容易出现"；科尔曼指出人际信任能有效降低社会交易成本，助推自发性社会行为，促成人们服从合法性组织权威指导的行为方式。在社会风险情境下，作为一种复杂性简化机制的信任的积极性作用将更加凸显，信任的存在可以克服社会理性的不足，简化风险情境下的复杂性，通过内在的确定性挤压或替代外在的不确定性，进而削弱社会关系中不确定性带来的恐慌和情感渲染。信任是社会资本的重要组成部分，拥有较多信任资源的社会行动主体能够正向激化与其他社会成员的粘连性质，还可以通过简化复杂性和不确定性，强化其他社会成员的认同与理解，进而赢得支持与合作。上述逻辑同样适用于解释公共信任对垃圾焚烧发电厂公众接受性的影响机理。由此，本书对公共信任和垃圾焚烧发电厂公众接受性之间关系假设如下：

H9：公共信任对垃圾焚烧发电厂公众接受性存在显著正向影响。

3.3.4　个体层面因素

3.3.4.1　地方依恋

地方依恋概念源于人文地理学者 Tuan 提出的"恋地情结"，用来描述人与特定地方之间的情感依恋或纽带，是衡量人与物理环境或地理空间关系的重要概念。经过 40 余年的发展，地方依恋已经发展成为西方环境心理学和人文地理学的一个重要概念，围绕地方依恋理论维度和理论建构的研究引发了国内外学者的关注。地方依恋是一个多维度的概念，Williams 等人认为地方依恋由地方依赖和地方认同两个维度构成，这一维度划分被国内外学者所推崇；Scannell 和 Gifford 指出地方依恋是一个由人、心理过程和地方构成的三维化结构概念，其中，人是地方依恋的主体，赋予地方特定的意义；心理过程是地方依恋的情感和行为过程；地方是人依恋的对象；Hammitt 等人提出地方依恋由地方的熟悉感、归属感、认同感、依赖感和根深蒂固感五个维度构成，并设计了相应的量表。另外，中国情境下的研究发现一维和二维结构的地方依恋在统计分析上都是可接受的结构维度。

研究发现地方依恋对亲环境意愿和行为具有积极的促进效应，对某地有较强情感依恋的个人，往往对该地方的公共事务表现出更高的兴趣度，更愿意参与该地方的事务。就垃圾焚烧发电厂周边的公众来看，地方依恋是指公众与其居住地的物理环境或地理空间的相互作用而产生的情感关联，是影响其对垃圾焚烧发电厂态度的重要情感因素。正如受访者（R04）所说，"我住的地方山清水秀，喝的水是天然的水。这边还有一个 4A 级景区——黑麋峰国家森林公园……是长沙的后花园，一个天然氧吧，空气质量非常好，它的生态价值是无价的。垃圾焚烧厂建在这里，就像一个美女的腰上长了一个瘤子一样。随着时间慢慢地推移，她再化脓的话，最后她会去死。"面对本地区居住环境和形象遭受破坏的潜在风险，垃圾焚烧发电厂的出现激发了居民保护居住环境和维护自身生活质量的意愿，进而使其对垃圾焚烧发电厂产生了抵触心理。基于垃圾焚烧发电厂的研究结果显示地方依恋与公众对垃圾焚烧发电厂的接受态度呈显著的负相关关系；基于高速公路这一邻避设施的案例研究甚至发现地方依恋可以显著预测居民的集体性抗争行为。基于上述量化研究结果并结合访谈文本资料，本书对地方依恋和垃圾焚烧发电厂公众接受性之间关系假设如下：

H10：地方依恋对垃圾焚烧发电厂公众接受性存在显著负向影响。

3.3.4.2　垃圾焚烧知识

垃圾焚烧发电项目的风险特征本身具有较高的科技属性。面对垃圾焚烧项目，公众的认知和态度与其对垃圾焚烧技术工艺和流程的熟悉程度和科学素养紧密相关。公众对科学技术应用的认知态度一定程度上是由其所具备的科学技术知识所决定的。质性研究分析结果显示，公众的垃圾焚烧知识主要体现在垃圾焚烧炉内温度标准、垃圾燃烧的充分性、二噁英致癌特性和垃圾焚烧需要添加物等。公众理解科学的"缺失模型"认为公众对现代科学技术的认识有明显的"缺陷"，而科学家们有足够的知识，他们也有义务和责任去帮助公众克服"知识赤字"。由于缺乏相关知识，公众总是对新技术怀有敌意。基于"缺失模型"政策启发，在风险沟通活动中地方政府和技术专家应围绕公众特征，有针对性地进行科普宣传，进而提升公众的科技知识。王娟对北京六里屯垃圾焚烧厂周边 5 个区域的社会调查的分析结果显示被访公众普遍对垃圾焚烧知识不了解，并提出推动垃圾焚烧知识传播，促进风险沟通尤为重要。类似地，任依依对浙江杭州、宁波和金华三地垃圾焚烧发电项目的社会调查分析发现科普教育是提升垃圾焚烧发电项目公众接受性的重要因素。依据公众理解科学的"缺陷模型"并结合上述实证性研究发现，本书对垃圾焚烧知识和垃圾焚烧发电厂公众接受性之间关系假设如下：

H11：垃圾焚烧知识对垃圾焚烧发电厂公众接受性存在显著正向影响。

3.3.5　居民属性

本书中的居民属性变量为社会人口统计学变量，包含性别、年龄、受教育水平、收入水平、本地居住时间、家庭中是否有未成年儿童、建设垃圾焚烧发电厂的必要性和居民居住地与垃圾焚烧发电厂之间的距离。国内外相关研究发现社会人口学变量是影响公众对垃圾焚烧发电厂或其他类型邻避设施接受性的重要因素。结合本书质性研究部分的分析结果，本书认为上述居民属性同样是影响垃圾焚烧发电厂公众接受性的重要因素，故提出如下假设：

H12：垃圾焚烧发电厂公众接受性在居民不同性别上呈现显著差异。

H13：垃圾焚烧发电厂公众接受性在居民不同年龄上呈现显著差异。

H14：垃圾焚烧发电厂公众接受性在居民不同受教育水平上呈现显著差异。

H15：垃圾焚烧发电厂公众接受性在居民不同收入水平上呈现显著差异。

H16：垃圾焚烧发电厂公众接受性在居民不同居住时间上呈现显著差异

H17：垃圾焚烧发电厂公众接受性在居民家庭中是否有未成年儿童上呈现显著差异。

H18：垃圾焚烧发电厂公众接受性在居民认为本地是否需要垃圾焚烧发电厂上呈现显著差异。

H19：垃圾焚烧发电厂公众接受性在居民居住场所与垃圾焚烧发电厂之间的距离上呈现显著差异。

4 影响机理：邻避设施公众接受性的量化分析

第三章借助程序性扎根理论研究方法对垃圾焚烧发电厂公众接受性的影响因素进行了初步的甄别，并基于相关理论、访谈资料和已有研究成果，尝试性地阐述了垃圾焚烧发电厂公众接受性的形成机理。近年来，管理学领域非常重视定性与定量研究方法的结合，欧洲大陆的理论阐释主义研究路径与北美的实证主义研究路径相结合的方法备受学术界的推崇。不可否认的是，基于扎根理论研究方法所建构的理论模型必须经过验证和修正之后才具备普适性。本章将通过量化研究设计来验证扎根理论所建构的初始理论模型和研究假设。

4.1 问卷设计

问卷调查法，又称统计调查研究法，是目前社会科学领域中应用颇为普遍的一种数据收集方法。具体来讲，该方法是根据预先设定的研究主题，借助格式化、结构化的具体问题，通过记录受访者的回答来获取数据，以此展开数据统计分析来验证研究假设，进而得出研究结论。通过对已有相关文献的梳理可以发现，问卷调查法是能源、社会福利和废弃物处理等邻避设施公众接受性研究中被广泛使用的一种研究方法。一些学者对问卷调查法的优势进行了系统的归纳：研究对象不受限制，可以是社会中的个人或组织；实施较为便捷，时效高，在获得允许的情况下，可以在各种场合发放问卷，可以在较短的时间内获得受访者的数据；可以细化研究内容，检验研究假设，为研究问题提供有效的答案。本书旨在验证基于扎根理论所建构的垃圾焚烧发电厂公众接受性理论模型和相应的研究假设，这需要通过调研获得的一手数据展开量化分析。因此，本书通过问卷调查方法进行数据资料的收集。

问卷调查方法的结论源于对真实反映社会现象的数据资料的科学性分析，问卷设计是收集真实反映社会现象的数据资料的关键环节，同时也是社会调查的难点。作为社会调查活动中介物的问卷，其质量好坏将直接影响数据资料的真实性和适用性，一定程度上决定了研究结果的可靠性。本章旨在验证垃圾焚烧发电厂公众接受性影响因素模型中内嵌的研究假设，属于假设检验性的研究。这一研究目的决定了本书在进行问卷设计时应使用高度结构化的封闭式问句。紧紧围绕这一研究目的，本书问卷设计遵循了一定的流程，以保证测量量表的信度和效度（图4-1）。首先，量表的设计并不是研究人员的凭空捏造和主观臆断，而是需要有充分的理论支撑。本书在参考国内外文献的基础上，对理论模型中所涉及变量的概念进行界定，以作为后文各变量测量指标设计之依据。其次，根据变量的操作化定义，参考国内外研究中相关量表，结合垃圾焚烧发电厂这一邻避设施的具体案例情境，相应地对题项进行修正；对于部分没有可供参考的成熟量表的变量，则根据半结构访谈文本资料自行开发测量题项以保证测量量表的内容效度。再次，邀请具有丰富量表开发经验的科研人员和垃圾焚烧发电厂周边居民对测量题项能否准确反映变量的真正含义进行判别，并根据建议作出相应的修改，形成

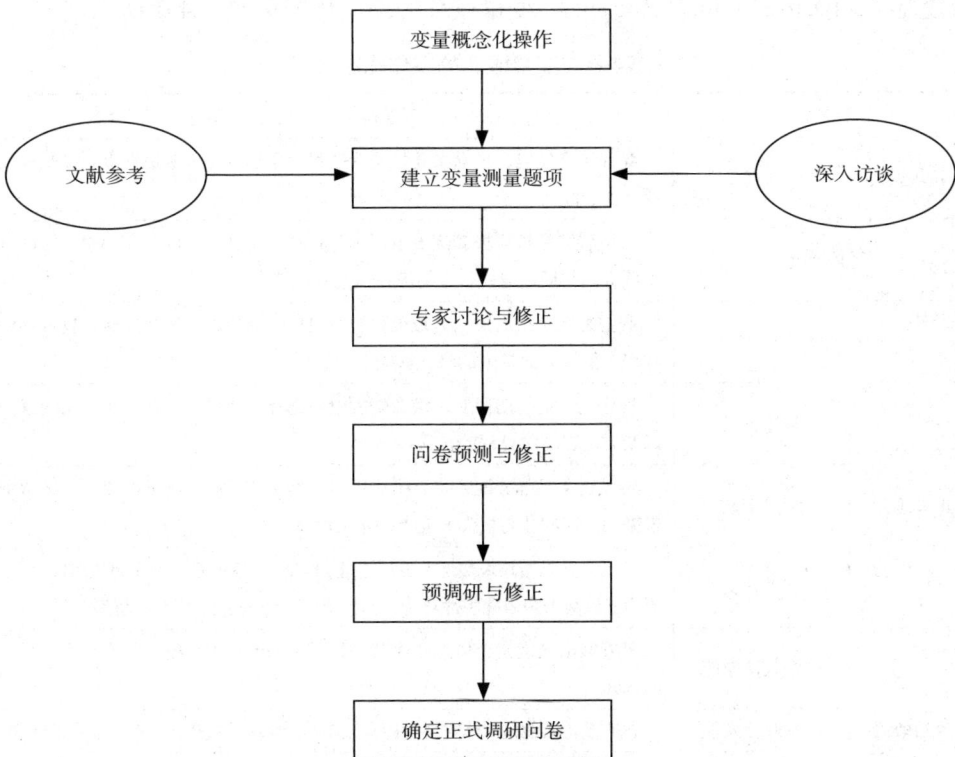

图4-1　问卷设计过程

调查问卷的初稿。从次，通过网络发放问卷进行预调研，并对回收的问卷进行分析以确保问卷的信度和效度。最后，根据预调研分析结果，对各变量题项进行修改，得到最终的调研问卷。

4.1.1 变量概念的操作化

依据上一章节中所建构的理论模型和对应的研究假设，本书中所涉及的变量是：垃圾焚烧发电厂公众接受性（community acceptance of waste incineration plants）、风险感知（risk perception）、利益感知（benefits perception）、正义感知（justice perception）、政治效能（political efficacy）、公共信任（social trust）、地方依恋（place attachment）、垃圾焚烧知识（waste incineration knowledge）和居民属性。其中正义感知有三个维度，即程序正义（procedural justice）、结果正义（distributive justice）和互动正义（interactional justice）；政治效能有三个维度，即内在政治效能（internal political efficacy）、外在政治效能（external political efficacy）和集体政治效能（collective political efficacy）。变量概念的操作化定义如表 4-1 所示。

表4-1 变量概念的操作化定义

变量名		变量概念操作化定义
垃圾焚烧发电厂公众接受性		垃圾焚烧发电厂公众接受性是指居民对本地区垃圾焚烧发电厂接受程度的态度、倾向
风险感知		风险感知是指垃圾焚烧发电厂本身存在的不确定性以及在健康和居民环境等方面给周边居民带来的潜在风险或威胁
利益感知		利益感知是指居民认为垃圾焚烧发电厂给周边地区经济发展、投资环境和房产价值方面带来的潜在影响
正义感知	程序正义	程序正义是指居民对垃圾焚烧发电厂选址、建设、运营中所使用的程序以及制定程序的过程的正义性感知
	结果正义	结果正义又称分配正义，指居民对垃圾焚烧发电厂选址、建设、运营中带来的潜在利益与损失分配上的正义性感知
	互动正义	互动正义是指垃圾焚烧发电厂选址、建设、运营中是否考虑周边居民尊严，周边居民能否获得礼貌性对待，其提出的问题是否得到详尽的解释和沟通
政治效能	外在政治效能	外在政治效能是个体对政府就外部要求和影响进行处理并能否作出回应的认知
	内在政治效能	内在政治效能是个体对自身拥有必要的影响政治过程的资源和能力的认知
	集体政治效能	集体政治效能是指个体对特定团体作为行动主体所能达到的政治影响的信念

续表

变量名	变量概念操作化定义
公共信任	公共信任是指垃圾焚烧发电厂周边居民对与该设施紧密相关的地方政府机构（工作人员）和垃圾焚烧发电厂运营机构（工作人员）能力与德性方面的期望与评价
地方依恋	地方依恋是指人与特定地方建立起来的一种情感联结，分为地方依赖和地方认同，表现为个人对特定地方、环境独特性的认识和功能性依恋
垃圾焚烧知识	垃圾焚烧知识是指个人对垃圾焚烧工艺和垃圾分类等知识的了解程度
居民属性	居民属性变量包含性别、年龄、收入水平、受教育水平、本地居住时间、家庭中是否有未成年儿童、建设垃圾焚烧发电厂的必要性和居民居住地与垃圾焚烧发电厂（项目）之间的距离

4.1.2 初始量表

鉴于国内学者从公众接受性这一态度倾向视角来分析邻避问题的研究较少，故本书的大部分测量量表来源于英文文献。对源于英文文献的量表，笔者遵循了学者们提出的"回译法（back translation）"，旨在保证翻译后的中文量表在符合中国语言和文化习惯的同时，仍能准确体现原量表所表述的意义。所有量表都充分考虑了垃圾焚烧发电厂这一案例的具体情境，并进行了相应修订。初始量表的构成如表 4-2 所示。

表4-2　初始量表的构成

研究变量	维度	对应题项	参考量表
居民属性	性别	Q1	Woo, Wrigley, Spies et al., Khammaneechan, Johnson 和 Scicchitano, Ren et al., Nelson et al., Lober
	年龄	Q2	
	受教育程度	Q3	
	家庭月收入	Q4	
	本地居住时间	Q5	
	距离	Q6	
	是否有未成年儿童	Q7	
	对垃圾焚烧发电厂的需求	Q8	
垃圾焚烧发电厂公众接受性（CA）		Q9-1 ～ Q9-5	Soland et al., Chung 和 Kim, Liu et al.

续表

研究变量	维度	对应题项	参考量表
风险感知（RP）		Q10-1～Q10-6	Li et al., Cavazza 和 Rubichi, Khammaneechan et al., Liu et al.
利益感知（BP）		Q11-1～Q11-6	Kemp, Devine-Wright 和 Howes, Petrova, Ren et al.
正义感知（JP）	结果正义（DJ）	Q12-1～Q12-3	Li et al., Lober, Woo, Walker 和 Baxter, 自行开发
	程序正义（PJ）	Q13-1～Q13-5	刘冰, Marques et al., Visschers 和 Siegris, Ohtomo et al.
	人际正义（IPJ）	Q14-1～Q14-4	张义心, 金星彤, McComas et al.
	信息正义（IFJ）	Q15-1～Q15-4	Wenzel, Colquitt, 皮永华
政治效能（PE）	内在政治效能（IPE）	Q16-1～Q16-3	Lee, 赵璐, Lassen 和 Serritzlew, Yeich 和 Levine
	外在政治效能（EPE）	Q16-4～Q16-6	Lee, 赵璐, Yeich 和 Levine
	集体政治效能（CPE）	Q16-7～Q16-9	Lee, 赵璐, 周翔等
公共信任（ST）	政府信任（意图）（GT-I）	Q17-1～Q17-4	柯培华, Mah et al., Terwel et al., Poortinga 和 Pidgeon
	政府信任（能力）（GT-C）	Q17-5～Q17-8	
	垃圾焚烧发电厂信任（意图）（FT-I）	Q18-1～Q18-4	
	垃圾焚烧发电厂信任（能力）（FT-C）	Q18-5～Q18-8	
地方依恋（PA）		Q19-1～Q19-8	Williams 和 Vaske, Heck et al., 邓秀勤, 曾启鸿, Anton 和 Lawrence
垃圾焚烧知识（WIK）		Q20-1～Q20-6	Lima, Cavazza 和 Rubichi, Wiedemann et al., 自行开发

4.1.2.1 居民属性

围绕本书研究目标，在参考已有研究中关于居民属性特征题项设置方式的基础上，笔者设计了下列居民属性相关变量：性别、年龄、受教育程度、家庭月收入、本地居住时间、家庭中是否有未成年儿童和本地建设垃圾焚烧发电厂的必要性。其中性别分为2类：①男，②女；年龄分为6个层次：①18岁以下，②18～29岁，③30～39岁，④40～49岁，⑤50～59岁，⑥60岁及以上；

受教育程度分为 5 个层次：①初中或以下，②高中或中专，③大专，④本科，⑤硕士或以上；家庭月收入分为 5 个层次：① 3000 元以下，② 3000 ～ 5999 元，③ 6000 ～ 9999 元，④ 10000 ～ 15999 元，⑤ 16000 元或以上；本地居住时间通过受访者在当地的实际居住时间进行记录；家中是否有未成年儿童分为两类：①没有，②有；通过参考 Lober 和 Woo 相关量表，本书通过"您认为本地需要建垃圾焚烧发电厂吗"来测量设施需求性，并请被调查者对题项描述内容的需要程度进行打分，等级依次为"非常不需要""不太需要""不确定""比较需要"和"非常需要"。

4.1.2.2 垃圾焚烧发电厂公众接受性题项

通过对国内外邻避设施公众接受性文献的梳理来看，对邻避设施公众接受性的测量主要有三种方式。一种是对一般化情境下邻避设施公众接受性的测量，这种情境一般不强调邻避设施与被调查者的距离，如 Visschers 和 Siegrist 在研究中通过"假设瑞士民众在全民投票中批准了重建三座核电站的决定，请说明您在多大程度上同意和接受这一决定"来测量公众对重建核能发电厂的接受性；另一种是对具体情境下公众对邻避设施接受性的测量，如 Soland 等人通过"我因社区附近有一个生物质能发电厂而感到高兴""我反对社区附近正在运营的生物质能发电厂"和"你如何看待社区附近的生物质能发电厂"三个题项来测量公众对特定情境中生物质能发电厂的接受性；还有一种测量方式对上述两种测量方式进行了整合，通过对不同地理范围内邻避态度的测量实现对邻避设施公众接受性的概念化操作，如 Liu 和 Wang 在测量危险品仓库和化工厂时使用了以下题项："我们国家应该有危险品仓库和化工厂""我们国家目前应该增加危险品仓库和化工厂的数量""我欢迎在本市建危险品仓库和化工厂""如果有机会，我愿意为推进建设危险品仓库和化工厂投支持票"。

本书关注的是具体情境下公众对邻避设施的接受性，即居民对当地垃圾焚烧发电厂的接受性。尽管现有关注特定邻避设施公众接受性的研究很多，但对于这一情境下公众接受性的测量仍以单个题项为主，这一定程度上影响了最后测量结果的稳定性。为确保本书中对垃圾焚烧发电厂公众接受性测量结果的可信度，在借鉴相关研究的基础上，设置了以下五个题项来测量垃圾焚烧发电厂公众接受性："我因本地区有垃圾焚烧发电厂而感到高兴""我反对本地区正在运营的垃圾焚烧发电厂""我会说服亲戚朋友支持在本地建设垃圾焚烧发电厂""我会支持在本地建设垃圾焚烧发电厂"和"我羡慕居住在垃圾焚烧发电厂附近的居民"。垃圾焚烧发电厂公共接受性的题项设计采用五级李克特量表,请被调查者对其对题项描述内容的同意程度进行打分,等级依次为"非常不同意""不太同意""不确定""比较同意""非常同意"。

4.1.2.3 风险感知题项

垃圾焚烧发电厂的风险感知主要是指本地区居民感知到的垃圾焚烧发电厂在居民身体健康和居住环境方面诱发的各种潜在风险或危害。在参考相关研究中相关量表的基础上,结合扎根分析中来自受访者的数据资料,风险感知测量量表共包含以下六个题项:"垃圾焚烧发电厂的二次污染会影响本地的生态环境""垃圾焚烧发电厂会影响本地居民的身体健康""垃圾焚烧发电厂会影响本地下一代的健康成长""垃圾焚烧发电厂在运行中会发生安全事故""垃圾运输车辆会带来一定的污染(如气味、噪声等)"和"垃圾焚烧发电厂会让本地居民产生心理压力"。垃圾焚烧发电厂风险感知的题项设计同样采用五级李克特量表,请被调查者对其对题项描述内容的同意程度进行打分,等级依次为"非常不同意""不太同意""不确定""比较同意""非常同意"。

4.1.2.4 利益感知题项

垃圾焚烧发电厂利益感知测量题项的设计主要参考了4个研究中的相关量表,并根据本书中案例的具体情境进行了适当的修订。利益感知的测量题项主要包括以下6个:"垃圾焚烧发电厂会影响本地(农业、旅游、养老等)产业的发展""垃圾焚烧发电厂会恶化本地投资环境""垃圾焚烧发电厂会导致本地房产贬值""垃圾焚烧发电厂可为本地居民提供就业岗位""垃圾焚烧发电厂可缓解本地用电紧张状况或减少本地民用电支出"和"垃圾焚烧发电厂会提升本地垃圾处理能力"。以上题项均采用五级李克特量表,请被调查者对其对题项描述内容的同意程度进行打分,等级依次为"非常不同意""不太同意""不确定""比较同意"和"非常同意"。

4.1.2.5 正义感知题项

从访谈数据资料的分析中可以看出正义感知是影响垃圾焚烧发电厂公众接受性的重要因素。基于扎根理论的质性分析结果显示正义感知有三个维度:程序正义、结果正义和互动正义。已有研究中已经证实程序正义和结果正义是显著影响不同类型邻避设施公众接受性的前因变量，部分研究结果发现信息供给或居民信息满意度是提升公众接受邻避设施的重要因素，鲜有研究从互动正义维度来理解邻避设施的公众接受性。

尽管现有研究已经证实正义是影响邻避设施公众接受性的重要因素，但与此相关的正义感知的成熟量表较少。在参考相关研究中结果正义量表的基础上，修订和设计了 2 个题项："本地垃圾焚烧发电厂对整个社会的垃圾处理提供了便利，但其带来的消极影响却由周边的居民承担"和"本地垃圾焚烧发电厂附近居民得到了令人满意的补偿"。根据访谈数据资料中的原始语句自行开发了 1 个题项："本地垃圾焚烧发电厂做到了只处理来自本地的垃圾"。其中"本地垃圾焚烧发电厂对整个社会的垃圾处理提供了便利，但其带来的消极影响却由周边的居民承担"是反向题。程序正义的测量量表相对成熟，本书主要参考了刘冰等人的研究，在借鉴其程序正义量表的基础上，对其进行本土化、情境化修订。程序正义量表由以下题项构成："本地垃圾焚烧发电厂的建设征求了老百姓的意见""本地垃圾焚烧发电厂的环境影响评估遵守了法定程序""本地垃圾焚烧发电厂的决策过程是公正的""本地垃圾焚烧发电厂决策过程中的居民参与是充分的"和"本地垃圾焚烧发电厂的建设程序是合理合法的"。已有的实证性研究已经证实人际正义和信息正义是互动正义的子维度。组织行为学研究领域发现人际正义是影响组织绩效的重要因素，而政府与社会界面的研究较少关注人际正义的作用。在借鉴并修订张义心、金星彤和 McComas 等人的研究中的相关量表的基础上，笔者采用以下题项来测量人际正义："与我打交道的政府工作人员总是友好和礼貌的""政府工作人员尊重我""政府工作人员会对我有偏见""政府工作人员重视我的权利"。借鉴组织正义研究领域中信息正义的相关量表，进行本土化和情境化修订后，共设计了测量信息正义的 4 个题项："地方政府会及时让我知道垃圾焚烧发电厂的选址（建设）情况并进行充分说明""地方政府重视我对垃圾焚烧发电厂的看法，并给予耐心的解释""地方政府就我对建设垃圾焚烧发电厂的疑问进行了合理的解释"和"地方政府就我对建设垃圾焚烧发电厂的疑问进行了全面的解释"。测量正义感知维度的所有题项均采用五级李克特量表，请被调查者对其对题项描述内容的同意程度进行打分，等级依次为"非常不同意""不太同意""不确定""比较同意"和"非常同意"。

4.1.2.6 政治效能题项

政治效能感已经成为当前政治心理学领域不可忽视的研究议题。国内外学者对于政治效能感的测量相对较多，其量表也比较成熟。内在政治效能量表的题项设计主要参考了 Lee、赵璐、Lassen 和 Serritzlew 和 Yeich、Levine 的研究，包括 3 个题项："我对公共议题有较强的理解能力""我觉得自己有能力参与社会公共事务"和"我觉得我可以像大多数人一样出色胜任地方政府官员"。外在政治效能量表的题项设计主要参考了 Lee、赵璐、Yeich 和 Levine 的研究，主要包括 3 个题项："我对政府如何行事没有发言权""如果我向政府提意见，政府不会理会""政府官员更多地在乎权力而不是老百姓所想"。虽然很少有研究将集体效能置于政治学情境下进行阐述，但这并不能否认集体效能是衡量公民政治效能感的一个重要维度。本书中集体政治效能的测量在参考 Lee、赵璐和周翔等研究中相关题项的基础上，通过设置 3 个题项对集体政治效能进行测量："民意的集体表达会影响公共事务的发展""公民的集体行动会影响政府的决策"和"民众有许多合法途径来影响政府作为"。测量政治效能各维度的所有题项均采用五级李克特量表，请被调查者对其对题项描述内容的同意程度进行打分，等级依次为"非常不同意""不太同意""不确定""比较同意"和"非常同意"。

4.1.2.7 公共信任题项

根据已有的研究文献和本书的质性分析结果，本书从意愿和能力两个维度来测量公共信任。在借鉴柯培华等相关研究中对公共信任的测量题项的基础上，本书对地方政府信任意愿维度的测量包括以下题项："地方政府始终为老百姓谋利益""地方政府不会隐瞒欺骗老百姓""地方政府工作人员关心老百姓的利益""地方政府工作人员都遵纪守法"；对地方政府信任能力维度的测量包括以下题项："地方政府良好地履行了监管垃圾焚烧发电厂等公共设施的职责""地方政府能对'垃圾焚烧厂'等公共设施实施有效的监管""地方政府能制定科学合理的公共政策"和"地方政府工作人员能胜任自己的工作"。垃圾焚烧属于公共事务，涉及公共利益，因此，公众对垃圾焚烧发电厂信任的测量可以参照政府信任的测量方式。本书对垃圾焚烧发电厂信任意愿维度的测量包括以下题项："垃圾焚烧发电厂始终为老百姓谋利益""垃圾焚烧发电厂不会隐瞒欺骗老百姓""垃圾焚烧发电厂工作人员关心老百姓的利益""垃圾焚烧发电厂工作人员都遵纪守法"；对垃圾焚烧发电厂信任能力维度的测量包括以下题项："垃圾焚烧发电厂能降低自身对公众的危害""垃圾焚烧发电厂能实施有效的自我监督""垃圾焚烧发电厂能按照科学化标准运营"和"垃圾焚烧发电厂工作人员能胜任自己的工作"。测量公共信任的所有题项均采用五级李克特量表，请被调查者对其对题项描述内容与实际情况的符合程度进行打分，等级依次为"非常不符合""不太符合""不确定""比较符合"和"非常符合"。

4.1.2.8　地方依恋题项

地方依恋是一个复杂且具有综合性特征的伞形概念结构。地方依恋是由地方认同和地方依赖两个维度组成的理论构念，本书通过这两个维度来对地方依恋进行测量。在参照 Williams 和 Vaske、邓秀勤、曾启鸿等人研究中对地方依恋测量题项的基础上，本书通过以下 4 个题项来测量地方依赖："其他地方无法替代我现在的居住环境""我想不到有其他地方更适合我的生活方式""这里能满足我生活的需求"和"我在这里有亲朋好友，能常联系"；本书同样通过 4 个题项对地方认同进行测量："对我而言没有其他地方可以和这里相比""我对这个地方有归属感""我非常认同这个地方"和"这个地方对我来说意义重大"。测量地方依恋的所有题项均采用五级李克特量表，请被调查者对其对题项描述内容的同意程度进行打分，等级依次为"非常不同意""不太同意""不确定""比较同意"和"非常同意"。

4.1.2.9　垃圾焚烧知识题项

目前，国内外关于垃圾焚烧知识的测量量表较少，本书在参考 Lima、Cavazza 和 Rubichi、Wiedemann 等人研究中相关量表的基础上，修订并设置了测量垃圾焚烧知识的 3 个题项："有了垃圾焚烧发电厂之后，就不再需要垃圾填埋场了""垃圾焚烧可以实现生活垃圾'减量化、资源化、无害化'处理"和"并不是所有的垃圾都适合通过焚烧进行处理"。另外，根据受访者的访谈文本资料，笔者自行开发了 3 个题项："垃圾焚烧炉正常温度在 900 度左右，可使垃圾中的可燃成分和有害成分彻底分解""对垃圾进行分类，是焚烧垃圾的前提"和"湿垃圾不可以直接放入垃圾焚烧炉内焚烧"。垃圾焚烧知识所有测量题项均采用五级李克特量表，请被调查者对其对题项描述内容的同意程度进行打分，等级依次为"非常不同意""不太同意""不确定""比较同意"和"非常同意"。

4.1.3 初始题项的专家讨论与修正

初始量表形成之后，邀请三名专家就初始题项进行讨论。受邀专家根据问卷设计的基本原则，就初始题项的言语表达和提问方式从适宜性、简约性、通俗性和易读性等方面进行了讨论并提出修改建议。讨论结果认为："我羡慕居住在垃圾焚烧发电厂附近的居民"题项并不能有效反映居民对垃圾焚烧发电厂的接受态度；"我因本地有垃圾焚烧发电厂而感到高兴"题项的表达方式会影响回答者参与问卷调查的积极性；"垃圾焚烧发电厂的二次污染会影响本地的生态环境"题项的言语表达不够简洁明了；互动正义中信息正义维度的大部分测量题项代表性较差。"我觉得我可以像大多数人一样出色胜任地方政府官员"表述拗口，啰唆；"政府工作人员重视我的权利"题项表述不够完整；"其他地方无法替代我现在的居住环境"和"我想不到有其他地方更适合我的生活方式"题项的易读性较差，不好理解；地方依恋测量题项中"其他地方无法替代我现在的居住环境"和"对我而言，没有其他地方可以和这里相比"内容意思相近等。作者围绕专家的讨论和修改建议，相应地对部分题项进行了修订。

4.1.4 问卷预测试与修正

为确保问卷效度尽可能小地受到问卷言语表达或语法的影响，作者邀请10名垃圾焚烧发电厂周边居民对问卷进行预测试。通过受邀居民反馈，并结合问卷设计的基本原则和经验性归纳，笔者对问卷中的题项"垃圾焚烧炉正常温度在900度左右，可使垃圾中的可燃成分和有害成分彻底分解"和"垃圾焚烧可以实现生活垃圾'减量化、资源化、无害化'处理"进行了修正。鉴于大部分受邀居民表示测量垃圾焚烧发电厂公众接受性量表的四个题项的表述方式不够直接，笔者将原有的陈述式表达调整为疑问式问答，并根据题项内容对应设置答案选项。

4.1.5 预调研与量表检验

预调研是问卷设计的重要组成部分，它可以确保在正式收集数据之前识别和消除潜在的问题。为确保调查问卷的科学性和有效性，本书在开展正式调研之前实施了小范围的预调研。预调研的目的是对垃圾焚烧发电厂公众接受性社会调查量表的测量题项进行纯化，进一步提升和优化理论模型中变量测量的信度和效度，从而有效保障调研问卷的质量。本书的预调研通过选取徐州 D 地的一个建成垃圾焚烧发电厂和长沙 Q 地在运营的一个垃圾焚烧发电厂的周边居民为调查对象，通过纸质问卷现场发放的方式进行数据收集。预调研持续了半个月，两地的调研人员于 2020 年 6 月 1 日至 2020 年 6 月 15 日共发放 300 份问卷，收回 278 份问卷。

通过借助 James Gaskin 开发的 Data Screening Excel Macro 软件对所有问卷进行甄别，发现 44 份无效问卷。预调研最终的有效问卷为 234 份，占发放问卷的 78%。根据学者吴明隆的建议，预调研对象数量应为量表中最大分量表所含题项数的 3 ～ 5 倍，且样本越多越有利于检验量表的可靠性和稳定性。本书预调研量表中最大分量表，包含 9 个题项，因此预调研数量不应少于 45 份。本书预调研获得的有效问卷数量为 234 份，完全满足吴明隆的建议。量表中含有部分反向题，为确保量表测量结果的一致性，在预调研数据检验之前对这些反向计分的题项进行转换。本书通过 SPSS22.0 软件对量表的信度和效度进行检验。

4.1.5.1 信度检验

信度，又叫可靠性，是指测量或量表工具所得结果的一致性和稳定性。测量量表的信度愈大则其测量结果的标准误差愈小。信度检验包括内在信度分析和外在信度分析。内在信度重在考查测量题项之间是否有较高的内在一致性。外在信度是指在不同时间点对同批被调查者进行重复调查时，测量结果是否具有一致性。鉴于对调查对象进行跟踪调查困难较大，本书使用常用的 Cronbach's Alpha 系数对李克特量表测得数据的一致性实施信度检验。在对正式量表信度进行检验时，Cronbach's Alpha 系数在 0.7 以上最好，在 0.6 ～ 0.7 也可以接受。

（1）垃圾焚烧发电厂公众接受性的信度检验

垃圾焚烧发电厂公众接受性信度分析的初步结果显示 Cronbach's Alpha 值为 0.432，表示"公共接受性"4 个题项的内部一致性信度较低。"您从内心排斥本地的垃圾焚烧发电厂吗"这一题项与修正的项目总相关系数值为负数（-0.122），复相关平方系数值小于 0.3，且删除该题项后，公众接受性变量的 Cronbach's Alpha 值由 0.432 升至 0.696，会有明显的提高。表 4-3 为删除该题项后公众接受性变量的三个题项一致性程度判别的统计量，三个题项修正的项目总相关系数值介于 0.406 至 0.535 之间（包括 0.406 和 0.535）。题项删除后的垃圾焚烧发电厂公众接受性的 Cronbach's Alpha 值为 0.696，说明题项删除后的公众接受性变量的内部一致性可接受。

表4-3　删除部分题项后垃圾焚烧发电厂公众接受性信度分析结果

题项	修正的项目总相关	复相关平方	项目删除后的 Cronbach's Alpha 值	Cronbach's Alpha 值
CA2	0.406	0.201	0.686	
CA3	0.516	0.302	0.527	0.696
CA4	0.535	0.311	0.512	

（2）利益感知和风险感知信度检验

表 4-4 利益感知和风险感知变量的内部一致性程度判别统计量结果显示，利益感知和风险感知变量中各题项的复相关系数平方值均大于 0.3，介于 0.363 至 0.941 间（包括 0.363 和 0.941），修正的项目总相关系数值也大都在 0.3 以上，这表明每个题项与其余题项加总的一致性高。题项删除后的 Cronbach's Alpha 值介于 0.602 至 0.943 间（包括 0.602 和 0.943），两变量所在分量表中删去任一题项，Cronbach's Alpha 值较 0.696 和 0.942 均无显著提高，这表明利益感知和风险感知变量的内部一致性信度相对理想。

表4-4　利益感知和风险感知信度分析结果

题项	修正的项目总相关	复相关平方	项目删除后的 Cronbach's Alpha 值	Cronbach's Alpha 值
BP1	0.559	0.649	0.602	
BP2	0.534	0.709	0.614	
BP3	0.511	0.685	0.625	
BP4	0.270	0.363	0.700	0.696
BP5	0.433	0.428	0.655	
BP6	0.274	0.368	0.705	

续表

题项	修正的项目 总相关	复相关平方	项目删除后的 Cronbach's Alpha 值	Cronbach's Alpha 值
RP1	0.816	0.711	0.920	
RP2	0.894	0.941	0.913	
RP3	0.832	0.915	0.920	0.942
RP4	0.690	0.528	0.943	
RP5	0.808	0.713	0.921	
RP6	0.881	0.787	0.913	

（3）正义感知的信度检验

表 4-5 为正义感知各维度题项的内在一致性程度判别的统计量，分配正义和程序正义量表所有题项修正的项目总相关系数值均在 0.3 以上，介于 0.464 至 0.838 之间（包括 0.464 和 0.838），复相关系数平方值都在 0.3 之上，这说明分配正义和程序正义量表的题项与其余题项加总的一致性高。分配正义和程序正义分量表的 Cronbach's Alpha 值分别为 0.705 和 0.910，删除任一题项，两个分量表的 Cronbach's Alpha 值均无显著提高。由此说明分配正义和程序正义量表具有较好的内部一致性和稳定性。互动正义量表的信度分析结果显示，题项"政府工作人员会对我有偏见"的修正的项目总相关系数值和复相关系数平方值都小于 0.3，且删除该题项之后互动正义量表的 Cronbach's Alpha 值由 0.869 升至 0.898，有了明显的提高。经与专家讨论，删除该题项。删除题项后的互动正义量表的信度检验结果如表 4-6 所示。

表4-5 正义感知信度分析结果

题项	修正的项目 总相关	复相关平方	项目删除后的 Cronbach's Alpha 值	Cronbach's Alpha 值
DJ1	0.464	0.346	0.668	
DJ2	0.555	0.362	0.684	0.705
DJ3	0.615	0.441	0.692	
IPJ1	0.690	0.651	0.840	
IPJ2	0.733	0.704	0.835	0.869
IPJ3	0.187	0.059	0.895	

续表

题项	修正的项目 总相关	复相关平方	项目删除后的 Cronbach's Alpha 值	Cronbach's Alpha 值
IPJ4	0.695	0.550	0.839	
IFJ1	0.696	0.635	0.839	
IFJ2	0.751	0.774	0.835	0.869
IFJ3	0.730	0.730	0.837	
IFJ4	0.536	0.362	0.859	
PJ1	0.699	0.511	0.899	
PJ2	0.759	0.583	0.884	
PJ3	0.838	0.767	0.870	0.910
PJ4	0.757	0.590	0.883	
PJ5	0.791	0.727	0.878	

表4-6　删除题项后互动正义的信度分析结果

题项	修正的项目 总相关	复相关平方	项目删除后的 Cronbach's Alpha 值	Cronbach's Alpha 值
IPJ1	0.687	0.650	0.882	
IPJ2	0.724	0.700	0.876	
IPJ4	0.705	0.550	0.879	
IFJ1	0.723	0.635	0.876	0.898
IFJ2	0.773	0.774	0.872	
IFJ3	0.755	0.730	0.873	
IFJ4	0.546	0.361	0.896	

（4）政治效能的信度检验

表4-7为内在政治效能、外在政治效能和集体政治效能题项的内在一致性程度判别的统计量，各分量表所有题项修正的项目总相关系数值均在0.3以上，介于0.310至0.710之间（包括0.310和0.710），复相关系数平方值大都在0.3之上，这说明每个题项与其余题项加总的一致性高。内在政治效能、外在政治效能和集体政治效能三个分量表的Cronbach's Alpha值分别为0.797、0.680和0.720，可见政治效能分量表具有较高的可信度。除外在政治效能变量外，内在政治效能

和集体政治效能量表删除任一题项，Cronbach's Alpha 值均无显著提高。外在政治效能变量的信度分析结果显示，题项"我对政府如何行事没有发言权"的复相关系数平方值远小于 0.3，且删除该题项后外在政治效能的 Cronbach's Alpha 值由 0.680 升至 0.807，有了明显的提高。删除该题项后的外在政治效能量表的信度检验结果如表 4-8 所示。

表4-7　政治效能的信度分析结果

题项	修正的项目总相关	复相关平方	项目删除后的Cronbach's Alpha 值	Cronbach's Alpha 值
PE1	0.665	0.527	0.674	
PE2	0.710	0.557	0.629	0.797
PE3	0.530	0.286	0.835	
PE4	0.310	0.096	0.806	
PE5	0.557	0.470	0.412	0.680
PE6	0.556	0.465	0.437	
PE7	0.522	0.300	0.655	
PE8	0.622	0.387	0.528	0.720
PE9	0.482	0.251	0.698	

表4-8　删除题项后外在政治效能的信度分析结果

题项	修正的项目总相关	复相关平方	项目删除后的Cronbach's Alpha 值	Cronbach's Alpha 值
PE5	0.677	0.458		0.807
PE6	0.677	0.458		

（5）公共信任的信度检验

表 4-9 为地方政府信任和垃圾焚烧发电厂信任题项的内在一致性程度判别的统计量，各分量表所有题项修正的项目总相关系数值都在 0.3 以上，介于 0.610 至 0.902 之间（包括 0.610 和 0.902），复相关系数平方值均在 0.3 之上，这说明每个题项与其余题项加总的一致性较高。公共信任两个分量表的 Cronbach's Alpha 值分别为 0.943 和 0.929，且删除任一题项，各分量表的 Cronbach's Alpha 值均无显著提高。由此可知，地方政府信任和垃圾焚烧发电厂信任具有较好的内部一致性和稳定性。

表4-9　公共信任信度分析结果

题项	修正的项目总相关	复相关平方	项目删除后的Cronbach's Alpha 值	Cronbach's Alpha 值
GT1	0.801	0.723	0.933	0.943
GT2	0.810	0.751	0.932	
GT3	0.902	0.856	0.925	
GT4	0.770	0.634	0.936	
GT5	0.670	0.677	0.941	
GT6	0.775	0.794	0.936	
GT7	0.844	0.777	0.930	
GT8	0.783	0.645	0.934	
FT1	0.610	0.392	0.924	0.929
FT2	0.733	0.852	0.915	
FT3	0.737	0.860	0.914	
FT4	0.730	0.549	0.915	
FT5	0.743	0.590	0.913	
FT6	0.877	0.858	0.903	
FT7	0.869	0.852	0.903	
FT8	0.728	0.561	0.915	

（6）地方依恋和垃圾焚烧知识的信度分析结果

表 4-10 为地方依恋和垃圾焚烧知识题项的内在一致性程度判别的统计量，地方依恋两个分量表所有题项修正的项目总相关系数均大于 0.3，介于 0.595 到 0.905 之间（包括 0.595 和 0.905）；地方依恋两个分量表的复相关平方值同样都大于 0.3，介于 0.367 到 0.832 之间（包括 0.367 和 0.832），这说明地方依恋每个题项与其余题项加总的一致性较高。两个分量表删除任一题项后的 Cronbach's Alpha 值均无显著提升，这说明地方依恋分量表的内部一致性较为稳定。

表4-10 地方依恋和垃圾焚烧知识信度分析结果

题项	修正的项目总相关	复相关平方	项目删除后的 Cronbach's Alpha 值	Cronbach's Alpha 值
PA1	0.750	0.643	0.809	
PA2	0.780	0.682	0.795	0.863
PA3	0.723	0.530	0.820	
PA4	0.595	0.367	0.870	
PA5	0.765	0.622	0.936	
PA6	0.905	0.832	0.891	0.932
PA7	0.864	0.796	0.905	
PA8	0.836	0.708	0.914	
WIK1	-0.286	0.189	0.681	
WIK2	0.063	0.225	0.516	
WIK3	0.424	0.240	0.307	0.523
WIK4	0.442	0.256	0.268	
WIK5	0.552	0.422	0.265	
WIK6	0.502	0.382	0.259	

垃圾焚烧知识量表的信度检验结果显示，题项"有了垃圾焚烧发电厂之后，就不需要垃圾填埋场了"的修正的项目总相关系数和复相关系数平方的值均小于0.3，且删除该题项后，垃圾焚烧知识层面的 Cronbach's Alpha 值从0.523升至0.703。因此该题项从垃圾焚烧知识量表中删除。表4-11 删除 WIK1 题项后垃圾焚烧知识变量的信度分析结果显示题项 WIK2"垃圾焚烧可以实现生活垃圾'减量化''资源化'处理"的修正的项目总相关系数值和复相关系数平方值都小于0.3，且删除该题项之后垃圾焚烧知识量表的 Cronbach's Alpha 值由0.703升至0.745，有了明显的提高。

表4-11 删除部分题项后垃圾焚烧知识的信度分析结果

题项	修正的项目总相关	复相关平方	项目删除后的 Cronbach's Alpha 值	Cronbach's Alpha 值
WIK2	0.232	0.078	0.732	
WIK3	0.452	0.539	0.624	
WIK4	0.494	0.555	0.602	0.703
WIK5	0.583	0.421	0.583	
WIK6	0.502	0.481	0.602	

题项	修正的项目总相关	复相关平方	项目删除后的Cronbach's Alpha 值	Cronbach's Alpha 值
WIK3	0.462	0.433	0.706	
WIK4	0.468	0.525	0.718	0.745
WIK5	0.626	0.418	0.628	
WIK6	0.578	0.478	0.640	

4.1.5.2 效度检验

效度，也称为测量的有效性和准确性，是指测量工具能准确反映所测变量的程度。目前，国内外学者建议从内容效度和结构效度两个方面来评估测量工具的效度。内容效度又称表面效度，是指测量工具与测量目标之间的逻辑一致性，亦即测量题项"看起来"能否符合测量变量的本质内涵。本书变量的测量题项充分借鉴了国内外相关研究中的成熟量表，并结合对垃圾焚烧发电厂周边居民的深度访谈和专家讨论生成。对已有成熟量表的参考借鉴和专家的讨论研判可以保证本书测量量表与研究内容的高度契合性。结构效度，又称构念效度，是指借由测量工具所得的数据结构与理论上的构念预期结构的一致性。同样，结构效度的检验主要通过对数据结构和构念理论假设的对比分析来实现。

目前，学术界主要通过探索性因子分析来检验测量工具的结构效度。因子分析是通过"降维"思维，从测量工具的所有指标中抽取共同因素，以较少的公因子代表原来较为复杂的数据结构。本书中的探索性因子分析采用主成分分析法来提取公因子，提取标准为特征值大于 1，并选取最大方差法进行正交旋转。本书的理论模型中涉及的变量较多，故遵循了学者 Bentler 和 Chou 的建议，在进行探索性因子分析时先对变量进行组合后再进行分析。

（1）公众接受性和外部性变量的探索性因子分析

本书将垃圾焚烧发电厂公众接受性、利益感知和风险感知变量的 15 个题项放在一起进行探索性因子分析。KMO 和 Bartlett 检验结果显示 KMO 为 0.816，显著性为 0.000，这说明总体相关矩阵中存在共同因素，适合做因子分析。因子分析结果显示 15 个题项提取了 4 个公因子，累计解释总变异量为 74.776%。需要注意的是利益感知的 6 个题项析出 2 个公因子，笔者将其分别命名为"消极利益感知"和"积极利益感知"。其中消极利益感知在对垃圾焚烧发电厂的访谈过程中多次被受访者提及，而鲜有受访者提及垃圾焚烧发电厂的积极利益感知。经过与专家的讨论，笔者并未将测量积极利益感知的三个题项删除，目的在于深入揭示利益感知两个维度对公众接受性的潜在影响。表4-12的正交旋转成分矩阵显示15个题项较好地分布在4个公因子上，且在各公因子上的荷载值都大于0.5，这表明公众接受性、消极利益感知、积极利益感知和风险感知具有较好的结构效度。

表4-12 公众接受性和外部性变量的正交旋转成分矩阵

题项	因子			
	1	2	3	4
CA2				0.724
CA3				0.812
CA4				0.737
BP1		0.837		
BP2		0.864		
BP3		0.865		
BP4			0.823	
BP5			0.783	
BP6			0.809	
RP1	0.859			
RP2	0.904			
RP3	0.858			
RP4	0.758			
RP5	0.846			
RP6	0.891			

（2）政府—社会界面变量的探索性因子分析

本书将政府—社会界面相关的正义感知和政治效能变量的23个题项放在一起进行探索性因子分析。KMO和Bartlett检验结果显示KMO为0.851，显著性为0.000，这说明总体相关矩阵中存在共同因素，适合做因子分析。因子分析结果显示从纳入分析的23个题项提取了6个公因子，累计解释总变异量为67.67%。表4-13的正交旋转成分矩阵显示23个题项分布在6个公因子上，而题项IFJ4"地方政府对垃圾焚烧发电厂的说明和解释是合理的"在两个公因子上出现交叉荷载的情况。通过分析发现，被调查者在回答该题项时一定程度上将地方政府的解释行为和表现理解为垃圾焚烧发电厂选址过程中一个必备的程序。经讨论分析，为避免该题项对信息正义和程序正义测量的混淆，本书将此题项删除。随后，将剩余题项进行探索性因子分析的正交旋转成分矩阵结果显示22个题项较好地分布在6个公因子上，且在各公因子上的荷载值都大于0.5（表4-14）。这说明政府—公众界面变量具有较好的结构效度和区别效度。

表4-13　政府—居民界面变量的正交旋转成分矩阵

题项	因子					
	1	2	3	4	5	6
DJ1					0.740	
DJ2					0.818	
DJ3					0.777	
IPJ1	0.741					
IPJ2	0.759					
IPJ4	0.752					
IFJ1	0.810					
IFJ2	0.821					
IFJ3	0.804					
IFJ4	0.496	0.535				
PJ1		0.749				
PJ2		0.804				
PJ3		0.895				
PJ4		0.827				
PJ5		0.858				
PE1			0.830			
PE2			0.868			
PE3			0.712			
PE5						0.795
PE6						0.795
PE7				0.819		
PE8				0.880		
PE9				0.693		

表4-14　删除部分题项后政府—居民界面变量的正交旋转成分矩阵

题项	因子					
	1	2	3	4	5	6
DJ1					0.746	
DJ2					0.820	
DJ3					0.775	
IPJ1	0.753					
IPJ2	0.771					
IPJ4	0.761					
IFJ1	0.811					
IFJ2	0.815					
IFJ3	0.800					
PJ1		0.751				
PJ2		0.811				
PJ3		0.892				
PJ4		0.831				
PJ5		0.858				
PE1			0.831			
PE2			0.869			
PE3			0.713			
PE5						0.806
PE6						0.810
PE7				0.819		
PE8				0.880		
PE9				0.693		

　　本书中正义感知测量题项在探索性因子分析中萃取出3个公因子，其中信息正义和人际正义的测量题项萃取出1个公因子，这一结果符合本书最初关于正义感知构念结构的理论预期。组织行为研究领域对公正结构维度的讨论较为深入。在组织行为研究领域中，程序正义、分配正义和互动正义是被学者广泛接受的3个正义维度。在特定组织中，组成成员不仅关注决策结果和决策程序的公正性，同时也关注组织中人际间互动层面的公正性。互动正义是指人们对组织决策制定

和执行过程中人际对待、信息沟通和分享是否公正的主观性感知。作为组织公正的一个独立维度，学者对互动正义讨论最多的就是是否应将互动公正进一步分为人际正义和信息正义，并通过不同案例的分析证实了人际正义和信息正义是互动正义两个相互独立的概念。由此可见，正义感知构念的三维度论和四维度论均是可接受的。这进一步说明本书中关于垃圾焚烧发电厂政府与社会界面探索性因子分析中正义感知萃取的 3 个维度（结果正义、程序正义和互动正义）有着坚实的理论基础，可以用于后续量化研究的分析。

（3）公共信任变量的探索性因子分析

本书将公共信任变量的 16 个题项放在一起进行探索性因子分析。KMO 和 Bartlett 检验结果显示 KMO 为 0.968，显著性为 0.000，这说明总体相关矩阵中存在共同因素，适合做因子分析。因子分析结果显示 16 个题项中提取了 2 个公因子，累计解释总变异量为 68.004%。表 4-15 的正交旋转成分矩阵显示 14 个题项较好地分布在 2 个公因子上，且在各公因子上的荷载值都大于 0.5。而题项 GT6"地方政府能对'垃圾焚烧发电厂'等公共设施实施有效的监管"和 FT4"垃圾焚烧发电厂工作人员遵纪守法"在两个公因子上的交叉荷载均大于 0.4，容易引发歧义。经讨论与分析，本书将其删除。随后，剩余题项的探索性因子分析的正交旋转成分矩阵结果显示题项 GT5"地方政府良好地履行了监管'垃圾焚烧发电厂'等公共设施的职责"和题项 GT7"地方政府能制定科学合理的公共政策"同样在两个公因子上出现交叉荷载，且大于 0.4，经讨论分析，将其删除。剩余 12 个题项探索性因子分析结果显示所有题项较好地分布在 2 个公因子上，且在各公因子上的荷载值都大于 0.5，删除 4 个题项后的公共信任量表有着较好的结构效度。

表4-15　公共信任变量的正交旋转成分矩阵

题项	因子	
	1	2
GT1	0.811	
GT2	0.790	
GT3	0.836	
GT4	0.765	

题项	因子	
	1	2
GT5	0.683	
GT6	0.658	0.417
GT7	0.742	
GT8	0.759	
FT1		0.693
FT2		0.723
FT3		0.751
FT4	0.450	0.690
FT5		0.771
FT6		0.829
FT7		0.809
FT8		0.690

（4）地方依恋和垃圾焚烧知识变量的探索性因子分析

本书将地方依恋和垃圾焚烧知识的 12 个题项放在一起进行探索性因子分析。KMO 和 Bartlett 检验结果显示 KMO 为 0.875，显著性为 0.000，这说明总体相关矩阵中存在共同因素，适合做因子分析。因子分析结果显示 12 个题项提取了 2 个公因子，累计解释总变异量为 66.48%。表 4-16 的正交旋转成分矩阵显示 12 个题项较好地分布在 2 个公因子上，且在各公因子上的荷载值都大于 0.5。这说明地方依恋和垃圾焚烧知识量表有着较好的结构效度。

另外，需要指出的是本书中探索性因子分析结果显示地方依恋是一个单维度的构念。尽管这一发现与当前地方依恋两个维度和五个维度的主流构念结构不一致，但地方依恋的单维构念结构仍得到了部分国外研究发现的支持。邓秀勤发现地方依恋的单维结构和二维结构的指标都达到了验证性因子分析的拟合要求，二者都是地方依恋可接受的构念结构。因此，本书在后续分析中将地方依恋视为一个单维度的构念。

表4-16　地方依恋和垃圾焚烧知识变量的正交旋转成分矩阵

题项	因子	
	1	2
PA1	0.731	
PA2	0.783	
PA3	0.765	
PA4	0.720	
PA5	0.796	
PA6	0.856	
PA7	0.858	
PA8	0.756	
WIK3		0.698
WIK4		0.671
WIK5		0.822
WIK6		0.794

根据预调研的信度和效度检验结果，在征求专家建议的基础上，本书对预调研量表进行了修订。公共接受性中的题项 CA1、互动正义的题项 IPJ3、外在政治效能变量的题项 PE4 和垃圾焚烧知识的题项 WIK1、WIK2 删除后，测量量表的 Cronbach's Alpha 值得到显著提高，经与 3 名专家讨论、分析过后，予以删除。探索性因子分析结果显示互动正义的题项 IFJ4，政府信任变量中的题项 GT5、GT6、GT7，垃圾焚烧发电厂信任中的 FT4 在正交旋转矩阵中出现交叉荷载的情况，说明这些题项容易引发歧义，经与 3 名专家讨论、分析过后，予以删除。通过对预调研量表的修订，正式的调研量表得以确定（附录 2）。

4.2　数据收集与检验

本书的正式调研通过选取海南海口 C 地、广东中山市 H 地和湖南长沙 Q 地处于运营状态的垃圾焚烧发电厂，江苏徐州 D 地的一个建成垃圾焚烧发电厂和湖南常德 T 地拟建的垃圾焚烧发电厂为案例。正式调研的数据收集采用网络发放和现场调研相结合的方式进行。网络发放通过专业的问卷调查网站——问卷网——得以实现，并借助微信和 QQ 等社交媒介进行扩散。现场调研主要通过走访居民区、菜市场和公交站点等场所进行。现场调研人员为笔者招募的当地居民，调研实施前笔者对调研员进行了全面的培训。通过前期网络调研样本特征的分布情况，实地问卷调研阶段有针对性地进行了问卷发放，以提升调研样本的代表性。在整个调研过程，为了确保调研顺利和高效的完成，我们首先向被调查对象说明了此次调研的内容和目的，数据信息的保密性，并详尽地解释了认真、如实填写问卷的重要性。正式调研持续了近一个月，从 2020 年 6 月 19 日至 2020 年 7 月 20 日共发放 1700 份问卷，收回有效问卷 1323 份，有效回收率为 77.82%。其中网络调查发放 1000 份问卷，收回有效问卷 813 份；现场调查发放 700 份问卷，收回有效问卷 510 份。

鉴于预调研量表删除个别题项后分量表的信效度检验结果呈现较好，正式量表的检验主要通过验证性因子分析来确定预调研中探索性因子分析析出的变量构念维度。探索性因子分析旨在通过甄别量表题项中的共同因素进而探索出量表的潜在结构维度，由此可以看出，探索性因子分析的目的在于建立或确认量表的结构，偏向于理论构面的建构。而验证性因子分析则偏向于理论架构的检验，旨在确认假定的观察变量能否契合所建构的理论架构。验证性因子分析一般通过结构方程模型来实现。本书借助 Amos 23 对正式量表与理论模型的契合性进行验证。为检验测量模型与理论架构的契合度，本书采用国内外学者建议的 6 个拟合指标：卡方与自由度之比（χ^2/df）、近似误差均方根（RMSEA）、比较拟合指数（CFI）、规范拟合指数（NFI）、模型整体拟合指数（GFI）和调整后的模型整体拟合指数（AGFI）。理想的测量模型拟合指标的标准应为 $1 < \chi^2/df < 3$，$CFI \geqslant 0.9$，$NFI \geqslant 0.9$，$GFI \geqslant 0.9$，$AGFI \geqslant 0.8$ 和 $RMSEA \leqslant 0.8$。有学者指出 $\chi^2/df \leqslant 5$ 是可以接受的拟合标准；实际的结构方程模型中一般难以设定一个通用的拟合临界标准。这说明在实际的验证性因子分析操作中，并不是所有的拟合标准都会达到理想状态，允许测量模型存在一定的误差。

本书同样以变量组合的方式对正式量表的建构效度进行验证，测量模型的验证性因子分析采用最大似然估计法。验证性因子依照公众接受性、风险和利益感知，政府与公众界面变量，公共信任和地方依恋与垃圾焚烧知识四个部分进行。在最初的验证性因子分析中公众接受性、风险和利益感知，公共信任和地方依恋与垃圾焚烧知识正式量表中的测量指标与理论架构的大部分拟合指标未达到可接受的标准。根据输出结果的提示，导致拟合度不理想的原因主要是部分测量指标与其他指标的残差有着较强的关联性。根据修正指标提供的建议，并经与 3 名专家的讨论，在删除风险感知的测量指标 RP4、RP6，政府信任的测量指标 GT8，互动正义的测量指标 IPJ1，对垃圾焚烧发电厂信任的测量指标 FT1、FT2 和 FT8和地方依恋的测量指标 PA1、PA2、PA3 和 PA5 后，上述三个变量组合的验证性因子分析的适配度得到有效改善且大部分拟合指标优于标准的界限值，测量模型的拟合度较为理想（表 4-17）。

表4-17　验证性因子分析拟合指标

变量组合	χ^2/df	GFI	AGFI	NFI	CFI	RMSEA
CA/BP/RP	4.748	0.969	0.952	0.976	0.981	0.053
G-C 界面变量	4.198	0.943	0.925	0.942	0.955	0.049
ST	4.364	0.985	0.971	0.989	0.992	0.063
PA/WIK	2.567	0.991	0.983	0.988	0.933	0.034

公众接受性、利益感知和风险感知测量模型的验证性因子分析结果如表 4-18 所示。公众接受性、利益感知和风险感知测量模型中各题项的标准化因子荷载值分别为 0.680、0.645 和 0.803，0.689、0.948 和 0.914，0.700、0.815 和 0.665，0.885、0.991、0.961 和 0.818，均大于学者建议的最低临界值 0.5 且在 $P<0.001$ 条件下达到统计显著水平。各测量变量或维度对应的平均方差提取量为 0.510、0.532、0.736 和 0.840，均高于学者建议的最低临界值 0.5 的标准，这说明公众接受性、利益感知和风险感知的测量模型表现出了较好的收敛效度。对各变量或维度的再次信度检验结果的 Cronbach's Alpha 值分别为 0.695、0.769、0.882 和 0.952，这说明经过验证的公众接受性、利益感知和风险感知量表有高度的内在一致性和稳定性。

表4-18　公众接受性、利益感知和风险感知的验证性因子分析结果

变量 / 维度	题项	Estimate	S.E.	P	AVE	Cronbach's Alpha
公共接受性	CA2	0.680	0.076	***	0.510	0.695
	CA3	0.645	0.074	***		
	CA4	0.803				

续表

变量/维度	题项	Estimate	S.E.	P	AVE	Cronbach's Alpha
消极性利益感知	BP1	0.689	0.035	***	0.532	0.769
	BP2	0.948	0.023	***		
	BP3	0.914				
积极性利益感知	BP4	0.700	0.050	***	0.736	0.882
	BP5	0.815	0.049	***		
	BP6	0.665				
风险感知	RP1	0.885	0.017	***	0.840	0.952
	RP2	0.991	0.010	***		
	RP3	0.961				
	RP5	0.818	0.020	***		

删除测量指标 IPJ1 后，政府—社会界面变量的验证性因子分析结果如表 4-19 所示。删除该题项后，因子分析结果显示程序正义、分配正义、互动正义、内在政治效能、外在政治效能和集体政治效能中各题项的标准化因子荷载值分别为 0.883、0.794、0.923、0.775 和 0.703，0.696、0.758 和 0.653，0.894、0.929、0.817、0.597 和 0.570，0.588、0.851 和 0.719，0.772 和 0.727，0.549、0.893 和 0.672，均大于学者建议的最低临界值 0.5 且在 $P<0.001$ 条件下达到统计显著水平。两变量各维度对应的平均方差提取量为 0.671、0.500、0.602、0.530、0.562 和 0.517，均高于学者建议的最低临界值 0.5 的标准，这说明正义感知和政治效能各维度的测量模型表现出了较好的收敛效度。对各维度的再次信度检验结果的 Cronbach's Alpha 值分别为 0.910、0.705、0.887、0.755、0.719 和 0.734，正义感知和政治效能各维度测量量表表现出较高的内在一致性。

表4-19　政府—社会界面变量的验证性因子分析结果

变量/维度	题项	Estimate	S.E.	P	AVE	Cronbach's Alpha
程序正义	PJ5	0.883			0.671	0.910
	PJ4	0.794	0.026	***		
	PJ3	0.923	0.021	***		
	PJ2	0.775	0.031	***		
	PJ1	0.703	0.033	***		

变量 / 维度	题项	Estimate	S.E.	P	AVE	Cronbach's Alpha
分配正义	DJ3	0.696			0.500	0.705
	DJ2	0.758	0.090	***		
	DJ1	0.653	0.090	***		
互动正义	IFJ3	0.894			0.602	0.887
	IFJ2	0.929	0.020	***		
	IFJ1	0.817	0.026	***		
	IPJ4	0.597	0.033	***		
	IPJ2	0.570	0.032	***		
内在政治效能	PE3	0.588			0.530	0.755
	PE2	0.851	0.058	***		
	PE1	0.719	0.050	***		
外在政治效能	PE6	0.772			0.562	0.719
	PE5	0.727	0.088	***		
集体政治效能	PE9	0.549			0.517	0.734
	PE8	0.893	0.102	***		
	PE7	0.672	0.072	***		

公共信任的验证性因子分析结果如表 4-20 所示。验证性因子分析结果显示政府信任和垃圾焚烧发电厂信任中各题项的标准化因子荷载值分别为 0.844、0.826、0.924 和 0.760，0.732、0.803、0.911 和 0.907，均高于最低临界值 0.5 且在 $P<0.001$ 条件下达到统计显著水平。两个维度对应的平均方差提取量为 0.707 和 0.708，高于最低临界值 0.5，这表明公共信任的两个维度表现出了良好的收敛效度。各维度再次信度检验结果的 Cronbach's Alpha 值分别为 0.904 和 0.902，验证后的公共信任测量模型两个分量表有着高度的内在一致性和稳定性。

表4-20 公共信任的验证性因子分析结果

变量	题项	Estimate	S.E.	P	AVE	Cronbach's Alpha
政府信任	GT1	0.844	0.033	***	0.707	0.904
	GT2	0.826	0.032	***		
	GT3	0.924	0.031	***		
	GT4	0.760				

续表

变量	题项	Estimate	S.E.	*P*	AVE	Cronbach's Alpha
垃圾焚烧发电厂信任	FT3	0.732	0.022	***	0.708	0.902
	FT5	0.803	0.024	***		
	FT6	0.911	0.019	***		
	FT7	0.907				

上述公共信任一阶的验证性因子分析结果发现政府信任与垃圾焚烧发电厂信任二者之间存在着显著的相关性，且相关系数为 0.670，这说明一阶因子中有高度的关联性，政府信任和垃圾焚烧发电厂信任可能受到一个高阶潜在构念的影响。为此笔者对政府信任和垃圾焚烧发电厂信任进行了二阶验证性因子分析（图 4-2）。

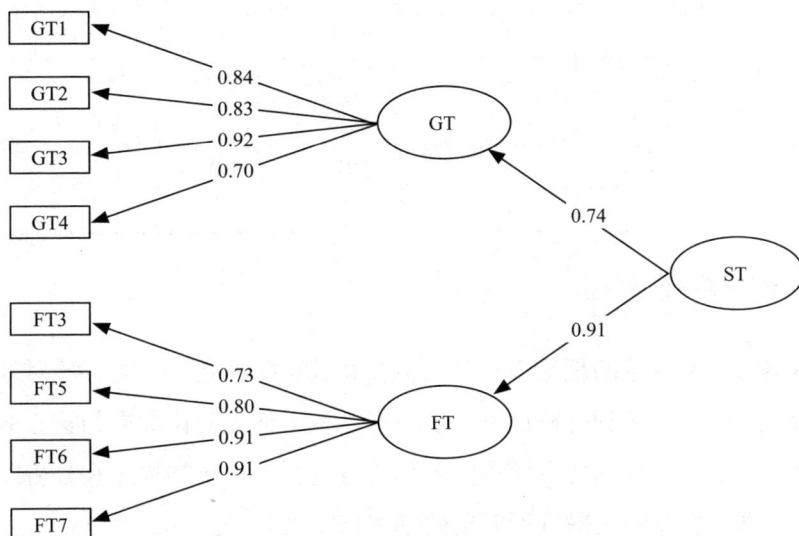

图4-2　公共信任量表二阶模型路径分析

公共信任量表二阶验证性因子分析结果显示两个一阶因子的标准化因子荷载分别为 0.74 和 0.91，平均方差提取量为 0.699，均高于 0.5，这说明公共信任的二阶模型具有较好的收敛效度。公共信任二阶模型拟合指标中 $\chi^2/df = 4.40$，是可接受的拟合标准；GFI=0.985，AGFI=0.971，NFI=0.989，CFI=0.992，RMSEA=0.51，这说明公共信任的二阶模型总体拟合度较好。

地方依恋和垃圾焚烧知识的验证性因子分析结果如表 4-21 所示。验证性因子分析结果显示地方依恋和垃圾焚烧知识中各题项的标准化因子荷载值分别为 0.609、0.925、0.851 和 0.757，0.650、0.670、0.790 和 0.724，均高于最低临界值 0.5 且在 $P<0.001$ 条件下达到统计显著水平。两个维度对应的平均方差提取量为 0.631 和 0.505，高于最低临界值 0.5，这表明地方依恋和垃圾焚烧知识表现出了良好的收敛效度。各维度再次信度检验结果的 Cronbach's Alpha 值分别为 0.863 和 0.745，验证后的公共信任测量模型两个分量表有着高度的内在一致性和稳定性。

表4-21　地方依恋和垃圾焚烧知识的验证性因子分析结果

变量	题项	Estimate	S.E.	P	AVE	Cronbach's Alpha
地方依恋	PA4	0.609			0.631	0.863
	PA6	0.925	0.059	***		
	PA7	0.851	0.06	***		
	PA8	0.757	0.048	***		
垃圾焚烧知识	WIK3	0.650	0.045	***	0.505	0.745
	WIK4	0.670	0.053	***		
	WIK5	0.790	0.045	***		
	WIK6	0.724				

4.3　假设检验与分析

在对本书涉及变量的理论模型与测量模型进行验证之后，便开始对理论假设进行检验与分析。在对理论假设进行检验前，本书首先对论文中的核心变量垃圾焚烧发电厂公众接受性和所有变量间的相关性进行了初步的描述和分析，以迅速掌握变量数据和变量间关联性所容纳的基本信息。

4.3.1　垃圾焚烧发电厂公众接受性的描述性统计分析

本书调研问卷中通过四个题项对垃圾焚烧发电厂公众接受性进行测量，其中一个测量题项（CA1）为反向题项，在进行统计分析之前，本书已对原始数据进行了相应的方向性转换（CA1z）。问卷数据的统计结果分析显示（表4-22），公众对垃圾焚烧发电厂的接受性较低，各测量题项的平均值介于 1.090 到 1.558 之间。四个题项的标准差值介于 0.515 到 1.330 之间，其中后三个题项得分的标准差均小于 1，题项得分的离散程度较小。从四个题项选项频数的分布来看（图4-3），近95%的样本在题项"您认同本地正在运营（或拟建）的垃圾焚烧发电厂吗？"、"您会说服亲戚朋友支持在本地建垃圾焚烧发电厂吗？"和"您会支持在本地建垃圾焚烧发电厂吗？"的得分集中在"1"和"2"上；题项"您从内心排斥本地的垃圾焚烧发电厂吗？"进行转换后的得分同样也集中分布在"1"和"2"上，但其大约占所有样本的86%。题项 CA1z 与其他三个题项在得分分布上的细微差异可以归结为反向题的设置。另外，反向题项的设置导致探索性因子分析时该题项被单独萃取成一个公因子，导致垃圾焚烧发电厂公众接受性结构效度分析中公因子萃取的混淆。因此，正如前述效度分析结果，该题项被删除。

表4-22 垃圾焚烧发电厂公众接受性题项统计分析

题项	样本量	平均值	标准差	1. 非常不同意	2. 不太同意	3. 无所谓	4. 比较同意	5. 非常同意
CA1z	1323	1.558	1.330	1097	47	7	11	161
CA2	1323	1.220	0.861	1229	25	2	9	58
CA3	1323	1.160	0.741	1257	13	5	6	42
CA4	1323	1.090	0.515	1266	26	8	9	14
CA	1323	1.260	0.538					

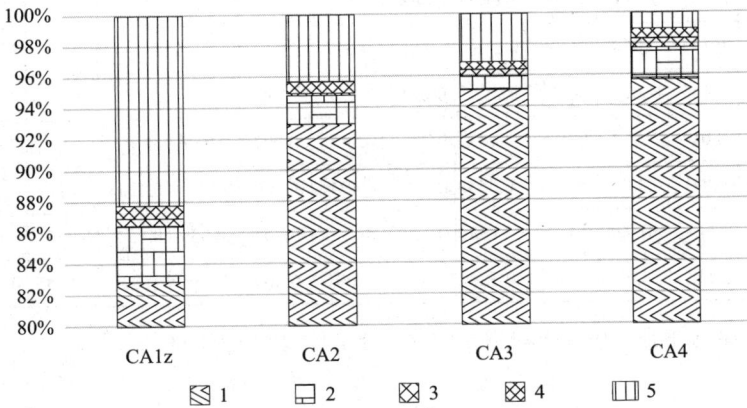

图4-3 垃圾焚烧发电厂公众接受性

4.3.2 垃圾焚烧发电厂公众接受性各变量间的相关性分析

变量间的相关（correlation）关系是指当一个变量发生变化时，另一个变量相应的发生变化。对变量间相关关系的分析有助于清晰地揭示调查数据的规律，是探讨理论模型中各变量间关系的基础和前提。相关性分析同时也可以甄别多元回归中的共线性问题。在社会科学研究中，如果相关性系数大于0.7，说明两个变量（构念）极为相近，变量间存在严重的共线性。本书使用 Pearson 简单相关系数对理论模型中涉及的所有变量，公众接受性（CA）、消极性利益感知（NBP）、积极性利益感知（PBP）、风险感知（RP）、分配正义（DJ）、互动正义（IJ）、程序正义（PJ）、内在政治效能（IPE）、外在政治效能（EPE）、集体政治效能（CPE）、社会信任（ST）、地方依恋（PA）和垃圾焚烧知识（WIK）之间的相关性进行检验（表4-23）。

表4-23 垃圾焚烧发电厂公众接受性各变量间的相关性分析

变量	CA	NBP	PBP	RP	DJ	IJ	PJ	IPE	EPE	CPE	ST	PA	WIK
CA	1												
NBP	-0.096**	1											
PBP	0.263**	-0.007	1										
RP	-0.147**	0.533**	-0.068*	1									
DJ	0.111**	-0.380**	0.030	-0.580**	1								
IJ	0.150**	-0.105**	0.208**	-0.009	0.012	1							
PJ	0.282**	-0.104**	0.273**	-0.094**	0.069*	0.468**	1						
IPE	0.003	-0.145**	0.068*	-0.238**	0.218**	-0.004	0.067*	1					
EPE	0.046	-0.143**	0.127**	-0.218**	0.213**	0.214**	0.170**	0.300**	1				
CPE	0.073**	0.014	0.069*	0.061*	-0.085*	0.205**	0.146**	-0.092**	0.055*	1			
ST	0.172**	-0.091**	0.339**	-0.110**	0.053	0.449**	0.494**	0.138**	0.350**	0.173**	1		
PA	-0.064**	0.113**	-0.024	0.171**	-0.138**	0.127**	0.044	-0.204**	-0.059*	0.154**	0.085**	1	
WIK	-0.057*	0.248**	-0.023	0.304**	-0.386**	-0.061*	-0.081**	-0.260**	-0.196**	0.005	-0.045	0.220**	1

注 ** 在 0.01 水平上（双尾）显著相关；* 在 0.05 水平上（双尾）显著相关。

由表4-23垃圾焚烧发电厂公众接受性各变量间的相关性分析结果可知，垃圾焚烧发电厂公众接受性与其余大部分变量显著相关。具体而言，消极利益感知、风险感知、地方依恋和垃圾焚烧知识均与垃圾焚烧发电厂公众接受性呈显著的负相关关系，即消极利益感知、风险感知、地方依恋和垃圾焚烧知识了解程度越高，公众对垃圾焚烧发电厂的接受程度越低。积极性利益感知、分配正义、程序正义、互动正义、集体政治效能和社会信任均与垃圾焚烧发电厂公众接受性呈显著的正相关关系，即公众的积极性利益感知、分配正义、程序正义、互动正义、集体政治效能和社会信任倾向越高，越有助于促进公众接受垃圾焚烧发电厂。通过对所有变量间相关性系数的对比分析，发现消极性利益感知和风险感知间的相关性系数 0.553 最高，小于 0.7，这表明变量之间不存在多重共线性问题。

4.3.3 假设关系的分模型检验

4.3.3.1 外部效应变量与垃圾焚烧发电厂公众接受性的关系检验

依据前文提出的垃圾焚烧发电厂外部效应变量与垃圾焚烧发电厂公众接受性之间的假设关系，本书建立了理论模型，并借助 Amos21.0 对该模型进行了检验。如表 4-24 所示，理论模型的拟合指标结果显示 χ^2 与自由度的比值为 4.705，小于可接受的上限值 5；RMSEA 值为 0.053，小于上限值 0.08；其他拟合指标的参数值均大于 0.9，这说明外部效应变量和垃圾焚烧发电厂公众接受性观测数据与理论模型的拟合指标符合适配标准，可以开展理论假设的检验。

表4-24 外部效应变量与垃圾焚烧发电厂公众接受性关系模型的拟合指标

指标	χ^2/df	GFI	AGFI	NFI	CFI	RMSEA
取值	4.705	0.969	0.952	0.976	0.981	0.053

表 4-25 展示了外部效应变量与垃圾焚烧发电厂公众接受性关系模型的路径分析结果。消极利益感知对垃圾焚烧发电厂公众接受性作用的标准化路径系数是 -0.044，显著性概率值为 0.250，说明消极性利益感知对垃圾焚烧发电厂公众接受性具有一定的负向作用，但影响效果不显著。积极性利益感知对垃圾焚烧发电厂公众接受性作用的标准化路径系数是 0.374，显著性概率值为 0.00，说明积极性利益感知对垃圾焚烧发电厂公众接受性的作用显著，且对垃圾焚烧发电厂公众接受性具有较强的正向促进作用。风险感知对垃圾焚烧发电厂公众接受性作用的标准化路径系数是 -0.163，显著性概率值为 0.00，这说明风险感知对垃圾焚烧发电厂公众接受性的影响显著，且对垃圾焚烧发电厂公众接受性有负向的削弱作用。由此可知，假设 H1 得到样本支持，假设 H2 部分得到样本支持。

为进一步探究消极性利益感知对垃圾焚烧发电厂公众接受性作用不显著的原因，本书单独建立了消极性利益感知和垃圾焚烧发电厂公众接受性的关系模型。模型拟合结果显示 χ^2 与自由度的比值为 1.568，小于 2，RMSEA 值为 0.021，其他拟合指标的数值均大于 0.9，这说明消极性利益感知和垃圾焚烧发电厂公众接受性的关系模型的拟合指标较优，分析结果具有可信度。路径分析参数结果显示消极性利益感知对垃圾焚烧发电厂公众接受性作用的标准化路径系数为 -0.140，显著性概率值为 0.00，通过了统计学上的显著性检验。

在外部效应变量与垃圾焚烧发电厂公众接受性关系模型中消极性利益感知和风险感知的相关性系数为 0.557，且达到了统计学意义上的显著性水平（$P=0.00$），而消极性利益感知与积极性利益感知的相关性并未到达显著性水平（$P=0.238$）。由此，笔者推断在外部效应变量与垃圾焚烧发电厂公众接受性关系模型中，风险感知对垃圾焚烧发电厂公众接受性的影响在一定程度上抑制了消极性利益感知对垃圾焚烧发电厂公众接受性作用的显现。

表4-25　外部效应变量与垃圾焚烧发电厂公众接受性关系模型的路径分析结果

路径			Estimate	S.E.	C.R.	P
CA	<---	NBP	−0.044	0.017	−1.151	0.250
CA	<---	PBP	0.374	0.021	10.069	***
CA	<---	RP	−0.163	0.023	−4.367	***
NBP	<-->	RP	0.557	0.021	16.638	***
PBP	<-->	RP	−0.067	0.015	−2.151	0.031
NBP	<-->	PBP	−0.038	0.022	−1.180	0.238

4.3.3.2　政府—公众界面变量与垃圾焚烧发电厂公众接受性的关系检验

根据质性研究中提出的政府—公众界面变量与垃圾焚烧发电厂公众接受性之间的假设关系，本书建立了理论模型，使用 Amos21.0 对该理论模型进行了检验。如表 4-26 所示，政府—公众界面变量与垃圾焚烧发电厂公众接受性关系模型的拟合指标结果显示 χ^2 与自由度的比值为 3.710，小于可接受的上限值 5；RMSEA 值为 0.045；其他拟合指标的参数值均大于 0.9，这说明政府—公众界面变量和垃圾焚烧发电厂公众接受性的测量数据与理论模型的拟合度适配，满足检验理论假设的基本条件。

表4-26　政府—公众界面变量与垃圾焚烧发电厂公众接受性关系模型的拟合指标

指标	χ^2/df	GFI	AGFI	NFI	CFI	RMSEA
取值	3.710	0.946	0.929	0.940	0.955	0.045

表 4-27 展示了政府—公众界面变量与垃圾焚烧发电厂公众接受性关系模型

的路径分析结果。互动正义对垃圾焚烧发电厂公众接受性回归的标准化系数是0.006，显著性概率值为 0.867，说明互动正义可以正向促进公众对垃圾焚烧发电厂的接受性，但这一作用效果并不显著，假设 H4 未通过样本验证。程序正义和分配正义对垃圾焚烧发电厂公众接受性有正向影响，标准化回归系数为 0.371 和0.150，并且 $P<0.001$ 的显著性水平显著，假设 H5 和 H3 得到样本支持。内在政治效能和外在政治效能对垃圾焚烧发电厂公众接受性具有正向促进作用，标准化回归系数分别为 0.011 和 0.044，但并未达到统计学上的显著性水平（$P=0.774$ 和0.310），假设 H6 和 H7 未通过样本验证。集体政治效能同样正向影响垃圾焚烧发电厂的公众接受性，标准化回归系数为 0.080，且在 $P<0.05$ 的显著性水平上显著（$P=0.036$），这说明假设 H8 在 $P<0.1$ 的显著性水平上得到样本支持。

表4-27 政府—公众界面变量与垃圾焚烧发电厂公众接受性关系模型的路径分析结果

路径			Estimate	S.E.	C.R.	P
CA	<---	IJ	0.006	0.015	0.168	0.867
CA	<---	PJ	0.371	0.030	8.791	***
CA	<---	DJ	0.150	0.037	3.677	***
CA	<---	EPE	0.011	0.022	0.287	0.774
CA	<---	CPE	0.080	0.018	1.708	0.036
CA	<---	IPE	0.044	0.026	1.016	0.310

4.3.3.3 公共信任与垃圾焚烧发电厂公众接受性的关系检验

依据扎根理论建构理论模型中公共信任与垃圾焚烧发电厂公众接受性之间的假设关系，本书建立了关系模型，并借用 Amos21.0 对该关系模型进行了检验。如表 4-28 所示，公共信任与垃圾焚烧发电厂公众接受性理论模型的拟合指标结果显示 x^2 与自由度的比值为 3.388，小于可接受的上限值 5；RMSEA 值为0.042；其他拟合指标的参数值均大于 0.9，这说明公共信任变量和垃圾焚烧发电厂公众接受性关系模型和样本数据符合适配度检核标准，可以满足检验理论假设的基本条件。

表4-28 公共信任与垃圾焚烧发电厂公众接受性关系检验的拟合指标

指标	x^2/df	GFI	AGFI	NFI	CFI	RMSEA
取值	3.388	0.981	0.970	0.984	0.988	0.042

表 4-29 展示了公共信任与垃圾焚烧发电厂公众接受性关系模型的路径分析结果。公共信任对垃圾焚烧发电厂公众接受性回归的标准化系数是 0.286，且通过了 $P < 0.001$ 的显著性水平检验，说明公共信任可以正向促进公众对垃圾焚烧发电厂的接受性，假设 H9 通过样本验证。

表4-29　公共信任与垃圾焚烧发电厂公众接受性关系模型的路径分析结果

路径			Estimate	S.E.	C.R.	P
CA	<---	ST	0.286	0.017	7.572	***

4.3.3.4　个体层面因素与垃圾焚烧发电厂公众接受性的关系检验

根据质性研究建构理论框架中地方依恋、垃圾焚烧知识与垃圾焚烧发电厂公众接受性之间的假设关系，本书建立了关系模型，使用 Amos21.0 对该理论模型进行了检验。如表 4-30 所示，个体层面因素与垃圾焚烧发电厂公众接受性理论模型拟合指标的结果显示 χ^2 与自由度的比值为 1.609，RMSEA 值为 0.036，其他拟合指标的参数值均大于 0.9，这说明个体层面变量和垃圾焚烧发电厂公众接受性的理论模型与样本数据较好地达到了适配度检核标准，满足检验理论假设的基本条件。

表4-30　个体层面变量与垃圾焚烧发电厂公众接受性关系检验的拟合指标

指标	χ^2/df	GFI	AGFI	NFI	CFI	RMSEA
取值	1.609	0.976	0.961	0.969	0.988	0.036

表 4-31 展示了地方依恋、垃圾焚烧知识和垃圾焚烧发电厂公众接受性关系模型的路径分析结果。地方依恋对垃圾焚烧发电厂公众接受性作用的标准化回归系数为 -0.113，并且通过了 $P < 0.05$ 的显著性水平检验，说明地方依恋对垃圾焚烧发电厂公众接受性有显著的负向作用，假设 H10 通过样本检验。垃圾焚烧知识对垃圾焚烧发电厂公众接受性呈负向作用，标准化回归系数是 -0.039，但并未达到统计学上的显著性水平，垃圾焚烧知识对垃圾焚烧发电厂公众接受性的负向影响不显著，假设 H11 没有通过样本检验。

表4-31　个体层面变量与垃圾焚烧发电厂公众接受性关系模型的路径分析结果

路径			Estimate	S.E.	C.R.	P
CA	<---	PA	-0.113	0.023	-1.143	0.049
CA	<---	WIK	-0.039	0.028	-0.657	0.511
PA	<-->	WIK	0.230	0.055	4.093	***

4.3.3.5 居民属性对垃圾焚烧发电厂公众接受性的影响分析

表 4-32 展示了性别对垃圾焚烧发电厂公众接受性的独立样本 T 检验结果。方差齐性的 Levene 检验结果显示 F 的统计值达到显著水平（$F=16.869$，$P=0.000<0.05$），这说明两组样本的方差不同质，故应查验"不假设方差相等"栏的 T 值。"不假设方差相等"栏的 T 值等于 2.268，$P=0.024$ 小于 0.05，到达了 0.05 的显著性水平，平均值的差值为 0.071，表示男女对垃圾焚烧发电厂的接受性有着显著的差异。表 4-33 性别条件下垃圾焚烧发电厂公众接受性的组间均值结果显示男性对垃圾焚烧发电厂的接受性要高于女性对垃圾焚烧发电厂的接受性，这与已有研究结果的女性对于社会风险的接受性和女性的社会冒险行为低于男性一致。

表4-32　性别的独立样本T检验

假设条件	方差齐性的 Levene 检验		平均值是否相等的 T 检验					差值的95% 置信区间	
	F	显著性	T	自由度	显著性（双尾）	平均差	标准误差	下限	上限
假设方差相等	16.869	0.000	2.306	1321.000	0.021	0.071	0.031	0.011	0.131
不假设方差相等			2.268	1163.946	0.024	0.071	0.031	0.010	0.132

表4-33　性别条件下垃圾焚烧发电厂公众接受性的组间均值

性别	平均值	标准差	平均数的标准误
男性	1.1948	0.61883	0.02504
女性	1.1241	0.49570	0.01858

表 4-34 和表 4-35 是年龄作为单因素而进行的方差分析和均值结果。从表中可以看出 F 值为 0.234，其对应的显著性值是 0.919，大于显著性水平 0.05，由此可以看出居民的不同年龄阶段对垃圾焚烧发电厂接受性的影响不显著。

表4-34　年龄单因素方差分析结果

分类	平方和	自由度	平均值平方	F	显著性
组间	0.287	4	0.072	0.234	0.919
组内	403.264	1313	0.307		
综合	403.552	1317			

表4-35 年龄条件下垃圾焚烧发电厂公众接受性的组间均值

年龄	平均值	标准差	标准误	差值的95%置信区间		最小值	最大值
				下限	上限		
20≤年龄<30	1.139	0.613	0.125	0.880	1.398	1	4
30≤年龄<40	1.179	0.596	0.033	1.113	1.244	1	5
40≤年龄<50	1.145	0.546	0.031	1.083	1.207	1	5
50≤年龄<60	1.157	0.570	0.029	1.099	1.215	1	5
60≤年龄	1.140	0.486	0.028	1.084	1.195	1	5
总数	1.156	0.554	0.015	1.125	1.185	1	5

表4-36和表4-37是受教育水平作为单因素而进行的方差分析和均值结果。从表4-36可以看出 F 值为3.868，其对应的显著性值是0.004，小于显著性水平0.05，由此可以看出，居民的受不同教育水平对垃圾焚烧发电厂公众接受性的影响显著。通过对表4-37中组间均值的进一步分析可以发现，随着受教育水平的提升，垃圾焚烧发电厂的公众接受性逐渐降低，这一结果符合本书的理论假设。

表4-36 受教育水平单因素方差分析结果

分类	平方和	自由度	平均值平方	F	显著性
组内	4.756	4	1.189	3.868	0.004
组间	405.196	1318	0.307		
总数	409.952	1322			

表4-37 受教育水平条件下垃圾焚烧发电厂公众接受性的组间均值

受教育水平	平均值	标准差	标准误	差值的95%置信区间	
				下限	上限
初中或以下	1.515	1.193	0.208	1.092	1.938
高中或中专	1.183	0.609	0.041	1.102	1.264
大专	1.143	0.495	0.024	1.096	1.190
本科	1.142	0.541	0.023	1.098	1.187
硕士或以上	1.108	0.332	0.039	1.031	1.185
总数	1.157	0.557	0.015	1.127	1.187

表 4-38 和表 4-39 是家庭月收入作为单因素而进行的方差分析和均值结果。从表 4-38 可以看出 F 值为 8.320，其对应的显著性值是 0.000，小于显著性水平 0.05，由此可以看出居民的不同家庭月收入对垃圾焚烧发电厂公众接受性的影响显著。通过对表 4-39 中组间均值的进一步分析可以发现，在 3000 元以下、3000～5999 元和 6000～9999 元三个区间，随着居民家庭月收入的提升，垃圾焚烧发电厂公众接受性逐渐降低。

表4-38　家庭月收入单因素方差分析结果

分类	平方和	自由度	平均值平方	F	显著性
组间	10.097	4	2.524	8.320	0.000
组内	399.855	1318	0.303		
总数	409.952	1322			

表4-39　家庭月收入条件下垃圾焚烧发电厂公众接受性的组间均值

家庭月收入	平均值	标准差	标准误	平均值95%的置信区间 下限	上限
3000 元以下	1.650	1.397	0.224	1.197	2.103
3000～5999 元	1.150	0.544	0.035	1.082	1.219
6000～9999 元	1.119	0.408	0.021	1.078	1.161
10000～15999 元	1.161	0.539	0.028	1.105	1.216
16000 元或以上	1.139	0.533	0.031	1.079	1.199
总数	1.157	0.557	0.015	1.127	1.187

根据居住时间的原始数据，本书以 10 年为节点，将样本在当地的居住时间分为两个时间段，即"< 10 年"和"≥ 10 年"。表 4-40 展示了居住时间对垃圾焚烧发电厂公众接受性的独立样本 T 检验结果。方差齐性的 Levene 检验结果显示 F 的统计值未达到显著水平（F=0.974，P=0.324 > 0.05），这说明两组样本的方差同质，故应查验"假设方差相等"栏的 T 值。"假设方差相等"栏的 T 值等于 -0.709，P=0.479 大于 0.05，并未到达 0.05 的显著性水平，表示两组不同居住时间对垃圾焚烧发电厂公众接受性并没有显著性的差异。

表4-40　居住时间的独立样本T检验

假设条件	方差齐性的 Levene 检验		平均值是否相等的 T 检验						
	F	显著性	T	自由度	显著性（双尾）	均值差	标准误差	差值95%的置信区间	
								下限	上限
假设方差相等	0.974	0.324	-0.709	1277	0.479	-0.029	0.042	-0.111	0.052
不假设方差相等			-0.736	301.701	0.463	-0.029	0.040	-0.108	0.049

表 4-41 展示了家庭中是否有未成年儿童对垃圾焚烧发电厂公众接受性的独立样本 T 检验结果。方差齐性的 Levene 检验结果显示 F 的统计值达到显著水平（F=22.240，P=0.000 < 0.05），这说明两组样本的方差不同质，故应查验"不假设方差相等"栏的 T 值。"不假设方差相等"栏的 T 值等于 -2.763，P=0.006 小于 0.05，到达了 0.05 的显著性水平，平均值的差值为 0.079，表示家庭中是否有未成年儿童对垃圾焚烧发电厂的接受性有着显著性的差异。表 4-42 家庭中是否有未成年儿童条件下垃圾焚烧发电厂公众接受性的组间均值显示家庭中没有未成年儿童的居民对垃圾焚烧发电厂的接受性高于家庭中有未成年儿童的居民对垃圾焚烧发电厂的接受性，这一分析结果符合预期。

表4-41　家庭中是否有未成年儿童的独立样本T检验

假设条件	方差齐性的 Levene 检验		平均值是否相等的 T 检验						
	F	显著性	T	自由度	显著性（双尾）	均值差	标准误差	差值95%的置信区间	
								下限	上限
假设方差相等	22.240	0.000	-2.463	1321	0.014	0.079	0.032	-0.142	-0.016
不假设方差相等			-2.763	1257.416	0.006	0.079	0.029	-0.135	-0.023

表4-42　家庭中是否有未成年儿童条件下垃圾焚烧发电厂公众接受性的组间均值

是否有未成年儿童	平均值	标准差	标准误平均值
没有未成年儿童	1.184	0.618	0.021
有未成年儿童	1.105	0.415	0.019

表 4-43 展示了本地是否需要垃圾焚烧发电厂对垃圾焚烧发电厂公众接受性的独立样本 T 检验结果。方差齐性的 Levene 检验结果显示 F 的统计值达到显

著水平（F=155.867，P=0.000 < 0.05），这说明两组样本的方差不同质，故应查验"不假设方差相等"栏的T值。"不假设方差相等"栏的T值等于 -4.470，P=0.000 小于 0.05，到达了 0.05 的显著性水平，平均值的差值为 -0.499，表示本地是否需要将垃圾焚烧发电厂对垃圾焚烧发电厂公众接受性有着显著性差异。表 4-44 是否需要垃圾焚烧发电厂对垃圾焚烧发电厂公众接受性的组间均值显示认为本地不需要建垃圾焚烧发电厂的居民对垃圾焚烧发电厂的接受性低于认为本地需要建垃圾焚烧发电厂居民对垃圾焚烧发电厂的接受性，这一分析结果符合预期。

表4-43　本地是否需要垃圾焚烧发电厂的独立样本T检验

假设条件	方差齐性的 Levene 检验		平均值是否相等的 T 检验						
	F	显著性	T	自由度	显著性（双尾）	均值差	标准误差	差值95% 的置信区间	
								下限	上限
假设方差相等	155.867	0.000	-8.898	1321	0.000	-0.499	0.056	-0.608	-0.389
不假设方差相等			-4.470	102.892	0.000	-0.499	0.112	-0.720	-0.277

表4-44　是否需要垃圾焚烧发电厂条件下垃圾焚烧发电厂公众接受性的组间均值

是否需要垃圾焚烧发电厂	平均值	标准差	标准误平均值
不需要垃圾焚烧发电厂	1.119	0.464	0.013
需要垃圾焚烧发电厂	1.617	1.113	0.111

表 4-45 和表 4-46 是地理距离作为单因素而进行的方差分析和均值结果。从表 4-45 可以看出 F 值为 6.931，其对应的显著性值是 0.001，小于显著性水平 0.05，由此可以看出，地理距离对垃圾焚烧发电厂接受性的影响显著。通过对表 4-46 中组间均值的进一步分析可以发现，随着居民居住场所距离垃圾焚烧发电厂越远，垃圾焚烧发电厂的公众接受性逐渐升高。

表4-45　地理距离单因素方差分析结果

分类	平方和	自由度	平均值平方	F	显著性
组间	4.196	2	2.098	6.931	0.001
组内	386.278	1276	0.303		
总数	390.475	1278			

表4-46　地理距离条件下垃圾焚烧发电厂公众接受性的组间均值

地理距离	平均值	标准差	标准误	平均值95% 的置信区间	
				下限	上限
$0 < GD \leq 5$	1.136	0.539	0.018	1.110	1.179
$5 < GD \leq 10$	1.144	0.478	0.029	1.079	1.192
$10 < GD$	1.409	0.910	0.116	1.177	1.640
总数	1.155	0.553	0.015	1.125	1.186

4.4　检验结果的进一步讨论

本书在对设计问卷量表的信度和效度进行验证的基础上，运用来自多个垃圾焚烧发电厂的1323份有效样本数据，借助结构方程模型的路径分析对第三章质性研究中提出的理论假设进行了验证。路径分析检验结果显示大部分理论假设得到了样本的支持（表4-47）。通过对外部性变量、政府—公众界面变量、公众信任和个体层面变量对垃圾焚烧发电厂公众接受性影响程度的比较来看，公众对垃圾焚烧发电厂的接受性主要受垃圾焚烧发电厂的外部性效应影响，其次是政治社会情境，最后是个体层面的因素。接下来，本书将结合已有研究和半结构访谈文本资料对量化检验结果进行讨论。

表4-47　研究假设汇总

编号	假设内容	检验结果
1	风险感知对垃圾焚烧发电厂公众接受性具有显著的负向影响	支持
2	利益感知对垃圾焚烧发电厂公众接受性具有显著的正向影响	部分支持
3	分配正义对垃圾焚烧发电厂公众接受性具有显著的正向影响	支持
4	互动正义对垃圾焚烧发电厂公众接受性具有显著的正向影响	不支持
5	程序正义对垃圾焚烧发电厂公众接受性具有显著的正向影响	支持
6	内在政治效能对垃圾焚烧发电厂公众接受性具有显著的正向影响	不支持
7	外在政治效能对垃圾焚烧发电厂公众接受性具有显著的正向影响	不支持
8	集体政治效能对垃圾焚烧发电厂公众接受性具有显著的正向影响	支持
9	公共信任对垃圾焚烧发电厂公众接受性具有显著的正向影响	支持
10	地方依恋对垃圾焚烧发电厂公众接受性具有显著的负向影响	支持
11	垃圾焚烧知识对垃圾焚烧发电厂公众接受性具有显著的正向影响	不支持
12	垃圾焚烧发电厂公众接受性在居民不同性别上呈现显著差异	支持

编号	假设内容	检验结果
13	垃圾焚烧发电厂公众接受性在居民不同年龄上呈现显著差异	不支持
14	垃圾焚烧发电厂公众接受性在居民不同受教育水平上呈现显著差异	支持
15	垃圾焚烧发电厂公众接受性在居民不同收入水平上呈现显著差异	支持
16	垃圾焚烧发电厂公众接受性在居民不同居住时间上呈现显著差异	不支持
17	垃圾焚烧发电厂公众接受性在居民家庭中是否有未成年儿童上呈现显著差异	支持
18	垃圾焚烧发电厂公众接受性在居民认为本地是否需要垃圾焚烧发电厂上呈现显著差异	支持
19	垃圾焚烧发电厂公众接受性在居民居住场所与垃圾焚烧发电厂之间的距离上呈现显著差异	支持

4.4.1　外部性变量对垃圾焚烧发电厂公众接受性的作用

量化分析结果显示风险感知会显著且负向影响垃圾焚烧发电厂的公众接受性。研究假设 H1 得到样本支持，这一研究发现说明公众对垃圾焚烧发电厂潜在风险的主观性感知是影响其对垃圾焚烧发电厂态度的重要因素。这一研究发现与国内外基于垃圾焚烧发电厂、磁悬浮机场联络线延伸段，PX 项目等邻避设施的研究结论相一致。公众感知的风险对垃圾焚烧发电厂接受性的负向影响更深刻地体现在垃圾焚烧发电厂的负外部性上。正是公众出于对垃圾焚烧发电厂（项目）心理上的担忧和潜在风险的主观建构，形成了较为强烈的感知性风险，这种强烈的感知性风险驱动公众从心理上抵触该项目建在自家附近。就本书质性研究部分的访谈资料来看，这种风险感知主要体现在垃圾焚烧发电厂对居民身体健康、生态环境和居民心理的消极影响。其中身体健康上的风险感知主要体现在通过间接经验对垃圾焚烧排放的有毒气体二噁英的主观建构，"垃圾焚烧发电厂对我们身体、生命造成的危害太大了。垃圾焚烧排出来的二噁英长期性的看不到、摸不到，可以致癌。二噁英一旦进入人体之内就不能出来了，它可以在人的身体停留一辈子，还有可能延续到下一代，所以我就是反对（垃圾焚烧发电厂），我不接受（R11）"；还体现在通过亲身经历感受到垃圾发酵产生的刺激性气味儿，"我现在面对的情况就是经常闻得到它那个气味，你就会感觉到不舒服，比如说有点儿头晕、头痛，或者是呼吸道的问题（R06）。"生态环境上的风险感知主要体现在公众认为垃圾焚烧发电厂二次污染物的排放对居民生活环境中的空气、水源和土壤造成了威胁，使公众对垃圾焚烧发电厂产生反感，"我也不知道老百姓的反感是对还是不对，但是我们能够直观感受到的是确实危害很大，我们经常可以看到垃圾焚烧厂排出的烟，白烟、黑烟。反正在晴朗的天气下那一片天会不一样，没办法看到蓝天。这对我们周围的居民来讲是很痛心的（R08）。"

外部性变量与垃圾焚烧发电厂公众接受性关系模型的分析结果显示积极性利益感知会显著正向影响公众对垃圾焚烧发电厂的接受性；消极性利益感知与垃圾焚烧发电厂公众接受性的单独路径分析结果显示消极性利益感知显著且负向影响公众对垃圾焚烧发电厂的接受性。这一研究发现得到了质性研究中受访者的证实：首先，垃圾焚烧发电厂的运营，严重影响了周边地区产业经济的发展，如"垃圾焚烧厂把环境污染了，旅游就搞不起来（R13）。""它（垃圾焚烧发电厂）的污染影响是非常深远的，它影响空气，一下雨的时候就会形成雨水，就会影响地下水，影响土壤，影响整个生态系统，那些生产粮食的农作物、果树、鱼、虾，对整个大农业的影响都是非常大的（R21）。"其次，来自垃圾焚烧发电厂周边商品住宅区的居民亲身经历了垃圾焚烧发电厂建成运营后本地区房产等有形资产的贬值，"从当前来看对房价肯定是有影响。有些人现在听说附近有垃圾焚烧厂之后，在这买房的意愿不强了，就上别的地方去购买。房价也较以前有所下落、回落了（R22）。"来自垃圾焚烧发电厂附近的居民还认为垃圾焚烧发电厂的建设一定程度上给当地带来"污名化"效应，恶化了当地的招商引资环境，进而会影响当地经济的长远发展，"很多来买房的人其实不是为了纯粹的住宅。这边还有一个产业园区，将来这边有很多项目。国家提倡直租一体化，所以这边还有很多商务中心。你这样一搞（建垃圾焚烧厂），就会增加投资者的疑虑。香河这边主打养老产业，你这样怎么搞养老产业？谁还来？所以，对招商引资，甚至是招租也都是不利的（R18）。"

这一研究发现说明在对邻避设施公众接受性进行分析时需要额外关注利益感知不同维度对垃圾焚烧发电厂公众接受性的不同影响，而已有研究中并未对这一概念进行细致划分；先有邻避问题研究中大部分将邻避设施的消极性经济影响纳入风险感知层面进行分析。外部性变量与垃圾焚烧发电厂公众接受性关系模型中积极性利益感知对垃圾焚烧发电厂公众接受性的影响程度大于风险感知（$\beta=0.374 > \beta=|-0.163|$），这说明公众在负外部性较强邻避设施的垃圾焚烧

发电厂面前是理性的"经济人"，秉持规避风险偏好利益的心理。这一研究发现一定程度上揭示了中国民众所展现出的拉锯和摇摆心理，即公众对垃圾焚烧发电厂的被动接受可以通过利益补偿来改进。郭跃等在对负外部性较弱的邻避设施风能发电设施公众接受性的调查研究中有着类似结论。研究结果显示民众希望风能发电设施"不要在我家后院"，也希望"不要离我太远"的复杂心态。

4.4.2 政府—公众界面变量对垃圾焚烧发电厂公众接受性的作用

与本书的理论假设一致，样本的路径分析结果显示程序正义和分配正义都会显著且正向影响公众对垃圾焚烧发电厂的接受性，这说明公众对垃圾焚烧发电厂风险收益分配的正义性和垃圾焚烧发电厂选址、建设和运营过程中程序方面的正义性感知程度越高，其对垃圾焚烧发电厂接受性就越高，这一研究结果与已有研究发现相一致。一些基于不同政治社会背景下的分析揭示了程序正义和分配正义作用于邻避设施公众接受性态度的机理，成为解释这一研究结果的重要补充。如通过对印度古吉拉特邦一个太阳能发电项目的案例追踪和分析，Yenneti 认为太阳能发电项目选址决策中双向沟通与交流、公众参与和弱势社会群体代表性的缺失引发了公众对项目开发程序公正性的不满，进而对此项目进行抵制，并在项目开发影响土地占用和征收、就业机会、基础设施建设、清洁能源供给和本地经济长远发展方面详尽论述了太能项目成本、收益在分配上的不公正，进而影响了周边村民对该项目的消极态度。尽管程序正义和分配正义对垃圾焚烧发电厂公众接受性的影响均显著且正相关，但程序正义对公众接受性的影响十分明显（$\beta=0.371$，$P < 0.001$），而分配正义的影响效果较小（$\beta=0.15$，$P < 0.001$），这与已有研究结果恰好相反。Walter 通过对瑞士 5 个拟建风能发电厂选址地 919 名居民的调研分析发现程序正义和分配正义同时显著影响居民对风能发电厂的接受度，但是程序正义的影响效果较小，而分配正义则对公众接受性的影响十分明显。二者对垃圾焚烧发电厂公众接受性影响力度的差异化可归结为变量测量方式的不同：本书中分配正义量表侧重于关注公众对垃圾焚烧发电厂分配正义层面的抽象性测量，而程序正义量表中题项的设置则较为具体化，涵盖了垃圾焚烧发电厂的公众参与、建设程序、决策科学等多个方面。

与本书的理论假设不一致，样本的路径分析结果显示互动正义对垃圾焚烧发电厂公众接受性的正向影响不显著。本书的研究发现得到了来自中国情境下经验研究的支持，谭红娟通过对自然遗产地居民的分析发现互动性公平对旅游开发项目的公众支持度的预测作用同样不显著。而 Besley 基于美国南加州核电厂扩建案例的研究结果显示人际正义对于核电厂扩建决策的接受性呈显著性的正相关。导致中美情境下互动公平（正义）对公众态度不同影响的原因可归结为不同政治社会情境下的政策体制。

与本书的理论假设不一致，样本的路径分析结果显示三个维度的政治效能与垃圾焚烧发电厂公众接受性均呈正相关关系，其中，只有集体政治效能的影响达到了统计学上的显著（$\beta=0.08$，$P=0.036$）。这一研究发现与政治效能显著正向影响民众对社区附近拟建高压架空输电线路反对态度的研究结果相矛盾。这种研究结果的不一致部分可以在受调研者的不同经历上得到解释。本书中的样本数据大部分为已经运营和建成垃圾焚烧发电厂的周边居民，其已经直接或间接经历了垃圾焚烧发电厂选址、建设或运营的政治过程；而 Joe 等的研究中样本数据在进行收集时该项目仍旧处于拟建阶段，对应的政治过程刚刚开启，受调研居民的经历与感受仍未成形。社会认知理论认为人类的行为倾向或态度受环境、行为个体心理或认知过程的影响。两个研究中样本数据收集时项目设施处于不同的阶段，两个研究中受调研居民的差异化政治参与经历部分地可以解释两个研究中政治效能作用效果的不一致。

基于中国的已有研究发现同样可以帮助我们进一步理解垃圾焚烧发电厂周边公众的政治效能对其接受性态度的正相关关系。通过对中国农村地区的实地调研，Anna Lora-Wainwright 发现环境污染成为这些地区敏感性的政治话题。受到科学性证据不足、经济上的不平等和复杂的当地现实情况的束缚，居民们对积极性的补救措施难以为继。这令他们感到无能为力，被迫接受环境污染，由此导致集体性行动的顺从式特征，即顺从式行动主义。面对垃圾焚烧发电厂，周边居民就是一位受访者所描绘的"环境难民"。尽管周边居民会通过制度化或非制度化的举措来避免垃圾焚烧发电项目建在自家附近，但不能达到预期行动效果，所以只能被迫接受这一设施，进而呈现出顺从式接受。正是这种顺从式接受为我们更好地解释了为什么垃圾焚烧发电厂周边居民的政治效能与其接受态度呈正相关关系。另外，学者对中国社会情境下其他邻避设施，如核电厂、液压天然气开采设施的实地调研也得出了类似的结论，即周边居民对这类设施流露出无奈接受或支持的态度。这进一步说明了，在中国情境下，其他类型邻避设施周边居民的政治效能与其接受态度之间一定程度上呈正相关关系。未来研究应进一步验证顺从式行动主义理论在其他类型邻避设施中的适用性。

4.4.3 公共信任对垃圾焚烧发电厂公众接受性的作用

与本书的理论假设一致，基于样本的路径分析结果显示公共信任显著且正向影响公众对垃圾焚烧发电厂的接受性。这一研究发现在以往基于垃圾焚烧发电厂、核电设施、核废物处理设施和风能发电项目等不同邻避设施案例的国内外研究结果中得到证实。一些关注邻避设施公众态度的质性研究详尽描绘了公共信任在塑造公众态度方面所发挥的关键作用。Dwyer 和 Bidwell 认为信任在形塑公众态度方面的角色主要体现在其可以影响邻避设施过程中的正义感知、利益感知和情感体验，并认为与邻避设施相关的公共信任呈现出一种"信任链条（chains of trust）"，体现在公众对利益相关者服务于公共利益的领导能力的期望，邻避设施选址建设和运营全过程中的有效参与以及对邻避设施分配正义的感知上。本书质性研究部分受访者的访谈资料也有助于我们理解公共信任作用于垃圾焚烧发电厂公众接受性的作用机理。受访者叙述中的公共信任主要体现在两个方面：基于意图的信任和基于能力的信任。正是垃圾焚烧发电厂运营方在具体做法和实践上不能取信于民，削弱了公众对垃圾焚烧发电厂的接受态度，"现在的话是不支持了，现在就是因为受过他的侵害了，可以这样讲。他已经运营了十几年了，他是有能力去处理好的，但是到了现在的话，他就开始出现处理不达标的问题（R06）。""企业是利字在第一位，以考核利润为前提。你把利润看得不那么重要，或者说你可以看得重要，但如果更加关注功德，遵从自己的良心，可能给别人的感觉就会不一样（R08）。"

4.4.4 个体层面因素对垃圾焚烧发电厂公众接受性的作用

与本书的理论假设一致，样本的路径分析结果显示地方依恋显著且负向影响公众对垃圾焚烧发电厂的接受性。这一研究结果得到了以垃圾焚烧发电厂、风能发电项目为案例的研究结果的证实。尽管路径分析结果显示地方依恋对垃圾焚烧发电厂公众接受性的作用显著，但这一作用效果较小（$\beta = -0.113$，$P = 0.049$）。这一情况可以理解为地方依恋对垃圾焚烧发电厂公众接受性的作用一定程度上受到了被调研居民居住物理环境变化的干扰。被调研样本大部分处于运营中垃圾焚烧发电厂周边的居民，正在经历着垃圾焚烧发电厂对居住环境的影响。在这种情况下，被调研居民对居住周边场所的依恋程度已经受到了一定程度的侵蚀。故此，被调研居民对居住场所的地方依恋对垃圾焚烧发电厂公众接受性的影响效力会受到抑制。本书中地方依恋对垃圾焚烧发电厂公众接受性负向作用的结果为我们理解邻避现象提供了一种新的解读视角，即公众反对垃圾焚烧发电厂"建在自家后院"是一种地方保护的心态。正是公众出于对其住所周边物理环境的情感依赖和认同，担心垃圾焚烧发电厂会给其住所环境带来潜在的破坏，增强了公众对垃圾焚烧发电厂的抵触心理。另外，还有研究发现公众对社区的依恋情结会显著预测其积极参与水力压裂开采页岩气抗议和反对保障性住房项目的行为。

与本书研究假设不一致，样本的路径分析结果显示垃圾焚烧知识对垃圾焚烧发电厂公众接受性的正向效果不显著。这一研究发现与基于意大利垃圾焚烧厂的案例研究结果相一致。垃圾焚烧知识对垃圾焚烧发电厂公众接受性影响的不显著可以通过三个方面进行解释：一是公众通过自主学习获取的垃圾焚烧相关知识有限。有学者详尽阐述了反对垃圾焚烧的当地居民结合当地经验和调查资料，通过社会经历和自主学习，发展自己的专业性，进而称其为垃圾焚烧的"常民专家"，但这种"常民专家"对垃圾焚烧发电厂周边的众多居民而言，只是少数，不一定会提升整体周边居民对垃圾焚烧知识的了解程度；二是周边居民通过自主学习获取的垃圾焚烧知识互相矛盾，"我们首先需要的是一个独立于其他的利益主体和政府意志的科学的、具有权威性的主体，然后他应该有科学的学术声誉和独立的（运转机制）。说实在的我们都有自己的工作，我们在有限的时间里非常费劲地（收集相关知识），然后我们接触到的信息更多的是相互矛盾的（R19）"；三是公众对垃圾焚烧发电项目（厂）的态度一定程度上会影响垃圾焚烧信息的摄取，进而影响公众对垃圾焚烧知识的理解度。另外，本书中通过客观知识测量的方式来获取垃圾焚烧知识的数据，而基于能源技术公众接受性的相关研究发现，主观知识和客观知识会对公众接受性带来不同的影响，后续垃圾焚烧发电厂公众接受性的研究中应注意区分和比较两种知识测量方式对公众接受性的不同预测结果。

5 组态效应：邻避设施公众接受性的
定性比较分析

第四章中，笔者对垃圾焚烧发电厂公众接受性的形成机理进行了量化的实证检验，初步分析和探讨了垃圾焚烧发电厂公众接受性的内在机理。然而，任何社会现象的发生或出现都有一定的复杂性，垃圾焚烧发电厂的公众接受性也不例外。传统的定量研究方法聚焦于变量层面的"净效应"分析，忽略了多个前因条件（影响因素）间复杂的非线性关系及其所形成的不同组合对垃圾焚烧发电厂公众接受性产生的影响。基于定量分析的研究结果并不能丰富垃圾焚烧发电厂公众接受性的理论基础，为提升垃圾焚烧发电厂公众接受性的政策实践提供有益的参考借鉴。定性比较分析方法（qualitative comparative analysis，QCA）是一种基于集合论、组态化的分析视角，超越了关注单个变量的净效应，强调通过探析前因条件和现象（结果）之间的关系，从整体上探究多种并发因果如何导致社会问题的发生。在前述质性和量化研究的基础上，本章通过引入 QCA 方法来考察影响垃圾焚烧发电厂公众接受性前因条件的组态及其与垃圾焚烧发电厂公众接受性之间的关系，进而实现对提升垃圾焚烧发电厂公众接受性组合式政策工具的探求，为现实垃圾焚烧发电厂选址和管理的实践提供理论参考。

5.1 理论基础与研究假设

5.1.1 组态分析的理论渊源

贝塔朗菲在《一般系统论》中强调："现代的技术和社会已变得十分复杂，以至于传统的方式和手段不再满足需要，而整体论的方法或系统的方法和一般性或跨学科性则成为必要的东西。""不管怎样，我们被迫在一切知识领域中运用'整体'或'系统'概念来处理复杂性问题。"复杂性理论、整体性理论和系统论清晰地告诉我们，在认识和研究现代社会现象和问题时，需要将研究对象视为复杂的、由大量彼此相关的因素所组成的复杂系统，从而把以往被传统研究方法忽视掉的多样、独立、无序的多重因素重新纳入研究视野与分析范围，进而以复杂系统的视角深入探索任何可能因素对结果所产生的各种影响及作用。因此，运用复杂系统的思想对事物现象进行因果分析必须首先厘清以下原则。一是对某一特定结果而言，某一因素组合只能作为其充分条件而不足以作为其必要条件，而单一因素可能作为其必要条件而非充分条件；二是引发特定结果的因素组合是彼此独立的，其对特定结果的影响作用取决于因素的组合而非因素本身。

由此，"因素组合而非因素本身"在影响作用机制中的重要地位引出了一个重要的理论基础——组态理论。作为管理学研究中的基本理论视角之一，组态理论不同于经典回归分析中对自变量与因变量间简单线性关系的探索，也有别于权变理论视角下追寻自变量彼此之间的交互作用及其影响因变量的相对复杂的线性或非线性关系；它不是通过多元线性回归、交互项等常用统计方法简单分解出一系列彼此独立的因素或变量来证实单个变量的净效应，也绝不是忽略变量间复杂非线性互动、对单向因果关系的简单计算，而是注重对各要素在不同组合状态下与结果变量之间十分复杂的因果关系的整体分析。更进一步来说，组态分析视角是基于集合的概念模型，采用整体分析模式，将事物现象视为由相互紧密关联的构成要素所组成的相对复杂、互动关联的聚合系统。尤为重要的是，这些构成要素彼此之间为双向因果和非线性关系，其中存在引致同一结果的多种路径或组态，而这些不同的组态就构成了同一结果的等效路径。因此，组态理论的基本分析思路可以概括为，针对具有复杂性机制的因果关系，探究特征上具有共发性和可区分性的多维度条件变量，是如何形成若干不同属性的可能组合（不是单个或者简单结合的实体），进而表达出相同或是不同的功能（结果）的；其中值得注意的是，功能和单个构成要素之间并非对称关系，孤立地分析个体或者组成部分则很有可能造成推论失误。在研究方法上，一般是基于案例和变量的综合，采取布尔代数和集合分析，假定各影响因素间相互依赖且共同作用于结果变量，认为不存在最优均衡状态但存在等效的多个路径，以此探索出各因素相互组合的综合效应以及因果关系的多样性。

学界对组态问题的关注以及传统计量分析方法的局限性促使定性比较分析迅速成长发展为社会科学研究中的一种重要研究视角与方法。在目前的研究中，组态理论视角大量运用于战略管理研究（如战略与组织结构的组态关系分析）、环境管理研究、社会资本和治理绩效研究中，对本书具有重要的借鉴与指导意义。

特别是在实际组态研究中，QCA 的广泛运用可以较好地处理经典统计方法中方差、因子、聚类等分析方法无法处理的组态多维性、因果非对称性以及条件原因交互性等问题，从而解决理论与方法不适配的难题。根据组态理论，社会科学中事物现象之间的因果关系是非线性和非对称的，引发某一事件的原因不是单一原因而是多重条件并发原因。这就意味着同一个现象的出现可能是由各个要素在不同组合情境下所引致的，因而必须在研究过程中以因素组合的方式来考量和探索事物现象间的因果关系。在逻辑学中，所有这些相互依存、彼此作用的因素被描述为"必要非充分条件"和"充分非必要条件"。或者，也可以简单从统计学的角度理解为，当某一自变量取值较高时，因变量未必一定高。这就需要我们在关注独立变量的显著性的基础上，进一步探寻充分性因素的组合机制。而 QCA 方法的提出恰恰是为了解决这一问题的，正如 Fiss 所指出，QCA 方法在对因果的理解上重视从组合思路来看，组织最好被认为是一系列相互关联的结构和实践的集聚，而非由模块的或松散的要素所组成的实体。

5.1.2 研究假设

本书质性和量化分析结果显示垃圾焚烧发电厂公众接受性受到外部因素、政治社会情境和公众个体层面因素等多个变量的影响，量化研究部分证实了大部分变量对垃圾焚烧发电厂公众接受性有着显著的净效应，但未能深入挖掘垃圾焚烧发电厂公众接受性的发生路径。系统观和组态理论认为某一社会现象的发生并不是单个因素作用的结果，而是由多个因素交互、耦合共同作用引发的；社会现象的发生与其前因条件间的关系是非对称的。同样地，本书认为垃圾焚烧发电厂公众接受性这一社会现象的发生不是由上述单一变量决定的，而是由上述变量组成的复杂系统环境决定的，所有的影响因素作为整体对垃圾焚烧发电厂公众接受性产生影响。因此，识别垃圾焚烧发电厂公众接受性的形成路径、揭示前因条件的组合规律、挖掘条件组合与垃圾焚烧发电厂公众接受性的因果关系就成为一个新的研究视角。

当前国内外已有研究仍旧以线性和单项因果关系来分析某一因素对垃圾焚烧发电厂公众接受性的净效应，关注变量的交互作用对垃圾焚烧发电厂公众接受性影响的研究寥寥无几。He 等在对包括诸多邻避设施公众接受性影响因素进行梳理时发现政策领域、社会情境和地理区域等社会条件是影响邻避设施公众接受性的重要因素；邻避设施公众接受性是公共信任和程序正义、地方依恋和程序正义等因素相互依存的结果。基于组态理论并结合上述相关研究，本书认为甄别垃圾焚烧发电厂公共接受性的形成路径并挖掘影响条件组合与垃圾焚烧发电厂公众接受性的因果关系有着坚定的理论基础。基于此，我们从系统的角度探索引致垃圾焚烧发电厂公众接受性结果的先行条件组合模型。基于质性研究部分提炼的垃圾焚烧发电厂公众接受性的主要影响因素，即风险感知、利益感知、正义感知、政治效能、公共信任、地方依恋和垃圾焚烧知识，本书建立了垃圾焚烧发电厂公众接受性先行条件组合模型，如图 5-1 所示，建构的组合模型包括 7 种影响因素，那么理论上就会有 128 种逻辑上可行的条件组合模型。

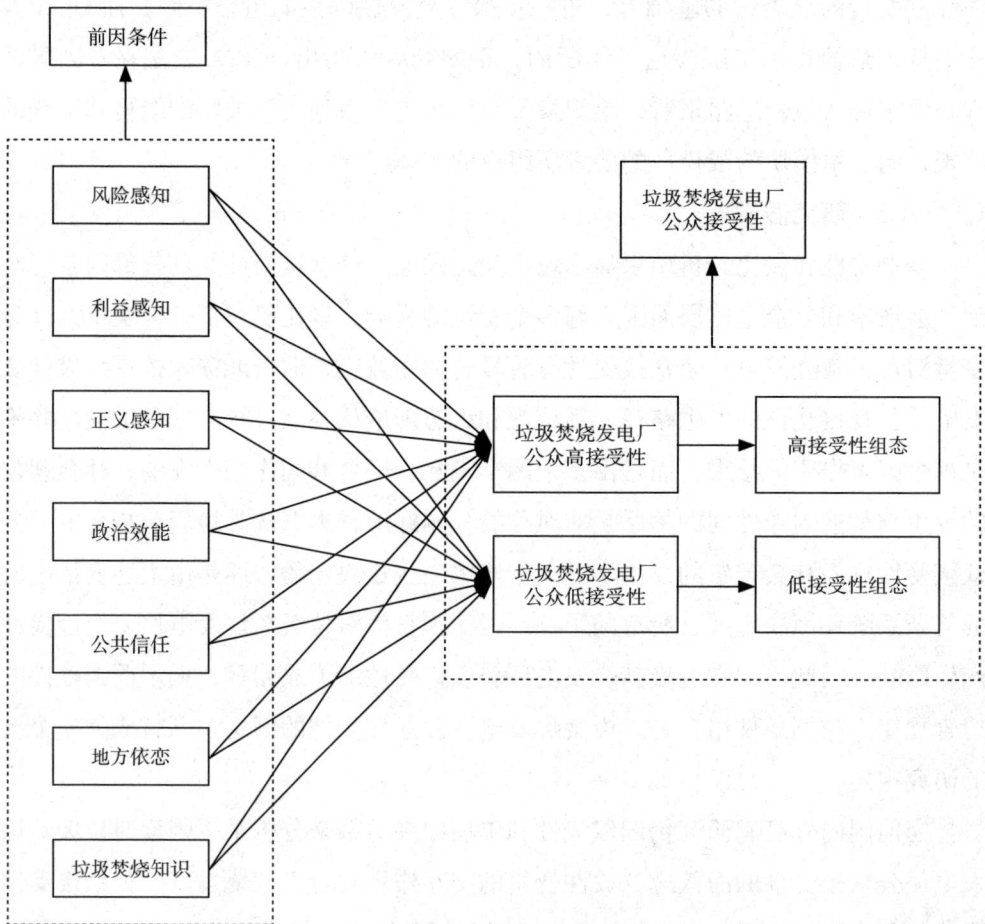

图5-1　垃圾焚烧发电厂公众接受性先行条件组合模型

5.2　研究设计

5.2.1　分析方法

定性比较分析（QCA）方法，是由查尔斯·拉金（Charles C. Ragin）开发的一种多案例研究方法（论）。他在《比较方法：在策略之外》（1987）一书中，最早提出了这种在定性研究方法和定量研究方法以外，又介于二者之间的"中间道路"研究方法。更确切地说，QCA 是一种以案例研究为导向，同时又结合量化分析的组态比较研究方法。而之所以将其区别于其他两类研究方法，是因为 QCA "基于结果"的多重因果研究思路，能够超越定性研究方法"基于案例"和定量研究方法"基于变量"的单一变量影响的分析逻辑，从而更加强调因果的复杂性和多重性，有助于梳理出影响某个复杂社会现象的相关社会机制及其组合形式。

具体来看，QCA 方法主要借助集合论、布尔代数、真值表、逻辑最小化思路等来进行运算，通过对变量（条件或因素）各种组合形式的梳理，帮助研究者综合分析与把握事物现象间的因果关系。进言之，QCA 采用"整体"或"组合"的方式，聚焦于"多重条件组合"，假定各变量间的因果关系是非对称且可替代的，侧重可以"是什么"和"有什么"功效的探索性分析，以确保社会科学研究的科学性与严谨性。即某个社会现象的成因可能是多样且相互依赖的，而不是由单个原因造成的，某一诱因的变化也许无法独立改变相应的结果。更重要的是，在因果关系的另一个侧面，多条含有不同"条件组合"或"原因组合"的路径可以引致同一个社会现象的出现，也就是 QCA 中所谓的多重并发原因。在多重并发因果关系中，最常见的是，多个相关条件的组合引起结果（A*B → Y，"*"表示布尔逻辑"和"）、多个不同条件组合产生同样的结果（A*B+C*D → Y，"+"表示布尔逻辑"或"），即在特定情境下，条件 A 和 B 的组合或者条件 C 和 D 的组合都能引致 Y 的发生，其中 A 和 B 的组合或 C 和 D 的组合共同构成了结果 Y 的充分条件；不同情境下，当特定结果出现时，某个条件可能出现也可能不出现（A*B → Y，同样可能是 a*C → Y），A 和 B 组合可能使某个结果出现，但缺少 A 的 a 与 C 组合同样也能使该结果出现。

目前，QCA 的技术路径主要包含清晰集定性比较分析（csQCA）方法、多值集定性比较分析（mvQCA）方法和模糊集定性比较分析（fsQCA）方法。csQCA 是以布尔代数为基础对样本组态进行赋值，并且以 [0]（表示完全不隶属）和 [1]（表示完全隶属）的二分集合表示隶属关系。mvQCA 则是在 csQCA 出现许多矛盾组态时，作为一种技术性解决方案而设立的三分或四分的等值多阈值的定序分割。而 fsQCA 则是对清晰集的一种发展：与 csQCA、mvQCA 相同的是，[0] 表示完全不隶属，[1] 表示完全隶属；与 csQCA、mvQCA 不同的是，其在 [0] 和 [1] 之间的任何赋值能够通过校准明确其部分隶属程度。由于 fsQCA 允许部分隶属关系变量赋值（或者称为刻度化），因而能最大限度地保留子集关系，而这正是分析因果复杂性的核心内容。故而，本书选择 fsQCA 的技术路径。

对条件变量进行赋值实质上就是把案例内容数据化的过程，也是 QCA 的前提与基础。本书依据核心文献的测度方法，将案例内容建构成为结果变量和条件变量，并使之量化。在 fsQCA 中，对变量的赋值不是 csQCA 中传统布尔代数集合的"0"或"1"（只能属于或不属于的完全质性区分），而是通过允许取 [0] 和 [1] 之间的部分隶属分数，从而延伸了清晰集。模糊集背后的基本思想是允许集合分数刻度化，允许部分隶属。具言之，模糊集分数代表不同案例属于某集合的程度：模糊隶属分数 [1] 代表"完全隶属于某一集合"；接近 [1] 的分数（如 0.8 以上）代表强隶属，但不是完全隶属；分数小于 0.5 但大于 [0] 代表"比较不隶属或弱隶属"；隶属分数 [0] 代表"完全不隶属于某一集合"。因此，模糊集合结合了定性与定量评价：[1] 和 [0] 是定性赋值，二者之间的分数指部分隶属，但 0.5 是定性定位，是指评估案例是否隶属或不隶属的最大模糊点。

总的来看，fsQCA 的基本步骤如下：首先，通过对文献理论的梳理和推导以及对案例的探索性研究，提取和选择引致结果变量的各种条件或因素（变量）；其次，根据现有的理论基础和实际情况对各个条件变量和结果变量进行校准，将与结果变量有关的所有条件变量纳入分析；最后，使用 fsQCA3.0 软件分析所有模糊子集于结果条件的必要性和充分性，进而识别出影响结果条件的因素组合并给予解释。

5.2.2　案例来源与变量测量

定性比较分析方法是案例导向性的分析方法，案例样本是定性比较分析的基础。本书继续以第四章中跟踪的 1323 位垃圾焚烧发电厂周边居民为案例样本。基于质性分析部分中识别的垃圾焚烧发电厂公众接受性影响因素，本书选取了风险感知、利益感知、正义感知、政治效能、公共信任、地方依恋和垃圾焚烧知识为前因条件，来探讨引发垃圾焚烧发电厂公众接受性的条件组合。上述 7 个前因条件的测量仍旧继续使用量化分析中问卷调查所获数据。所有进入定性比较分析的变量数值由通过信效度检验后的题项得分加总平均获得。

在 1323 个案例样本中，垃圾焚烧发电厂公众接受性的模糊隶属度分数大于0.5 的样本有 146 个，为了在定性比较分析中生成一组垃圾焚烧发电厂公众低接受性的可比较参照样本，参考 Villani 和朱亚丽等人研究中的做法，从垃圾焚烧发电厂公众低接受性中随机抽取了同等数量的样本。为避免样本筛选中人为因素造成的误差，使用计算机分析工具随机筛选，最终用于定性比较分析的样本数为292（表 5-1）。

表5-1　变量的统计描述

变量	平均值	标准差	最小值	最大值	频数
垃圾焚烧发电厂公众接受性	1.7093	1.00705	1	5	292
利益感知	1.6088	0.76075	1	5	292
风险感知	4.7611	0.73429	1	5	292
正义感知	1.6312	0.73103	1	5	292
政治效能	2.2294	0.6862	1	4	292
公共信任	1.6309	0.83003	1	5	292
地方依恋	4.0077	1.06013	1	5	292
垃圾焚烧知识	4.2200	0.91061	1	5	292

5.2.3　变量校准

所谓校准，即将前因条件和结果条件的原始数据转化成模糊隶属分数。模糊隶属分数表示不同的案例在集合中的程度。模糊集应当被视为一个连续变量，它们在被校准后可以清楚地指代某案例在一个界定清楚的集合中的隶属程度。而这种校准则依赖于理论和实践的积累，以设定三个定性的转折点：[1]（完全隶属）、

[0]（完全不隶属）与 0.5（交叉点）。变量之所以需要进行校准，是因为所赋值仅能表示其相对位置，还需进一步根据有关标准把它调整为集合语言，将结果条件和前因条件的原始数据标准化为模糊值，从而使结果可解释。除了以上提到的最基本的三值模糊集（[1]、[0] 和 0.5），还有四值模糊集（[0]、0.33、0.67、[1]），以及更细致的六值模糊集等（表 5-2）。其中，采用多少数字的模糊集并非是机械的，应当由研究者基于实际和理论知识来决定，可能是五值或八值来取代四值或六值，而且不同水平间不需要采用等距的间隔（不同于定序量表）。正如表 5-2 所示，连续模糊集可以取 0～1 的任何值，而值得注意的是，在设置 [0]（完全不隶属）、[1]（完全隶属）、0.5（最大模糊点）三个"锚点"时需要给出说明。

表5-2　模糊集校准

三值模糊集	四值模糊集	六值模糊集	连续模糊集
1= 完全隶属	1= 完全隶属	1= 完全隶属	1= 完全隶属
0.5= 最大模糊点	0.67= 偏隶属	0.9= 非常隶属	偏隶属：$0.5<X_i<1$
0= 完全不隶属	0.33= 偏不隶属	0.6= 有些隶属	0.5= 交叉点，最大模糊点
	0= 完全不隶属	0.4= 有些不隶属	偏不隶属：$0<X_i<0.5$
		0.1= 非常不隶属	0= 完全不隶属
		0= 完全不隶属	

模糊隶属分数包括了两个定性的状态：完全不隶属和完全隶属。隶属分数 [0] 表示"完全不隶属于某集合"，隶属分数 [1] 表示"完全隶属于某集合"。0.5 为隶属或不隶属的最大模糊点。这里的 0.5 的隶属分数也是具有定性和定位的性质，而这个最大模糊点是评价一个集合是否隶属或者不隶属的一个分界点。比如说"垃圾焚烧发电厂公众接受性"为一个集合，而隶属度能衡量公众可以在多大程度上接受或者不接受垃圾焚烧发电厂的存在。因此运用模糊集定性比较分析的首要前提，是对结果条件（因变量）和各个前因条件（自变量）进行校准，即把原始数据校准为模糊度隶属分数。变量的校准一般有直接校准法和间接校准法。在参考已有研究的基础上，本书采用直接校准法对数据进行校准，将结果条件和原因条件的最大值、均值、最小值点设置为完全隶属、最大模糊点和完全不隶属这三个基准点（表 5-3）。

表5-3 变量校准

条件		锚点		
		完全隶属	最大模糊点	完全不隶属
结果条件	CA	5	1.1566	1
前因条件	BP	5	1.4581	1
	RP	5	4.8322	1
	JP	5	1.5117	1
	PE	4	2.1733	1
	ST	5	1.4804	1
	PA	5	4.0206	1
	WIK	5	4.2275	1

5.3 实证检验与结果分析

5.3.1 垃圾焚烧发电厂公众接受性的必要条件检验

本书的目标是探究垃圾焚烧发电厂公众接受性的形成路径，即找寻导致垃圾焚烧发电厂公众接受性的充分条件组合。上文中已经提及我们将集中检验的前因条件包括风险感知、利益感知、正义感知、政治效能、公共信任、地方依恋和垃圾焚烧知识。必要条件是促成结果产生所必须存在的条件。在进行充分条件检验之前，需要检验前因条件中是否存在垃圾焚烧发电厂公众接受性的必要条件。如果某个前因变量是导致结果（现象）出现的必要条件，则说明该前因变量一定会被纳入充分条件检验结果的型构组合之中，因而就没有必要将其纳入之后的定比较分析之中。

在 fsQCA 的分析中，判断必要条件是否存在是基于计算结果集合构成条件集合的子集一致性。一致性计算与回归分析中的显著性检验有相似之处，回归分析中的显著性检验通常是检验前因变量是否对结果变量产生影响，判断的标准通常为显著性是否小于 0.05。而一致性计算是判断前因条件是否是结果变量产生的必要条件，如果前因条件的一致性大于 0.9，则可以认为该条件是一个必要条件。必要性模糊子集的一致性通常用以下公式来评估。

$$\text{Consistency}(Y_i \leqslant X_i) = \sum \left[\min(X_i, Y_i)\right] / \sum (Y_i)$$

如上式所示，集合 Y 与集合 X 的交集占集合 Y 的比例即为集合 Y 作为集合

X 的子集的一致性。如果所有的 Y 均小于或等于所对应的 X 值，那么一致性的结果为 1；如果有较多的 Y 大于对应的 X 值，那么一致性的结果将会远远小于 1。

如表 5-4 可知，对于结果变量垃圾焚烧发电厂公众高接受性来说，所有的前因条件的一致性系数均小于 0.9，说明纳入本书分析的前因变量并非导致垃圾焚烧发电厂公众高接受性发生的必要条件。因此，需要将所有前因条件组合起来分析垃圾焚烧发电厂公众接受性的组态型构。

表5-4　前因条件的必要性检验

前因条件	结果条件：CA	
	一致性	覆盖度
BP	0.634886	0.677320
~BP	0.706029	0.408273
RP	0.867215	0.387183
~RP	0.330500	0.774283
JP	0.615707	0.655391
~JP	0.726394	0.420560
PE	0.705024	0.543971
~PE	0.647581	0.472484
ST	0.705919	0.664726
~ST	0.646595	0.402942
PA	0.753152	0.458450
~PA	0.545933	0.533224
WIK	0.772421	0.448180
~WIK	0.522919	0.554412

5.3.2　垃圾焚烧发电厂公众接受性的充分条件分析

对前因变量的必要性进行分析后，可以构建出如表 5-5 所示的真值表。真值表由所有的前因条件的逻辑组合所组成。在一般情况下，7 个前因变量可以组成 128 个潜在的组合构型，但是真值表中所展示的为实际观测到的组合构型。如表 5-5 所示，实际观测到的组合构型一共有 44 个，其余 84 个未被观测到的组合构型则称为逻辑余项。

表5-5　真值表

BP	RP	JP	PE	ST	PA	WIK	CA	样本数
0	0	1	1	1	1	0	1	2
1	0	1	1	1	1	0	1	2
1	0	1	1	1	1	1	1	3
1	0	0	1	1	0	1	1	4
1	0	1	1	1	0	0	1	16
1	0	1	0	0	1	1	1	3
1	0	0	0	0	0	1	1	3
1	0	0	0	0	1	1	1	2
1	1	1	1	1	0	0	1	6
1	1	1	1	1	1	0	1	6
1	1	0	1	1	0	0	0	3
1	1	1	0	0	1	0	0	4
1	1	0	1	1	1	0	0	3
1	1	0	1	1	0	1	0	8
1	1	1	1	1	0	1	0	9
0	1	1	1	1	0	0	0	4
1	1	0	1	1	1	1	0	6
1	1	1	1	1	1	1	0	10
0	1	1	1	1	1	0	0	2
1	1	0	0	0	0	0	0	5
0	1	0	1	1	0	0	0	5
1	1	1	0	0	1	1	0	5
1	1	0	0	0	0	0	0	2
0	1	1	1	1	0	1	0	2
0	1	0	1	1	0	1	0	4
1	1	0	1	0	0	1	0	2
0	1	1	1	1	1	1	0	7
1	1	0	0	0	0	1	0	5
0	1	1	0	1	1	1	0	2
0	1	1	0	0	0	1	0	3
0	1	0	1	1	1	1	0	4

BP	RP	JP	PE	ST	PA	WIK	CA	样本数
1	1	0	0	0	1	1	0	4
0	1	1	1	0	1	0	0	2
0	1	1	0	0	1	1	0	7
0	1	0	0	1	1	1	0	4
0	1	0	1	0	0	0	0	3
0	1	1	1	0	1	1	0	3
0	1	0	0	0	0	0	0	13
0	1	1	0	1	0	1	0	7
0	1	0	0	0	1	0	0	9
0	1	0	1	0	0	1	0	9
0	1	0	0	0	0	1	0	14
0	1	0	1	0	1	1	0	3
0	1	0	0	0	1	1	0	26

　　运用 fsQCA 软件对真值表进行完善。首先，对于大样本 QCA 研究（样本数 >100）来说，需要提高最小案例频数门槛值以排除琐碎构型。通过对真值表的分布予以观察，本书设定 3 作为最小案例频数门槛值。其次，需要设定一致性门槛值以确保构型质量，先前研究推荐 0.8 作为组态分析的一致性标准。本书设定 0.82 作为一致性门槛值，以确保计算后的总体解一致性高于 0.8（若选择 0.8 为标准，总体解一致性可能低于 0.8）。真值表完善后进入标准化分析，得出 QCA 的三种解："简约解"（使用所有的逻辑余项，没有评估其合理性）、"复杂解"（没有使用逻辑余项）和"中间解"（将有意义的逻辑余项纳入）。参考先前研究，本书主要报告合理有据、复杂度适中的中间解。如表 5-6 所示，定性比较分析的中间解存在 7 个产生垃圾焚烧发电厂公众高接受性的组态。中间解的一致性为 0.801，各个组态的一致性介于 0.827 和 0.949 之间，均超过建议的最低阈值 0.75。中简解的覆盖度为 0.474，意味着 7 种组态可以解释 47.4% 导致垃圾焚烧发电厂公众高接受性的原因，这高于管理学领域的 QCA 的覆盖度水平，说明对结果具有较好的解释力。

表5-6 中间解

组态	原始覆盖度	唯一覆盖度	一致性
BP*RP*PE*ST*~WIK	0.311	0.031	0.830
BP*JP*PE*ST*~PA*~WIK	0.275	0.034	0.868
BP*~JP*PE*ST*~PA*WIK	0.291	0.060	0.827
BP*~RP*~JP*~PE*~ST*~PA*WIK	0.180	0.005	0.908
BP*RP*JP*~PE*~ST*PA*~WIK	0.241	0.011	0.842
BP*~RP*JP*~PE*~ST*PA*WIK	0.191	0.015	0.921
BP*~RP*JP*PE*ST*PA*WIK	0.201	0.012	0.949
解的覆盖度	0.474		
解的一致性	0.801		

5.3.3 垃圾焚烧发电厂公众接受性前因条件组合的分析与讨论

为便于对多个组态进行横线比较，有效区分核心条件和辅助条件，本书采用主流的菲斯型构图来呈现模糊集定性比较分析的分析结果。在型构图中，●代表前因条件存在，⊗代表前因条件不存在，大圈和小圈用来区分核心条件和边缘条件，空白处表示前因条件的存在与否不会对结果产生影响。表5-7为引发垃圾焚烧发电厂公众高接受性的组态分析结果。总的来看，存在7条路经可导致垃圾焚烧发电厂公众高接受性。7个前因变量组合的一致性均高于8.2，总体解的一致性是0.801。7个前因变量组合的总体覆盖度为0.474，7个组合的原始覆盖度依次为0.311、0.291、0.275、0.241、0.180、0.191和0.201。原始覆盖率代表了各个组合覆盖的垃圾焚烧发电厂公众高接受性的样本比例。由此，可以看出组态C1、C2、C3a、C3b较为重要，即大部分垃圾焚烧发电厂公众高接受性是由上述四个组态得到的。7个导致垃圾焚烧发电厂公众高接受性组态的具体分析如下：

组态C1（BP*RP*PE*ST*wik）中高利益感知、高政治效能、低垃圾焚烧知识作为核心条件，高风险感知、高公共信任为边缘条件。该组态说明在居民对垃圾焚烧发电厂持有较强的利益感知，认为垃圾焚烧发电厂选址、运营过程中的公众参与有高政治效能且对垃圾焚烧知识了解不甚充沛的情况下，在高公共信任感的氛围下，即使居民能感知到垃圾焚烧发电厂的高风险，也可以促成其对垃圾焚烧发电厂产生高接受性。

组态C2（BP*jp*PE*ST*pa*WIK）中高利益感知、低正义感知、高政治效能、低地方依恋作为核心条件，高公共信任、高垃圾焚烧知识为边缘条件。该组态说明在当地居民对垃圾焚烧发电厂持有较强的利益感知，认为其在垃圾焚烧发电厂选址、运营过程中有高政治效能的情况下，即使其对垃圾焚烧发电厂选址有着较低的地方依恋、对垃圾焚烧发电厂运营选址过程有着较低的正义感知，高社会信任感和高垃圾焚烧知识作为辅助条件存在，可以促成其对垃圾焚烧发电厂产生高接受性。

表5-7 组态分析结果

变量/指标	C1	C2	C3a	C3b	C4a	C4b	C4c
BP	●	●	●	●			●
RP	●			●	⊗	⊗	⊗
JP		⊗	●	●	⊗	●	●
PE	●	●	●	⊗	⊗	⊗	●
ST	●	●	●	⊗	⊗	⊗	●
PA	⊗	⊗	⊗	●			
WIK	⊗	●	⊗	⊗	●	●	
原始覆盖度	0.311	0.291	0.275	0.241	0.180	0.191	0.201
唯一覆盖度	0.031	0.060	0.034	0.011	0.005	0.015	0.012
一致性	0.830	0.827	0.868	0.842	0.908	0.921	0.949
解的覆盖度	0.474						
解的一致性	0.801						

注　● 表示核心条件存在，⊗ 表示核心条件不存在；● 表示边缘条件存在，⊗ 表示边缘条件不存在，"空格"表示该条件可以存在也可以缺席。

组态 C3a（BP*JP*PE*ST*pa*wik）中高利益感知、高正义感知、低垃圾焚烧知识为核心条件，高政治效能、高公共信任、低地方依恋为边缘条件。该组态说明在当地居民对垃圾焚烧发电厂持有较强的利益感知，在垃圾焚烧发电厂运营、选址过程有着较高的正义感知且对垃圾焚烧知识了解不甚充沛的情况下，辅之较高的公共信任感，垃圾焚烧发电厂选址、运营过程中的高政治效能，对垃圾焚烧发电厂选址地的低地方依恋，可以促进其对垃圾焚烧发电厂产生高接受性。

组态 C3b（BP*RP*JP*pe*st*PA*wik）中高利益感知、高正义感知、低垃圾焚烧知识为核心条件，高风险感知、低政治效能、低公共信任、高地方依恋为边缘条件。该组态说明在当地居民对垃圾焚烧发电厂持有较强的利益感知，垃圾焚烧发电厂选址、运营过程有着较高的正义感知且对垃圾焚烧知识了解不甚充沛的情况下，即使其能感知到垃圾焚烧发电厂的高风险和低公共信任感，对垃圾焚烧发电厂选址、运营过程中有低政治效能，对垃圾焚烧发电厂选址地有高地方依恋，也可以达成其对垃圾焚烧发电厂产生高接受性。

通过对组态 C3a 和 C3b 进行比较分析可以发现，两者的前因条件中均呈现出高利益感知、高正义感知和低垃圾焚烧知识的特点。在组态 C3a 中高政治效能、高公共信任、低地方依恋作为辅助条件存在；而在组态 C3b 中低政治效能、低公共信任和高地方依恋作为辅助条件存在。这说明在高利益感知、高正义感知和低垃圾焚烧知识的情况下，存在 2 个替代性的辅助条件组合可提升垃圾焚烧发电厂的公众接受性。

组态 C4a（BP*rp*jp*pe*st*pa*WIK）中低风险感知为核心条件，高利益感知、低正义感知、低政治效能、低公共信任、低地方依恋、高垃圾焚烧知识为边缘条件。该组态说明在当垃圾焚烧发电厂周边居民感知到低风险的情况下，辅之对垃圾焚烧发电厂的高利益感知，对垃圾焚烧发电厂选址、运营过程中的低正义感知，对垃圾焚烧发电厂选址、运营过程中的低政治效能，低公共信任感，对垃圾焚烧发电厂选址地的低地方依恋且对垃圾焚烧知识了解充沛，可以促进其对垃圾焚烧发电厂产生高接受性。

组态 C4b（BP*rp*JP*pe*st*PA*WIK）中低风险感知为核心条件，高利益感知、高正义感知、低政治效能、低公共信任感、高地方依恋、高垃圾焚烧知识为边缘条件。该组态说明在当地垃圾焚烧发电厂周边居民感知到低风险的情况下，辅之对垃圾焚烧发电厂的高利益感知，对垃圾焚烧发电厂选址、运营过程中的高正义感知，对垃圾焚烧发电厂选址、运营过程中的低政治效能，低公共信任感，对垃圾焚烧发电厂选址地的高地方依恋且对垃圾焚烧知识了解充沛，可以促进其对垃圾焚烧发电厂产生高接受性。

组态 C4c（BP*rp*JP*PE*ST*PA*WIK）中低风险感知为核心条件，高利益感知、高正义感知、高政治效能、高公共信任、高地方依恋、高垃圾焚烧知识为边缘条件。该组态说明在当地垃圾焚烧发电厂周边居民感知到低风险的情况下，辅之对垃圾焚烧发电厂的高利益感知，对垃圾焚烧发电厂选址、运营过程中的高正义感知，对垃圾焚烧发电厂选址、运营过程中的高政治效能，高公共信任感，对垃圾焚烧发电厂选址地的高地方依恋且对垃圾焚烧知识了解充沛，可以促进其对垃圾焚烧发电厂产生高接受性。

通过对组态 C4a、C4b 和 C4c 前因条件的异同进行比较分析可以发现，三者的前因条件中均呈现出高利益感知、低风险感知和高垃圾焚烧知识的特征，而其他前因条件均作为辅助条件而存在。这说明在高利益感知、低风险感知和高垃圾焚烧知识的情况下，存在替代性的辅助条件组合可提升垃圾焚烧发电厂的公众接受性。首先，通过对比组态 C4a 和 C4b 可以发现，在低风险感知、高利益感知、高垃圾焚烧知识、低政治效能和低公共信任条件下，低地方依恋与低正义感知的条件组合和高地方依恋与高正义感知的条件组合可以互相替代，以提升垃圾焚烧发电厂的公众接受性。其次，通过对比组态 C4a 和 C4c 可以发现，在低风险感知、高利益感知和高垃圾焚烧知识条件下，低地方依恋、低公共信任、低政治效能与低正义感知的条件组合和高地方依恋、高公共信任、高政治效能和高正义感知的条件组合可以互相替代，以提升垃圾焚烧发电厂的公众接受性。最后，通过对比组态 C4b 和 C4c 可以发现，在低风险感知、高利益感知、高正义感知、高地方依恋和高垃圾焚烧知识条件下，低政治效能与低公共信任的条件组合和高政治效能与高公共信任的条件组合可以相互替代，以提升垃圾焚烧发电厂的接受性。

通过对上述 7 个组态前因条件的综合性分析可以看出，周边居民对垃圾焚烧发电厂外部效应的主观感受是促成其对垃圾焚烧发电厂高接受性的主导性因果条件。其中，组态 C1、C2、C3a、C3b 由高利益感知主导；组态 C4a、C4b 和 C4c 由低风险感知主导。利益感知作为主导因素的驱动路径在提升垃圾焚烧发电厂公众接受性上发挥着更加重要的作用。这一发现强化了已有研究结果，即邻避设施的风险—利益不均衡是诱发公众对邻避设施消极态度的根本性因素；这一研究发现进一步佐证了一些研究提出的利益平衡是提升邻避设施公众接受性的关键。通过对两类一阶组态的分析还可以发现，利益感知作为前因条件主导下的组态中还需要政府—公众界面因素或居民个体层面因素作为核心条件存在发挥互补作用；而在低风险感知作为前因条件主导下的组态中政府—公众界面和居民个体层面的因素作为核心条件缺席，即不需要这些前因条件的存在发挥互补作用。这说明利益感知在促成垃圾焚烧发电厂公众高接受性时需要有其他条件的存在以发挥互补作用，同时也间接证实了地方政府在设计政策工具以提升居民的利益感知进而促进其对邻避设施的接受性时需充分考虑政策工具实施的组合效应，即居民利益感知的提升与其他因素的耦合能更好地促成邻避设施的公众接受性，而一味地只是通过补偿来提升邻避设施的公众接受性并不一定能达到预期目标。

以往关于邻避设施公众接受性研究从线性思维入手，基于不同类型设施探究邻避设施公众接受性的驱动机理，忽视了不同因素之间的互补或替代作用对邻避设施公众接受性的影响机制，导致已有研究无法解释邻避设施公众接受性驱动机理的多样性和差异化。本书借鉴系统性思维，基于组态思想，以垃圾焚烧发电厂为例，通过利益感知、风险感知、政治效能、正义感知、公共信任、地方依恋和垃圾焚烧知识7个前因条件来考察垃圾焚烧发电厂公众高接受性的驱动机理。通过运用模糊集定性比较分析方法，以第四章社会调研中的292个样本数据对垃圾焚烧发电厂公众接受性的驱动路径展开分析。研究主要结论有：①利益感知、风险感知、政治效能、正义感知、公共信任、地方依恋和垃圾焚烧知识7个前因条件均不是垃圾焚烧发电厂公众高接受性的必要条件，表明单个前因条件对垃圾焚烧发电厂公众高接受性的解释力有限；②垃圾焚烧发电厂公众高接受性的驱动路径有7条：组态C1（高利益感知、高政治效能、低垃圾焚烧知识为核心条件，高风险感知、高公共信任为边缘条件）、组态C2（高利益感知、低正义感知、高政治效能、低地方依恋为核心条件，高公共信任、高垃圾焚烧知识为边缘条件）、组态C3a（高利益感知、高正义感知、低垃圾焚烧知识为核心条件，高政治效能、高公共信任、低地方依恋为边缘条件）、组态C3b（高利益感知、高正义感知、低垃圾焚烧知识为核心条件，高风险感知、低政治效能、低公共信任、高地方依恋为边缘条件）、组态C4a（低风险感知为核心条件，高利益感知、低正义感知、低政治效能、低公共信任、低地方依恋、高垃圾焚烧知识为边缘条件）、组态C4b（低风险感知为核心条件，高利益感知、高正义感知、低政治效能、低公共信任感、高地方依恋、高垃圾焚烧知识为边缘条件）和组态C4c（低风险感知为核心条件，高利益感知、高正义感知、高政治效能、高公共信任、高地方依恋、高垃圾焚烧知识为边缘条件），其中高利益感知作为核心条件主导下的组态在提升垃圾焚烧发电厂公众接受性上发挥着更重要的作用；③在高利益感知、高正义感知和低垃圾焚烧知识的情况下，存在 2 个替代性的辅助条件组合可提升垃圾焚烧发电厂的公众接受性；在高利益感知、低风险感知和高垃圾焚烧知识的情况下，存在 3 个替代性的辅助条件组合可提升垃圾焚烧发电厂的公众接受性。这些研究发现揭示了垃圾焚烧发电厂公众接受性的多重因果和殊途同归的特征，丰富了邻避设施公众接受性的理论研究，有助于深化对邻避设施公众接受性背后多重因素互补、替代效应的理性认识，进而为提升邻避设施公众接受性提供有益的政策实践启示。

6 提高邻避设施公众接受性的治理路径

从社会公众入手，分析社会公众如何在邻避设施这一政策场景中展开叙事，是治理邻避这一棘手性社会问题的有效抓手。基于社会风险理论、公共政策学和社会心理学等理论，以垃圾焚烧发电厂为例，本书围绕邻避设施公众接受性这一话题，从邻避设施公众接受性的理论框架、影响机理和组态效应三个方面展开了详尽的分析与阐述。扎根理论研究建构了涵盖风险感知、利益感知、正义感知、政治效能、公共信任、地方依恋、垃圾焚烧知识和居民属性在内的垃圾焚烧发电厂公共接受性理论模型。调研结果显示垃圾焚烧发电厂公众接受性较低。这与公众自身的基本特征有关，更与垃圾焚烧发电厂场景中的政治社会情境和垃圾焚烧发电厂的负外部性效应有关。定量分析结果显示垃圾焚烧发电厂公众接受性的影响因素中，最重要的影响因素是积极性利益感知（$\beta = 0.374$），其后依次是程序正义（$\beta = 0.371$）、公共信任（$\beta = 0.286$）、风险感知（$\beta = -0.163$）、分配正义（$\beta = 0.15$）、地方依恋（$\beta = -0.113$）和集体政治效能（$\beta = 0.08$）。尤其需要重视的是模糊集定性比较分析结果揭示了导致垃圾焚烧发电厂公众高接受性的 7 种等效路径。因此，需要综合考量垃圾焚烧发电厂公众接受性的影响因素，多措并举，化解邻避政策僵局，推动邻避设施的良性治理。

6.1 提高邻避设施公众接受性的治理思路

鉴于邻避政策场景是一个多个主体互动的动态场景，而以垃圾焚烧发电厂为代表的邻避设施低接受性是特定制度条件下一系列复杂活动或过程的结果，且本书的实证研究发现垃圾焚烧发电厂公众接受性具有极大的可塑性。这说明邻避设施公众接受性是宏观的制度安排和微观的因素影响双重逻辑叠加之下产生的结果。这进一步说明，邻避设施公众接受性的治理对策不仅需要从微观层面详尽探讨精准的政策工具设计以塑造公众态度，还需要从宏观层面深入剖析如何通过加强制度建设以提升邻避风险的治理能力和治理合法性。就宏观层面而言，邻避设施公众接受性的提升需要持续不断地完善相关制度安排，这是提升邻避设施公众接受性的前提和基础。就微观层面而言，邻避设施公众接受性的提升需要综合运用多样化和精准性的政策工具，这是提升邻避设施公众接受性的关键。

需要说明的是，虽然本章的治理对策更多的是基于垃圾焚烧发电厂提出的，鉴于垃圾焚烧发电厂是一种典型的邻避设施，有理由认为其具有较强的概化性和普适性，因此对提升其他类型邻避设施的公众接受性也具有启示性意义。

6.2 优化邻避设施公众接受性的制度安排

良好的制度安排是推动治理实践顺利展开的基础。完善的邻避制度安排是保障邻避设施公众接受性的制度基础。基于经验性研究发现，本书认为优化邻避设施制度安排需从重塑邻避项目决策模式和加强邻避风险治理制度建设着手。具体来看，健全的邻避项目风险治理制度包括风险评估、风险沟通、风险处置策略和风险监管四个方面。此处详细分析和讨论邻避风险评估和监管，风险沟通和风险处理策略较多涉及政策工具，将在下节进行论述。

6.2.1 重塑邻避项目决策模式

党的十九大报告提出要"构建政府为主导、企业为主体、社会组织和公众共同参与的环境治理体系"。鉴于此，地方政府应不断通过吸纳民意，将地方性知识的持续输入转化为共识性的政策输出来完善垃圾焚烧发电项目的决策模式以提升垃圾焚烧发电项目规划选址决策的合理合法性，进而有效化解邻避设施公众接受性的困境。

重塑垃圾焚烧发电项目决策模式的首要任务是校正垃圾焚烧发电项目决策中的公共性偏差。公共性价值的彰显与维护是公共政策的逻辑起点。政策方案或政府决策中公共性不足或偏差严重挑战着公共政策的合理合法性。维护和增进公共利益是地方政府推进垃圾焚烧发电项目建设的出发点和落脚点，也是垃圾焚烧发电项目规划选址决策的重要评判标准。垃圾焚烧发电项目的建设旨在消纳城市发展中产生的固体废弃物，以满足人们日益增长的美好生活需要，促进人的自由和全面发展。地方政府在推进城镇生活垃圾无害化处理设施建设时不仅要考虑社会利益、经济增长和国家战略规划，更不能以公共利益的名义迫使选址地周边居民承担这类设施的负外部性效应。垃圾焚烧发电项目规划选址决策应充分考虑公共空间规划的科学性、社会公平正义和环境的可持续发展等因素，而不是偏囿于垃圾焚烧产业给地方政府带来的经济效益，这是体现和彰显垃圾焚烧发电项目决策公共性的核心。另外，动机拥挤理论认为与经济相关的外在激励会抑制或挤出人的内在动机。城镇生活垃圾无害化处理设施建设和垃圾焚烧产业的经济效益直接或间接地影响地方政府经济建设指标的完成情况，这一定程度上会助推地方政府在进行垃圾焚烧发电项目规划选址时将注意力多分配到经济建设方面，而在垃圾焚烧发电项目选址地周边居民身上分配的注意力较少。因此，构建以人民满意为导向的生活垃圾无害化处理设施建设绩效考核体系有助于培育垃圾焚烧发电项目规划选址决策的公共性。

重塑垃圾焚烧发电项目决策模式的关键是通过共识型决策模式充分吸纳利益相关方有效参与项目决策过程，围绕政策议题平等有序开展对话与协商以达成政策共识。构建垃圾焚烧发电项目规划选址的共识型决策模式首先要明确利益相关主体及其角色定位。垃圾焚烧发电项目决策中的利益相关方一般包括地方政府机构、项目规划建设方、技术专家、环保组织和拟选址地周边公众。地方政府机构是垃圾焚烧发电项目决策中的引导者和利益整合主体，应深刻认识其他利益相关方参与项目决策的重要性和必要性。作为决策引导者，地方政府机构应积极主动接纳其他利益相关方参与到项目决策当中，通过与其他利益相关方的沟通和交流来推动自身的社会学习；作为利益整合者，地方政府应创新性地为项目决策提供一个沟通交流平台，推动利益相关方持续不断地互动与协商，并根据各方诉求不断进行利益调适进而达成决策共识。垃圾焚烧发电项目是一个具备技术属性的项目，技术专家团队在项目决策中提供的技术咨询和风险评价应秉持中立性和科学严谨性。拟选址地周边居民作为项目决策的利益相关人应理性地参与决策，在表达个人利益偏好时应有理有据有节。作为政府与社会互动纽带的非政府组织参与项目决策一定程度上可维护决策过程的有序性，并积极发挥自身专长提出切实可行的政策倡议。垃圾焚烧发电项目共识型决策模式的形成还需多元参与主体在平等和互相尊重的基础上展开对话和协商。这一过程要求参与主体既要清晰表达己方利益偏好，又要包容性地接纳他方的不同看法，并持续不断对己方观点、诉求进行调整。这一过程对作为决策引导者的地方政府有着较高的要求，其不但要提供多套可行性政策方案，还要在这一过程中摒弃"短快平"思维，不断进行社会学习，调节对话氛围，弥合利益分歧。由多元主体参与并经过多轮协商和妥协所形成的政策方案就具有可行性和可接受性，最终造就项目决策的民主性和科学性。实际上，这一共识型决策模式不仅可以产生多方接受的政策方案，还可以推动地方政府不断进行社会学习，增强垃圾焚烧发电项目政策网络主体间的凝聚性和黏合性，提升拟选址地周边居民的政治效能并真正推动拟选址周边居民认可和接受这一项目。

6.2.2　夯实邻避风险评估制度

中国情境下的邻避风险评估制度主要是指环境影响评价制度和社会稳定风险评估制度。环境影响评价是指对从事项目开发和工程建设等可能对环境带来影响的活动之前，事先对环境的现状进行调查、预测分析和评价，并提出避免和减轻对环境产生影响的防范性举措。作为一种预防性的政策规定，环境评价影响制度得到较好的执行，可为邻避项目信息公开和公众参与提供一个平台媒介，这一定程度上有助于推进邻避设施公众接受性的提升。相关题项得分说明公众认为当前垃圾焚烧发电项目并没有严格按照法定程序开展环境影响评价，环境影响评价制度流于形式。访谈文本资料显示公众认为垃圾焚烧发电项目环境影响评价存在问题：环境评价中公众参与的有效性和代表性不足，只针对部分居民展开调研；环境评价单位专业能力受到质疑，不能保证环境评价结果的科学性和可信性；环境评价征求公众参与时，信息公开隐蔽、期限短。基于上述分析，完善并严格执行邻避项目环境影响评价制度可以从以下三个方面着手：首先，保障邻避项目环境影响评价报告效力，发挥环境影响评估制度的刚性效用。在邻避项目环境影响评价实际操作中地方生态环境部门应科学评价和审查建设单位委托第三方机构所编制的邻避项目环境影响评价报告，对报告中出现的弄虚作假、粗制滥造等情况，不予批准并采取严厉的惩戒措施；严查未批先建的项目。其次，明确环境影响评价中的公众参与渠道，确保公众参与的时效性和有效性。以行政法规的形式对《中华人民共和国环境影响评价法》中关于公民参与的部分条款进行补充，明确环境影响评价中多样化公众参与方式的程序。作为邻避风险的潜在利益受损方，拟选址地周边居民对风险的理解和认识是环境影响评估需要关注的主要对象。设计科学合理的环境影响评估公众参与方案，要根据社会人口特征合理地选取有代表性的居民来开展社会调研，主动与居民进行沟通，客观记录和汇总居民的风险认知和意见，积极吸纳和回复居民意见，保障居民参与的时效性和有效性。最后，营造环境影响评价的良好社会环境，提升环境影响评价的科学性和合理性。垃圾焚烧发电项目所在地政府应为项目环境影响评价的开展营造良好的社会氛围，以保障第三方机构独立开展工作。环境影响评价工作不仅应关注项目给选址地物理空间带来的环境风险，还应充分识别和评价项目给选址地居民健康和经济社会发展所带来的风险，进而编制出系统、全面的环境影响评价报告。

社会稳定风险评估制度是中国特有的一项制度设计，该制度缘起于中国地方政府的社会治理创新，后逐渐在全国推广扩散并得到国家层面的认可。社会稳定风险评估一般可分为两种：项目类社会稳定风险评估和政策类社会稳定风险评估。从当前的具体实践来看，社会稳定风险评估主要应用于重大工程项目的评价。按照国家政策文件规定，垃圾焚烧发电项目作为重大公共设施投资项目，对其进行的社会稳定风险评估是项目审批、核准的重要依据。垃圾焚烧发电项目社会稳定风险评估关注的是垃圾焚烧发电项目诱发的经济安全和环境风险对社会稳定带来的潜在威胁，重点分析利益相关群体对项目的可接受程度，以及在这种可接受性态度支配下可能采取的个体或集体行动。但以垃圾焚烧发电项目为代表的邻避项目社会稳定风险评估实践存在一些问题，不能有效促进邻避项目社会稳定风险的甄别与应对策略的制定，在一定程度上限制了邻避项目社会稳定风险评估制度的韧性和效力。提升垃圾焚烧发电项目的公众接受性需优化垃圾焚烧发电项目的社会稳定风险评估机制。强化垃圾焚烧发电项目社会稳定风险意识是优化垃圾焚烧发电项目社会稳定风险评估的前提。地方政府机构及其工作人员应深刻认识到垃圾焚烧发电项目对社会秩序和稳定带来的潜在威胁，从思想认识上重视垃圾焚烧发电项目社会稳定风险评估工作。以公众嵌入提升垃圾焚烧发电项目社会稳定风险评估的质量。正如福克斯等倡导的"一些人的对话"能够保障话语的真实性，风险的社会建构特性决定了社会稳定风险评估赖以开展的信息来源于相关利益群体的表达。充分发挥第三方机构的专业性，借助科学化方法准确识别项目对相关群体的利益增损，保障社会稳定风险评估结果的真实有效性。加大垃圾焚烧发电项目社会稳定风险评估报告审查力度，提升社会稳定风险评估报告在项目审批、核准中的效用。强化地方政府职能主管部门和专家评审会对社会稳定风险评估报告审核力度，增强社会稳定风险评估报告在项目审批、核准流程上的关联性，以此提升垃圾焚烧发电项目社会稳定风险评估制度的效用和活力。

6.2.3 健全邻避风险监管制度

问卷调查发现垃圾焚烧发电项目周边居民认为地方政府和垃圾焚烧发电运营企业在邻避风险监管方面的表现不尽如人意，这严重制约了公民的制度信任，进而引发公众对邻避设施接受性的下降。由此，应通过健全垃圾焚烧发电项目等设施的邻避风险监管制度来消解公众对垃圾焚烧发电项目的低接受性态度。高效能的邻避风险监管制度是囊括垃圾焚烧发电运营企业、政府机构和公民多方行动主体的复合型监管体系。复合型邻避风险监管体系能充分发挥社会资源在邻避风险监管中的作用，可以在很大程度上减轻政府监管的负担，切实提升邻避风险的监管效果。

明确垃圾焚烧发电运营企业的主体责任，培育垃圾焚烧发电运营企业的社会责任意识，强化垃圾焚烧发电企业的自我监督。垃圾焚烧发电企业的自我监督就是要建立战略性的环境管理系统，积极采取前瞻性的环境管理实践，严格限制垃圾焚烧发电活动对生态环境的不利行为；进行自我革新，不断提升技术工艺水平，自觉遵从国家政策文件和技术标准进行垃圾焚烧和废弃物处理，将垃圾焚烧产生的二次污染降到最低。强化垃圾焚烧发电运营企业自我监督可从以下几个方面着手：第一，转变生产观念，积极履行社会责任。垃圾焚烧处理旨在为人民群众创造美好的生活空间，因此垃圾焚烧发电企业及其员工要确立生态环境保护意识，重新厘定产业生产和环境保护的关系，将企业的生产目标与生态环境保护目标进行整合，积极履行保护环境的社会责任。第二，建立战略性环境管理系统，践行前瞻性环境管理实践。垃圾焚烧发电企业将环境保护引入垃圾焚烧和废弃物处理等企业经营管理活动的全过程，在垃圾堆放沥干、焚烧和后续烟气、粉尘处理等各个环节严格践行"减量""无害"的环境管理实践。第三，开展环境教育、技术培训，提高企业员工的环境意识，提升企业员工保护生态环境的主观能动性和社会责任感，将生态环境保护的实际需要与企业员工工作岗位的基本要求相对应。第四，积极贯彻落实《生活垃圾焚烧发电厂自动监测数据应用管理规定》，自动检测企业数据，并通过多种方式加大企业环境信息披露力度，降低因信息不对称带来的邻避风险监管成本。

夯实地方政府机构监管责任，强化邻避风险监管激励举措，提升对垃圾焚烧发电企业的监管实效。强化地方政府机构对垃圾焚烧发电企业的监督和监管是完善当前邻避风险监管制度的关键。地方政府机构作为垃圾焚烧发电企业的监管责任主体，居于邻避风险监管网络的核心地位，在垃圾焚烧发电企业的监管中扮演着"元治理"的角色。地方政府的监管决定了企业自我监管和其他监管形式的基本内容，决定着以垃圾焚烧发电项目为代表的邻避设施风险监管机制的运行状况和监管目标的实现程度。首先，理顺地方政府机构监管职责，形成政府机构部门的监管合力。对垃圾焚烧发电企业的监管应关注清洁生产和安全生产两个方面的内容，这涉及监管网络中的多个政府机构：地方生态环境部门（生态环境保护监管）、城市管理部门（行业主管）、应急管理部门（行业主管）、农业部门和归属地政府等。地方政府应通过多种协商机制厘定和明确监管职责，破除信息鸿沟，在监管工作中互联互动，以有效整合监管资源形成监管合力。其次，借助大数据，通过多种监管方式（形式），提升监管执法力度，助推垃圾焚烧发电企业合规性运营。以《生活垃圾焚烧发电厂自动监测数据应用管理规定》的施行为契机，地方生态环境主管部门监管机构可借助大数据平台对垃圾焚烧发电企业的自动检测数据进行监管，实现对垃圾焚烧发电企业的数字化监管。负有监管职责的地方政府机构通过常态化的日常监管和动态化的飞行检查开展环境监管执法，严厉打击不合规行为，助推垃圾焚烧企业练好"内功"。地方政府的监管执法应具有人文关怀，不仅对企业的合规性实践进行审查，还应在监管执法的整改结果中提出切实可行的整改建议，以助推企业遵从国家政策文件规定；监管执法活动应有明确的流程清单，避免监管不确定性给企业带来的困惑。最后，加大监管资源投入，严塑监管问责机制。垃圾焚烧发电产业具有较强的技术属性，需要专业化的监管队伍，为此地方政府应加大资源投入，提升监管执法队伍的专业性和科学性。邻避风险监管实效的实现需要一定的强制性激励机制为保障。地方政府监管部门应通过行政处罚或负向的经济激励等多种方式加大违规处罚力度，强化违规处罚的威慑效应。2020年年中，财政部和生态环境部联合印发的《关于核减环境违法垃圾焚烧发电项目可再生能源电价附加补助资金的通知》明确了垃圾焚烧发电企业因排放超标等环境违法行为被依法处罚的，核减或暂停拨付国家可再生能源电价附加补助资金的具体规定。这一经济负激励规定一定程度上可以减少垃圾焚烧发电企业的违规行为，促升邻避风险监管的实际效果。

鼓励和吸纳社会力量参与，构筑无缝隙邻避风险监管网络。鉴于垃圾焚烧发电项目的特性和政府监管资源的有限性，积极拓展渠道吸纳社会力量参与垃圾焚烧发电企业的监管是保障垃圾焚烧发电项目邻避风险监管网络合法性、高效性的重要举措。垃圾焚烧发电项目风险监管网络中嵌入选址周边居民是保障周边居民基本权利的必然要求，也是提升垃圾焚烧发电项目风险监管合法性的关键路径。周边居民可自行建立监督小组或巡逻队，通过常规性日常参观和飞行检查开展对企业烟气排放的观察和运营数据的记录，并在必要情况下及时向相关部门举报。垃圾焚烧发电企业应主动与周边居民沟通，以居民监督为契机，维护与周边居民的关系，以赢得周边居民的信任。垃圾焚烧发电项目风险监管网络中嵌入第三方机构顺应了社会性监管的发展规律，是提升垃圾焚烧发电项目风险监管高效性的重要途径。通过引入第三方机构开展监管工作，凭借其专业力量提出改进意见，督促垃圾焚烧发电企业规范化、科学化运营。派驻第三方监管人员24小时驻场，随时监督企业安全生产和排放情况，并为企业提供改进生产的技术服务。需要指出的是，以社会力量为主体的社会性监管的实效性取决于监管网络中地方政府这一元治理主体能否通过更新监管理念、完善制度设计、积极推动社会性力量与垃圾焚烧发电企业的有序互动，以保障无缝隙的邻避风险监管网络有效运行并真正发挥实效。

6.3 谋划邻避设施公众接受性的政策工具

良好的制度设计并不能自动产生效用，制度只有得到良好执行，才能发挥效力并转化为治理效能。政策工具是制度安排真正得以执行，并有效解决社会问题的途径和抓手。本书经验性研究发现揭示出提升邻避设施公众接受性的关键在于对邻避设施公众接受性的影响因素进行深度剖析和综合研判，在此基础上选择和应用适配性的政策工具。能否对兼具客观实在性和主观建构性风险的邻避设施进行高效、科学的治理，取决于地方政府机构能否设计、选择和使用精准化的政策工具。

6.3.1 科学设计激励型政策工具

人类是理性动物，成本收益分析是支配社会活动中人类动机、态度和行为的重要因素。本书研究发现垃圾焚烧发电厂的外部性变量——积极利益感知显著地正向影响公众接受性，风险感知显著地负向影响公众接受性。这一研究发现为科学设计激励型政策工具以提升邻避设施公众接受性提供了经验性证据。另外，本书的质性研究和量化研究结果显示垃圾焚烧发电项目周边公众感知性分配正义是影响公众接受性的重要情境因素。通过对半结构式访谈获取的文本资料的分析发现周边居民认为垃圾焚烧发电项目给选址地带来的风险收益层面上的不均衡是降低公众接受性的驱动机制，这也从另一个视角再次确认了科学地设计激励型政策工具以提升公众接受性的必要性。

提升邻避设施公众接受性的激励型政策工具广义上属于生态补偿的范畴，是地方政府或包括垃圾焚烧发电项目在内的邻避设施运营商或供应商对选址地周边居民给予权益性或物质性回馈的补偿手段，旨在通过消解多数人得益与少数人受损的困局，以达成邻避设施选址建设的利益平衡。激励型政策工具的设计和应用不仅是为了促成邻避设施项目的顺利实施，更是给选址地周边的产业升级和居住环境优化提供保障。提升邻避设施公众接受性的激励型政策工具设计主要包括以下几方面，首先，要勘定补偿对象，明确利益诉求。地方政府机构及其工作人员应向项目选址地居民进行调研，初步甄别补偿对象的范围，以工作组的形式通过走访了解居民的利益诉求，以夯实激励工具设计的群众基础。其次，提升邻避设施公众接受性的激励型政策工具设计应具有多样性以体现和满足不同居民的诉求偏好。总的来看，针对邻避设施的补偿分为两种：一种是货币补偿；另一种是实物性非货币补偿，其包括基础设施捐赠、税费优惠、财产价值保障、个人福利保障和社区活动基金。对垃圾焚烧发电项目选址地周围处于较低经济社会地位的居民来讲，货币性补偿更容易被接受，而非货币性的补偿方式相对来讲容易被选址地周边拥有较高经济社会地位的居民所接受。同样，地方政府还可以通过设立地方发展基金，推动选址地周边居住环境的改善和特色产业的培育。如杭州地方政府为推动余杭中泰垃圾焚烧发电项目的顺利实施，增强选址地周边居民的利益获得感，通过土地补偿的方式批复中泰街道千余亩土地，并为该街道的特色产业建设出台了配套的发展方案。另外，地方政府还积极完善了周边居民区的基础设施，对生活饮用水、交通道路和娱乐休闲设施进行了升级和改造，并投入大量资金对选址地村庄的生态进行了美化。在地方政府诸多回馈举措的扶持之下，特色化产业项目在选址地周边落地，不仅推动了当地就业的发展，还改善了周边居民的经济收入，这使原本被诟病的垃圾焚烧发电项目逐渐成为受人欢迎的"邻利"

设施。由此可见，地方政府应大力推广或创新非货币性的激励型政策工具来提升邻避设施公众接受性，而针对特定的居民，可应用货币性政策工具来形塑其态度。最后，要积极推动提升邻避设施公众接受性的激励型政策工具的具体化和可操作性。地方政府在提升邻避设施公众接受性的激励型治理策略上的有益性探索仍停留在理念层面，缺乏实践上的操作条件。建议由相关部门颁布提升邻避设施公众接受性的激励政策举措工作指南，来指导地方政府开展相应的政策工具设计和选择，以提升政策工具制定和实施的效力。但需要注意的是，地方政府或项目开发运营商应根据项目周边居民的经济文化情境灵活性地开展工作，避免不加辨别地直接搬用工作指南或其他项目的政策工具。

6.3.2 创新参与型政策工具

本书中的社会调查分析发现，被调研者认为垃圾焚烧发电项目规划、选址、建设和运营过程中的公众参与十分有限。对质性访谈资料的进一步分析展现出公众的有限性参与体现在公众参与的代表性不足和公众参与渠道有限上。因此，必须着力创新参与型政策工具，丰富公众参与渠道，以提升邻避设施的公众接受性。

创新和丰富参与型政策工具首先应考虑公众参与能力和社会理性。总体来看，中国公民社会的发展已取得一定进展，但公众参与社会事务的自觉性、主动性和理性化程度仍存有较大的可提升空间，这是创新和丰富治理邻避风险参与型工具的社会基础。因此，在创新参与型政策工具时应充分考虑公众参差不齐的参与和协商能力、交往理性，工具的设计应充分彰显人文关怀，避免情绪化和偏激性的非理性参与，积极引导公众在邻避风险治理中的有序性参与，切实推动民众与政府机构和企业的良性互动。有序的公众参与促进邻避风险治理多元主体间的良性互动，培育治理网络主体的互赖性和互惠度，提升行政决策的规则理性和可接受性。创新和丰富参与型政策工具的关键是积极创制并应用高效的参与工具。邻避问题本质上是公众担忧和质疑科技风险诱发的环境问题。因此，地方政府在寻求邻避风险的治理目标时，可以借鉴当前中国环境治理实践中业已成熟的公众参与方式。在邻避项目规划和选址阶段，地方政府主管机构应按照法律程序，推行公共参与的听证会制度，严格按照比例筛选具有代表性的专家、居民作为公共参与主体，就项目选址的合理合法性提出质疑和诉求。另外，经验性研究证实通过公众参与的形式开展环境科普宣传教育可有效提升公众对邻避项目的接受程度。在项目规划、选址阶段，地方政府还可通过组织项目选址地周边居民以参观的形式接受科普教育以消除公众对邻避项目的误解，提升公众对邻避项目的认知。地方政府可在项目规划阶段就积极组织公众到国内已运行的垃圾焚烧发电厂进行参观考察，让公众直观地感受邻避项目。创制符合特定社会情境的协商平台，着力拓展公众参与新渠道。如为有效推进垃圾焚烧发电项目，赢得公众对地方政府决策的支持度，广州市政府在2012年成立城市废弃物处理公众咨询监督委员会，作为市政府了解民意、征询意见、加强公众联系的重要平台，让公众直接参与全市垃圾焚烧发电项目的民主决策和城市废弃物处理和监督的全过程。这一公众参与平台的创制极大地推动了番禺垃圾焚烧发电项目的选址落地。创新和丰富参与型政策工具的核心是确保实质的公众参与和有效的公众参与。在中国情境下，参与型政策工具效力的发挥，除受公民理性和自治能力的制约之外，在很大程度上依赖于地方政府的行政理性和治理能力。地方政府机构只有深刻认识到公共参与的必要性和有效性，才能在邻避风险治理过程中给予参与型政策工具的设计、选择和应用足够的注意力。认识到这一点之后，地方政府需要在治理实践中将参与工具前置，充分把握好公众介入的时机尺度，以将公众参与的实效发挥到最大，提升邻避风险治理中公众参与的能力信念。

6.3.3 拓展信息沟通型政策工具

信息沟通型政策工具，亦即公共政策领域学者经常提及的信息性工具，是指在社会治理实践中，为达成社会治理目标而采取的具有信息属性的方法、手段和制度安排。信息沟通型政策工具在公共治理工具中起着基础性的作用，在社会治理过程中具有知识和信息传递、情感共融、道德教化等功能，这一政策工具主要通过符号性信息引导或鼓励社会成员依循社会价值表现个人行为。本书与信息相关的题项得分说明垃圾焚烧发电项目选址、运营、管理过程中的信息沟通工作存在短板。因此，必须着力完善邻避项目信息公开工作，着力拓展信息沟通型政策工具在提升邻避设施公众接受性方面的作用。

应用信息沟通型政策工具提升邻避设施公众接受性的作用机理是及时了解公众关切，减轻和消除公众对邻避项目的恐惧和忧虑，弥合各方的认知偏差。拓展信息沟通型政策工具首先应重塑邻避项目风险沟通模式。信息沟通服务于公共政策的顺利推进和有效执行，信息沟通的政策工具设计应回归社会，以公共政策目标群体为核心。重塑以公众为导向的信息沟通模式，需将满足公众的信息需求作为设计和应用信息沟通政策工具的出发点，以政策受众的特征和实际需求为基础，开展前瞻式的沟通实践。唯有充分了解社会公众对邻避项目及其风险的已有认知和关切，才能有针对性地设计和使用高效的信息沟通工具，进而形成一致性的认知和可行的解决方案。拓展信息沟通型政策工具其次应完善邻避项目信息披露机制。地方政府应根据相关法律法规向公众公开邻避项目的规划、选址、审批、环境评价和运营等每个阶段的信息及相关数据。上述信息的公开和发布应坚持及时、准确和全面原则，充分保障公众对邻避项目的信息知情权，校正公众的认知偏差、纠正公众的固有偏见，以促使邻避项目在规划、建设的整个过程获取公众的理解、认可和接受。完善的邻避项目信息披露机制应考虑公众对信息内容的接受性。邻避项目信息披露应具有针对性，精准识别不同群体的需求，最先公布其最关心的信息。邻避项目信息披露应具有通俗性，充分考虑公众的理解和接受能力，以简练、通俗的话语，并辅以图片、视频等多元化形式，增强信息内容的感染力和信服度，以提升信息沟通文本的可接受性。完善的邻避项目信息披露机制应优化公众的信息来源渠道。当公众对邻避项目及其风险缺乏了解时，公众倾向于借助从媒体上获取的信息进行风险权衡和评判。在社会媒介快速发展的当前阶段，虚假风险信息在一定情形下会加剧公众的风险认知偏差。因此，地方政府应删繁就简地优化邻避项目信息披露渠道，实现主流媒体与新媒介的有机结合，占据邻避项目信息传播的制高点，积极引导公众对邻避项目（设施）形成理性认识，提高公众对垃圾焚烧发电厂等邻避设施的接受性。拓展信息沟通型政策工具最后应实现邻避项目信息沟通的双向流动。流动的信息才更能彰显其价值。高效的信息沟通政策工具强调信息的交互性，致力于实现信息在利益相关者间双向流动，以提升公众对邻避项目选址、建设相关政策的认同，通过关键性接触形塑公众态度，赢得公众支持。地方政府和项目运营企业应借助制度化协商获取公众对邻避项目风险的看法，通过专业化的沟通技巧积极推动政府机构、运营企业和选址地公众之间开展积极对话，逐渐形成对邻避项目及其风险的共识。提升邻避设施公众接受性的高效信息沟通工具应格外关注对公众诉求的回应。地方政府应秉持主动、及时和高效的原则，针对选址地居民提出的诉求或质疑，坦率并耐心地进行说明和解释，直言问题的实质，不应顾左右而言他。双向的良性交流和互动，不仅可以消除公众对邻避项目的顾虑，还能积极培育利益相关者之间的信任，为提升邻避设施公众接受性营造一个良好的社会氛围。主体身份平等且有序互动是风险沟通的关键。风险沟通不应是从政府到公众的单向信息传递。垃圾焚烧发电项目风险沟通中地方政府与公众不恰当的沟通或是行动者各说各话，并不能实现实质意义上的沟通。风险沟通最为关键的是对认知需求的一种回应，应紧紧围绕垃圾焚烧发电相关知识进行循环往复的沟通，增进公众对垃圾焚烧项目的了解，达成有序推进垃圾焚烧产业发展的共识。

6.3.4 强化政策工具的组合使用

系统论认为任何社会现象和问题都是一个由大量彼此相关的因素所组成的复杂系统，由此应运用复杂系统的思想来对社会问题的因果进行分析，并采用多样性和差异化的政策工具来达到治理目标。作为棘手的社会问题，提升邻避设施公众接受性更加需要发挥各类政策工具的组合性实效。本书的方差分析显示包括性别、年龄、受教育水平、收入水平、家庭中是否有未成年儿童、本地是否需要垃圾焚烧发电厂和距离在内的居民属性是影响垃圾焚烧发电厂公众接受性的重要因素。因此，需要针对不同群体选择不同的政策工具。针对女性周边居民对垃圾焚烧发电厂接受性低的情况，地方政府可以在垃圾焚烧发电厂科普教育的目标群体中提升女性居民的比重，通过参观使女性居民直观地感受垃圾焚烧发电厂，提升女性居民对这一类邻避设施的理性认识。针对教育获得水平越高，居民对垃圾焚烧发电厂接受性越降低的情况，地方政府可在垃圾焚烧项目选址阶段吸纳具有较高教育背景的居民参与，提升其在垃圾焚烧项目选址、运营、管理中的参与度和效能感，通过实际参与，强化其与地方政府机构和垃圾焚烧发电厂的网络关联，并由此培育社会信任，达到提升其对垃圾焚烧发电厂接受性的目标。随着家庭月收入上升，居民对垃圾焚烧发电厂的接受性逐渐降低，充分展现出此类居民的后物质主义价值观，即对自己所处的社会环境更加关切。针对这一群体，地方政府应采取多种举措，一方面，需通过积极的风险沟通引导其对垃圾焚烧发电项目的风险形成理性认识；另一方面，应通过命令性政策工具的引入促使垃圾焚烧发电运营企业严格按照标准运营，强化公众对运营企业的好感。针对认为本地不需要修建垃圾焚烧发电厂的居民对垃圾焚烧发电厂接受性低于认为本地需要修建垃圾焚烧发电厂的居民这一情况，地方政府需要重新调研和论证垃圾焚烧发电项目的必要性，并针对认为本地不需要建垃圾焚烧发电厂的居民群体积极开展政策营销，促使这一群体对本地垃圾产生情况有一个整体性的认识，循序渐进地引导该群体领悟以焚烧方式处理本地垃圾的必要性。针对距离垃圾焚烧发电厂较近的居民群体，地方政府还是应通过强化对运营企业的监管，让运营企业合法合规运行，以真正缓解此类群体的质疑和担忧；或在项目选址时进行合理规划，远离居民区。

模糊集定性比较分析结果展示了垃圾焚烧发电厂公众接受性形成的多重因果路径，这说明在地方治理实践活动中政府主管部门需注重政策工具使用的协同性，打出提升垃圾焚烧发电厂公众接受性的政策组合拳。首先，要在垃圾焚烧项目工作推进会上，详尽揭示垃圾焚烧发电项目工作涉及因素的耦合复杂性，让地方政府官员清晰地认识到任何单一的政策工具都不足以提升公众对垃圾焚烧发电厂的接受性。邀请非营利性组织或公共政策分析人员对地方政府主管机构和工作人员开展政策工具组合性使用的培训，让政府官员熟知组合性政策工具的基本知识，让政策工具的组合性配置观念在政府官员中扎根。其次，拓展公众参与垃圾焚烧项目的广度和深度，以进一步挖掘居民利益感知在提升公众接受性方面的潜力。定性比较分析结果显示高利益感知作为核心条件的4个垃圾焚烧发电厂公众高接受性驱动路径中需高政治效能或高正义感知作为核心条件存在，这说明在采取补偿举措的同时，拓展和深化居民参与可以极大地提升其对垃圾焚烧发电厂的接受性。具体来看，地方政府可以让居民参与项目补偿方案的设计，切实提升补偿举措本身在提升垃圾焚烧发电厂公众接受性方面的效力；地方政府还可以通过改造提升项目周边基础设施赢得周边居民的信任，而后通过吸纳居民参与到建成项目的监管之中，借助居民自身政治效能的展现来升华其感知到的利益，进而实现其对垃圾焚烧发电厂接受性的提升。最后，注重政策工具组合使用的灵活性。本书的定性比较分析结果还展示了促成垃圾焚烧发电厂公众高接受性的条件具有可替代性，这说明地方政府主管部门在设计政策工具时需针对不同群体的具体情况，灵活地设计和使用组合性政策工具，以"柔"刃有余的思维达成提升垃圾焚烧发电厂公众接受性这一目的。

7 结论与展望

当前中国已经进入邻避敏感期，这既是风险社会情境下政府面临挑战的缩影，又是可持续发展进程中亟待解决的棘手性社会问题。有效破解邻避困境的前提是必须深刻认识公众不认可邻避设施（项目）背后的社会心理驱动因素。本书以垃圾焚烧发电厂为研究案例，通过多种研究方法，紧紧围绕垃圾焚烧发电厂公众接受性这一话题进行了系统化、全方位的分析与讨论。本章将对本书的研究内容进行概述，阐明主要研究结论，总结本书的创新点、研究不足与未来研究方向，并对本书引发的政策建议与管理启示进行论述。

7.1 研究结论

第一，垃圾焚烧发电厂公众接受性受到设施自身属性、政府—社会互动界面因素、社会情境、居民个体层面因素和居民属性的影响。本书以垃圾焚烧发电厂为研究案例，以扎根理论为研究方法，对来自我国不同地区 11 个垃圾焚烧发电厂周边 22 位居民的半结构访谈文本资料进行整理、开放编码、主轴编码和选择编码分析，识别并厘清了垃圾焚烧发电厂公众接受性的主要驱动因素及作用机理，进而建构了囊括垃圾焚烧发电厂外部效应、政府—公众界面因素、社会情境、个体层面因素和居民属性五类主范畴的垃圾焚烧发电厂公众接受性理论模型。其中垃圾焚烧发电厂外部效应包括风险感知和利益感知两个变量，政府—公众界面因素包括正义感知、政治效能两个变量，社会情境是指公共信任变量，个体层面因素是指地方依恋和垃圾焚烧知识两个变量。本书还甄别了相关范畴的结构维度：正义感知的三维结构，即程序正义、分配正义和互动正义；政治效能的三维结构，即内在政治效能、外在政治效能和集体政治效能；公共信任的二维结构，即地方政府信任和垃圾焚烧发电厂信任。

第二，垃圾焚烧发电厂公众接受性较低，且受多个因素的直接影响。本书通过问卷调查方法获取来自垃圾焚烧发电厂周边 1323 位居民的有效数据，并借助 SPSS 和 Amos 数据分析软件，通过信效度检验、相关分析和路径分析对垃圾焚烧发电厂公众接受性理论模型进行了实证性的检验。通过对测量量表信效度的分析，本书验证了在垃圾焚烧发电厂这一公共事务中社会正义的三维度结构，即程序正义、分配正义和互动正义；政治效能的三维度结构，即内在政治效能、外在政治效能和集体政治效能；垃圾焚烧发电厂利益感知的二维度结构，即积极性利益感知和消极性利益感知。描述性分析结果显示被调研居民对垃圾焚烧发电厂的接受性较低。路径分析结果显示垃圾焚烧发电厂公众接受性主要受垃圾焚烧发电厂的外部性效应影响，其次是政治—社会情境因素，最后是个体层面的因素。具体来看，风险感知对垃圾焚烧发电厂具有显著的负向影响；积极性利益感知对垃圾焚烧发电厂具有显著的正向影响；消极性利益感知对垃圾焚烧发电厂公众接受性的负向影响不显著；分配正义对垃圾焚烧发电厂具有显著的正向影响；互动正义对垃圾焚烧发电厂的正向影响不显著；程序正义对垃圾焚烧发电厂具有显著的正向影响；内在政治效能对垃圾焚烧发电厂的正向影响不显著；外在政治效能对垃圾焚烧发电厂的正向影响不显著；集体政治效能对垃圾焚烧发电厂具有显著的正向影响；公共信任对垃圾焚烧发电厂具有显著的正向影响；地方依恋对垃圾焚烧发电厂有显著的负向影响；垃圾焚烧知识对垃圾焚烧发电厂的负向影响不显著。统计分析结果还发现性别、受教育水平、收入水平、家庭中是否有未成年儿童、本地是否需要垃圾焚烧发电厂和距离是影响垃圾焚烧发电厂公众接受性的重要因素。

第三，垃圾焚烧发电厂公众接受性是由多种前提条件组合而引发的一种社会现象。基于292位垃圾焚烧发电厂周边居民的样本数据，采用直接校准的方法，建构了用于定性比较分析的数据真值表，并进一步用fsQCA方法的布尔化简，甄别出引发垃圾焚烧发电厂公众高接受性现象发生的前因条件组合。分析发现垃圾焚烧发电厂公众高接受性现象的出现有7种不同的形成路径，以此界定了垃圾焚烧发电厂公众高接受性的7种组合路径。诱发垃圾焚烧发电厂公众高接受性的多种路径为地方政府提升公众对垃圾焚烧发电厂接受性的政策干预提供了另外一种思路，即地方政府应根据不同情境，针对垃圾焚烧发电厂公众接受性的具体形成路径，制定和采用组合式的政策工具，以实现对垃圾焚烧发电设施这一公共物品的有效供给。

7.2 研究局限与展望

在进行质性和量化研究设计时，本书力求规范严谨。但受到个人能力和研究条件等诸多因素的限制，本书仍存在一些不足。对本书存在的不足和局限进行梳理与总结，以期在后续研究中加以完善，进而为未来研究提供可拓展的空间。

7.2.1 研究概念范畴的局限

学术界从心理和行为两个层次来理解、接受这一概念。本书中，笔者将邻避设施居民接受性界定为公众对邻避设施心理上的接受和许可。基于态度层面而开展的研究并不能完全解释现实社会情境中为什么一些居民参与反对垃圾焚烧发电厂的集体行动。在参考已有研究的基础上，未来应从心理态度和个体行为两个层面分析公众对邻避设施的接受性，将作为态度的接受与作为行为的接受进行联结，以期全景化地解释公众面对邻避设施时的心理和行为情景。

7.2.2 样本选择的局限

本书中样本选择的局限性同时体现在质性和量化研究中。受研究经费、调研时间和新冠疫情的影响，基于扎根理论来甄别垃圾焚烧发电厂公众接受性影响因素的质性研究只建立在海南、广东、湖南和河北等地拟建或运营的垃圾焚烧发电厂周边居民的深度访谈上，特定的样本地域存在一定的局限性，且选取样本的案例（垃圾焚烧发电厂）属性单一，多为正在运营的垃圾焚烧发电厂。由此提炼的影响因素可能存在地域性、主观性。未来研究应通过增加不同地域、不同案例属性的样本来进一步提升质性分析结论的稳健性，同时还可以对具备不同属性的垃圾焚烧发电厂周边居民接受性进行对比分析以提升研究结论的普适性。同样受客观条件影响，在量化研究分析中，数据的收集通过现场发放和网络两种方式实现，获得的数据虽然能较好地代表案例周边居民的基本情况，并且能满足统计分析方法对样本的要求，但是收集到的样本数据带有明显的地域特征，进而影响量化研究结果的普适性。在未来研究中，应扩大样本选择的地理范围，增加对垃圾焚烧发电厂属性、垃圾焚烧发电厂所在地城乡二元性等因素的考量，提升研究结论在中国情境下的适用性。

7.2.3 量化研究设计的局限

本书中的量化研究采用单一时间节点的横截面数据来揭示垃圾焚烧发电厂公

众接受性的静态机理。但事实上垃圾焚烧发电厂公众接受性会随着时间的推移，呈现一种动态化的特征。驱动垃圾焚烧发电厂公众接受性的各种因素也会随着时间的变化呈现出一种动态性演化。所以，基于同一时间节点的数据，无法捕捉和详细揭示公众接受性的动态化趋势，更无法解释驱动因素与公众接受性关系的动态变化。未来研究应突破静态研究思维的限制，通过时间序列数据对邻避设施公众接受性的变动情况进行追踪，深入挖掘不同时间节点上影响因素与公众接受性之间的关系，进而增强理论框架中变量间关系的解释力。另外，还可以通过科学的实验设计来验证理论模型中变量间的因果关联，进而通过改进研究设计来提升研究结果的解释力。

参考文献

[1] 杨锐.环境法视域下我国邻避冲突治理机制研究[D].济南:山东师范大学,2018.

[2] 王婕,戴亦欣,刘志林,等.超越"自利"的邻避态度的形成及其治理路径[J].城市问题,2019(2):81-88.

[3] 高世楫,程会强,等.城镇化进程中的几个难点问题及案例研究[M].北京:中国发展出版社,2016.

[4] 乌尔里希·贝克.风险社会[M].何博闻,译.南京:译林出版社,2004:41-43.

[5] 白卫国.环境风险治理中三方不完全信息动态博弈研究[J].城市与环境研究,2016,3(2):58-68.

[6] Jong F. Has Risk Society come to China? Food safety and risk perception gaps in food safety control systems [D]. Leiden:Leiden University, 2016.

[7] 杨志军.当代中国环境抗争背景下的政策变迁研究[D].上海:上海交通大学,2014:3.

[8] 潘斌.社会风险论[M].北京:中国社会科学出版社,2011:37.

[9] 方芗.我国大众在核电发展中的"不信任":基于两个分析框架的案例研究[J].科学与社会,2012,2(4):63-78.

[10] 王芳.不确定性与脱嵌:环境风险生成中的科技失灵[J].华东理工大学学报(社会科学版),2016,31(4):1-8.

[11] 张海柱.环境风险治理中的知识生产与公众参与[J].人文杂志,2018(1):103-111.

[12] 朱正威,王琼,吕书鹏.多元主体风险感知与社会冲突差异性研究——基于Z核电项目的实证考察[J].公共管理学报,2016,13(2):97-106.

[13] 郑卫.我国邻避设施规划公众参与困境研究——以北京六里屯垃圾焚烧发电厂规划为例[J].城市规划,2013,37(8):66-71.

[14] 周葆华.突发公共事件中的媒体接触、公众参与与政治效能——以"厦门PX事件"为例的经验研究 [J].开放时代,2011(5):123-140.

[15] 肖生福,肖扬飞.当代中国媒体、民意与公共决策互动关系演化过程分析——基于广州番禺垃圾焚烧厂项目选址决策案例的考察 [J].行政论坛,2017,23(4):131-140.

[16] 肖群鹰,朱正威,刘慧君.重大工程项目社会稳定风险的非干预在线评估模式研究 [J].公共行政评论,2016,9(1):86-109.

[17] 王奎明."价值冲击"与"现实困境"的双重叠加:嵌入式养老院的建设困局与路径选择 [J].上海城市管理,2019,28(1):60-66.

[18] 鄢德奎,李佳丽.中国邻避冲突的设施类型、时空分布与动员结构——基于531起邻避个案的实证分析 [J].城市问题,2018(9):4-12.

[19] 谭爽,胡象明.邻避运动与环境公民的培育——基于A垃圾焚烧厂反建事件的个案研究 [J].中国地质大学学报(社会科学版),2016,16(5):52-63.

[20] 郭巍青,陈晓运.垃圾处理政策与公民创议运动 [J].中山大学学报(社会科学版),2011,51(4):181-192.

[21] Zheng G, Liu W. Same projects, different endings—Comparative case studies on NIMBY facility construction in Beijing[J]. Cities, 2018, 73: 63-70.

[22] Tang P M. "Project battle" or "policy war"?: Protest, advocacy, and the outcomes of environmental contention in China[J]. Journal of Current Chinese Affairs, 2018, 47(1): 3-40.

[23] 时文.生活垃圾强制分类怎么做? [J].时事报告,2017(6):45.

[24] 国家统计局.中国统计年鉴2019[M].北京:中国统计出版社,2019.

[25] 智研咨询.2019-2025年中国垃圾焚烧行业市场发展模式调研及投资趋势分析研究报告 [R].北京:智研咨询,2019.

[26] 张明军,刘晓亮.2016年中国社会群体性事件分析报告 [J].中国社会公共安全研究报告,2017(1):5.

[27] Sowa J E, Lu J H. Policy and management: Considering public management and its relationship to policy studies[J]. Policy Studies Journal, 2017, 45(1): 74-100.

［28］ 张宇 . 公共政策制定的民意向度 [J]. 江海学刊 , 2008（6）: 88-92.

［29］ 李涛 , 雷李洪 .94.5% 的人期望民调纳入公共政策制定程序 [N]. 中国青年报 , 2011-03-29.

［30］ 金太军 , 钱再见 , 张方华 , 等 . 公共政策执行梗阻与消解 [M]. 广州 : 广东人民出版社 , 2005:154-213.

［31］ Fung T, Lesbirel S H, Lam K. Facility siting in the Asia-Pacific: perspectives on knowledge production and application[M].Hong Kong:Chinese University Press, 2011:2.

［32］ 邱昌泰 . 邻避情结与社区治理 : 台湾环保抗争的困局与出路 [M]. 台北 : 韦伯文化国际出版有限公司 , 2007:13-15.

［33］ Borell K, Westermark Å. Siting of human services facilities and the not in my back yard phenomenon: A critical research review[J]. Community Development Journal, 2016, 53（2）: 246-262.

［34］ DeVerteuil G. Where has NIMBY gone in urban social geography?[J]. Social & Cultural Geography, 2013, 14（6）: 599-603.

［35］ 夏志强 , 罗书川 . 我国 "邻避冲突" 研究（2007—2014）评析 [J]. 探索 , 2015（3）:83-89.

［36］ 李佩菊 .1990 年代以来邻避运动研究现状述评 [J]. 江苏社会科学 , 2016 （1）:40-46.

［37］ Sun L. Effective urban nimby conflict management model from the perspective of public participation and government role[D]. Hong Kong: The Hong Kong Polytechnic University, 2019:13-26.

［38］ Smith V K, Desvousges W H. The value of avoiding a lulu: Hazardous waste disposal sites[J].The Review of Economics and Statistics, 1986, 68（2）: 293.

［39］ Freudenburg W R, Pastor S K. NIMBYs and LULUs: Stalking the syndromes[J]. Journal of social issues, 1992, 48（4）:39-61.

［40］ Sjöberg L, Drottz-Sjöberg B M. Fairness, risk and risk tolerance in the siting of a nuclear waste repository[J]. Journal of Risk Research, 2001, 4（1）: 83.

［41］ Dear M. Understanding and overcoming the NIMBY syndrome[J]. Journal of the American Planning Association, 1992, 58(3): 288.

[42] Esaiasson P. NIMBYism-A re-examination of the phenomenon[J]. Social Science Research, 2014, 48:185-195.

[43] Wolsink M. Entanglement of interests and motives: Assumptions behind the NIMBY-theory on facility siting[J]. Urban Studies, 1994, 31(6): 851-866.

[44] Dear M. Understanding and overcoming the NIMBY syndrome[J]. Journal of the American Planning Association, 1992, 58(3): 291.

[45] Bell D, Gray T, Haggett C. The 'social gap' in wind farm siting decisions: Explanations and policy responses[J]. Environmental Politics, 2005, 14(4): 460.

[46] Kraft M E, Clary B B. Citizen participation and the nimby syndrome: Public response to radioactive waste disposal[J]. The Western Political Quarterly, 1991, 44(2): 299.

[47] 郑卫, 石坚, 欧阳丽. 并非"自私"的邻避设施规划冲突——基于上海虹杨变电站事件的个案分析 [J]. 城市规划, 2015, 39(6):73-78.

[48] Matheny A R, Williams B A. Knowledge vs. nimby: Assessing florida's strategy for siting hazardous waste disposal facilities[J]. Policy Studies Journal, 1985, 14(1): 70.

[49] Johnson R J, Scicchitano M J. Don't call me NIMBY[J]. Environment and Behavior, 2012, 44(3): 410-426.

[50] Fan M F. Environmental citizenship and sustainable development: The case of waste facility siting in Taiwan[J]. Sustainable Development, 2008, 16(6): 381-389.

[51] Sebastien L. From NIMBY to enlightened resistance: A framework proposal to decrypt land-use disputes based on a landfill opposition case in France[J]. Local Environment, 2017, 22(4): 461-477.

[52] Devine-Wright, P. Rethinking NIMBYism: The role of place attachment and place identity in explaining place-protective action[J]. Journal of Community & Applied Social Psychology, 2009, 19(6):426.

［53］ Sebastien L. From NIMBY to enlightened resistance: A framework proposal to decrypt land-use disputes based on a landfill opposition case in France[J]. Local Environment, 2017, 22(4): 461-477.

［54］ Bell D, Gray T, Haggett C. The 'social gap' in wind farm siting decisions: Explanations and policy responses[J]. Environmental Politics, 2005, 14(4): 460-477.

［55］ Petrova M A. From NIMBY to acceptance: Toward a novel framework—VESPA—For organizing and interpreting community concerns [J]. Renewable Energy, 2016, 86: 1280-1294.

［56］ Devine-Wright P. Beyond NIMBYism: Towards an integrated framework for understanding public perceptions of wind energy[J]. Wind Energy, 2005, 8(2): 125-139.

［57］ Komendantova N, Battaglini A. Beyond Decide-Announce-Defend (DAD) and Not-in-My-Backyard (NIMBY) models? Addressing the social and public acceptance of electric transmission lines in Germany[J]. Energy Research & Social Science, 2016, 22: 224-231.

［58］ Westermark Å, Borell K. Human service siting conflicts as social movements[J]. Geoforum, 2018, 94: 107-109.

［59］ 王刚, 毕欢欢. "政治机会结构" 视域下环境邻避运动的发生逻辑及其治理——基于双案例的对比分析 [J]. 中国地质大学学报（社会科学版）, 2017, 17(2):97-106.

［60］ 高新宇. "政治过程" 视域下邻避运动的发生逻辑及治理策略——基于双案例的比较研究 [J]. 学海, 2019(3):100-106.

［61］ 卜玉梅, 周志家. 政治机会、话语机会与抗争空间的生产——以反对垃圾站选址的集体抗争为例 [J]. 社会发展研究, 2016, 3(1):119-142.

［62］ 张郁. 公众风险感知、政府信任与环境类邻避设施冲突参与意向 [J]. 行政论坛, 2019, 25(4):122-128.

［63］ 张海柱. 风险分配与认知正义：理解邻避冲突的新视角 [J]. 江海学刊, 2019(3):129-136.

[64] 王学栋，陈菲菲.邻避行动的内在运作逻辑及其回应路径 [J]. 行政论坛，2016, 22(1): 36-40.

[65] 张乐，童星.价值、理性与权力："邻避式抗争"的实践逻辑——基于一个核电站备选厂址的案例分析 [J]. 上海行政学院学报，2014, 15(1):84-95.

[66] 朱伟，孔繁斌.中国毗邻运动的发生逻辑——一个解释框架及其运用 [J]. 行政论坛，2014, 20(3):67-73.

[67] 王刚，宋锴业.多因型抗争：对邻避运动肇因的多维审视——以 R 市反核电站建设运动为例 (1983—2015 年)[J]. 浙江大学学报 (人文社会科学版)，2018, 48(4): 111-126.

[68] 侯光辉，王元地.邻避危机何以愈演愈烈——一个整合性归因模型 [J]. 公共管理学报，2014, 11(3): 80-92.

[69] Anderson C, Schirmer J. Why and how urban residents resisted a proposed gas-fired power station[J]. Urban Policy and Research, 2015, 33(3): 324-339.

[70] Anderson C, Schirmer J. An empirical investigation of social capital and networks at local scale through resistance to lower-carbon infrastructure[J]. Society & Natural Resources, 2015, 28(7): 749-765.

[71] 王冰，韩金成.公共价值视阈下的中国邻避问题研究——一个整合性理论框架 [J]. 中国行政管理，2017(12):74-78.

[72] Eranti V. Re-visiting NIMBY: From conflicting interests to conflicting valuations[J]. The Sociological Review, 2017, 65(2): 285-301.

[73] 王顺，包存宽.城市邻避设施规划决策的公众参与研究——基于参与兴趣、介入时机和行动尺度的分析 [J]. 城市发展研究，2015, 22(7):76-81.

[74] Sun L L, Zhu D J, Chan E H W. Public participation impact on environment NIMBY conflict and environmental conflict management: Comparative analysis in Shanghai and Hong Kong[J]. Land Use Policy, 2016, 58: 208-217.

[75] 张晨.环境邻避冲突中的民众抗争与精英互动：基于地方治理结构视角的比较研究 [J]. 河南社会科学，2018, 26(1):113-119.

[76] 鄢德奎.邻避冲突治理结构的反思与重塑——基于案例的实证分析 [J]. 中国科技论坛，2019(8):132-142.

［77］ 华启和．邻避冲突的环境正义考量 [J]．中州学刊，2014(10):93-97.

［78］ 唐庆鹏．邻避冲突治理：价值契合与路径优化——基于社会主义协商民主视阈 [J]．学习与实践，2017(1):37-44.

［79］ Johnson T. The politics of waste incineration in Beijing: The limits of a top-down approach?[J]. Journal of Environmental Policy & Planning, 2013, 15(1): 109-128.

［80］ Johnson T. The health factor in anti-waste incinerator campaigns in Beijing and Guangzhou[J]. The China Quarterly, 2013, 214: 356-375.

［81］ 胡颖君．邻避运动中抗争主体的修辞实践——基于连云港反核事件的分析 [D]．南京：南京大学，2018.

［82］ Smith C B R. Socio-spatial stigmatization and the contested space of addiction treatment: Remapping strategies of opposition to the disorder of drugs[J]. Social Science & Medicine, 2010, 70(6): 859-866.

［83］ Lin F, Xie Y. Moving beyond NIMBYism?: The dynamics between media and movement in Chinese NIMBY movements[J]. China: An International Journal, 2019, 17(2): 19-38.

［84］ Rozema J G, Cashmore M, Bond A J, et al. Respatialization and local protest strategy formation: Investigating high-speed rail megaproject development in the UK[J]. Geoforum, 2015, 59: 98-108.

［85］ 王佃利，刘洋．空间剥夺感在公众空间保护行为中的作用——基于邻避事件中公众话语的探索性研究 [J]．理论探讨，2020(1):149-154.

［86］ Černoch F, Lehotský L, Ocelík P, et al. Anti-fossil frames: Examining narratives of the opposition to brown coal mining in the Czech Republic[J]. Energy Research & Social Science, 2019, 54: 140-149.

［87］ Shemtov R. Taking ownership of environmental problems: How local nimby groups expand their goals[J]. Mobilization: An International Quarterly, 1999, 4 (1): 91-106.

［88］ 卜玉梅．邻避风险沟通场域中的话语竞技及其对冲突化解的启示 [J]．中国地质大学学报(社会科学版)，2018, 18(5):104-112.

[89] 尹瑛. 冲突性环境事件中的传播与行动——以北京六里屯和广州番禺居民反建垃圾焚烧厂事件为例 [D]. 武汉：武汉大学, 2010.

[90] Burningham K, Barnett J, Walker G. An array of deficits: Unpacking NIMBY discourses in wind energy developers' conceptualizations of their local opponents[J]. Society & Natural Resources, 2015, 28(3): 246-260.

[91] Wong N W M. Environmental protests and NIMBY activism: Local politics and waste management in Beijing and Guangzhou[J]. China Information, 2016, 30(2): 143-164.

[92] Gupta K. Order in a Chaotic Subsystem: A Comparative Analysis of Nuclear Facility Siting Using Coalition Opportunity Structures and the Advocacy Coalition Framework[D]. Oklahoma: University of Oklahoma, 2013:50-85.

[93] 杨志军. 决策型回应：城市邻避抗争带来政策结果改变的解释 [J]. 广东行政学院学报, 2017, 29(4): 31-38.

[94] 崔晶. 中国城市化进程中的邻避抗争：公民在区域治理中的集体行动与社会学习 [J]. 经济社会体制比较, 2013(3):167-178.

[95] 谭爽. 邻避运动与环境公民社会建构——一项"后传式"的跨案例研究 [J]. 公共管理学报, 2017, 14(2):48-58.

[96] 张劼颖. 从"生物公民"到"环保公益"：一个基于案例的环保运动轨迹分析 [J]. 开放时代, 2016(2):139-157.

[97] 王郅强, 彭睿. 邻避项目如何冲出"一闹就停"的怪圈？——基于 H 市 Z 区政府"双环危机学习"的纵向案例观察 [J]. 公共管理学报, 2020, 17(2):141-151.

[98] Hager C, Haddad M A. NIMBY is beautiful: Cases of local activism and environmental innovation around the world[M]. New York: Berghahn Books, 2015.

[99] International Risk Governance Council (IRGC). White Paper No. 1: Risk governance-towards an integrative approach[R]. Geneva: International Risk Governance Council (IRGC), 2005.

[100] 陈绍军, 胥鉴霖. 垃圾焚烧发电项目邻近公众环境风险认知水平测量——

以 K 市两个垃圾焚烧发电项目为例 [J]. 生态经济 , 2014, 30(10):24-27.

[101] 朱苇苇 , 唐莉 , 魏玖长 , 等 . 公众的邻避设施风险感知及影响因素研究——以核电站为例 [J]. 风险灾害危机研究 , 2017(2):67-85.

[102] Hung H C, Wang T W. Determinants and mapping of collective perceptions of technological risk: The case of the second nuclear power plant in Taiwan[J]. Risk Analysis, 2011, 31(4): 668-683.

[103] Litmanen T. Cultural approach to the perception of risk: Analysing concern about the siting of a high-level nuclear waste facility in Finland[J]. Waste Management and Research, 1999, 17(3): 212-219.

[104] 龚文娟 . 环境问题之建构机制 : 认知差异与主张竞争 [J]. 中国地质大学学报（社会科学版）, 2011, 11(5):33-40.

[105] 范华斌 . 环境污染型项目风险认知 : 一个解释框架——兼谈风险治理中的实质性公众参与 [J]. 云南行政学院学报 , 2018, 20(2):123-129.

[106] Canter L W. Environmental impact assessments for hazardous-waste landfills[J]. Journal of Urban Planning and Development, 1991, 117(2): 59-76.

[107] Gupta R, Kewalramani M A, Ralegaonkar R V. Environmental impact analysis using fuzzy relation for landfill siting[J]. Journal of Urban Planning and Development, 2003, 129(3): 121-139.

[108] Petts J. Barriers to deliberative participation in EIA: Learning from waste policies, plans and projects[J]. Journal of Environmental Assessment Policy and Management, 2003, 5(3): 269-293.

[109] Bond A, Palerm J, Haigh P. Public participation in EIA of nuclear power plant decommissioning projects: A case study analysis[J]. Environmental Impact Assessment Review, 2004, 24(6): 617-641.

[110] 戴佳 , 曾繁旭 , 黄硕 . 核恐慌阴影下的风险传播——基于信任建设视角的分析 [J]. 新闻记者 , 2015(4):54-61.

[111] 程惠霞 , 丁刘泽隆 . 公民参与中的风险沟通研究 : 一个失败案例的教训 [J]. 中国行政管理 , 2015(2):109-113.

［112］ Beder S, Shortland M. Siting a hazardous waste facility: The tangled web of risk communication[J]. Public Understanding of Science, 1992, 1(2): 139-160.

［113］ Snary C. Risk communication and the waste-to-energy incinerator environmental impact assessment process: A UK case study of public involvement[J]. Journal of Environmental Planning and Management, 2002, 45(2): 267-283.

［114］ Trettin L, Musham C. Is trust a realistic goal of environmental risk communication? [J]. Environment and Behavior, 2000, 32(3): 410-426.

［115］ Lofstedt R. Effective risk communication and CCS: The Road to success in Europe[J]. Journal of Risk Research, 2015, 18(6): 675-691.

［116］ 黄振威. "半公众参与决策模式"——应对邻避冲突的政府策略 [J]. 湖南大学学报(社会科学版), 2015, 29(4):132-136.

［117］ Jami A A, Walsh P R. From consultation to collaboration: A participatory framework for positive community engagement with wind energy projects in Ontario, Canada[J]. Energy Research & Social Science, 2017, 27: 14-24.

［118］ Wu L F, Jia G S, Mackhaphonh N. Case study on improving the effectiveness of public participation in public infrastructure megaprojects[J]. Journal of Construction Engineering and Management, 2019, 145(4):05019003.

［119］ 金璐婷. 新媒体视域下我国环境决策中的公民参与研究——以垃圾焚烧发电厂选址决策为例 [D]. 上海：华东师范大学, 2015.

［120］ Jenkins-Smith H, Kunreuther H. Mitigation and benefits measures as policy tools for siting potentially hazardous facilities: Determinants of effectiveness and appropriateness[J]. Risk Analysis, 2001, 21(2): 371-382.

［121］ Chiou C T, Lee J, Fung T. Negotiated compensation for NIMBY facilities: Siting of incinerators in Taiwan[J]. Asian Geographer, 2011, 28(2): 105-121.

［122］ Fung T, Lesbirel S H, Lam K. Facility siting in the Asia-Pacific: Perspectives on knowledge production and application[M]. Hong Kong: Chinese University

Press, 2011:219-225.

[123] McAvoy G E. Controlling technocracy: Citizen rationality and the nimby syndrome[M]. Georgetown: Georgetown University Press, 1999.

[124] Cowan S. NIMBY syndrome and public consultation policy: The implications of a discourse analysis of local responses to the establishment of a community mental health facility[J]. Health & Social Care in the Community, 2003, 11 (5):379-386.

[125] Devine-Wright P. Public engagement with large-scale renewable energy technologies: Breaking the cycle of NIMBYism[J]. Wiley Interdisciplinary Reviews: Climate Change, 2011, 2(1): 19-26.

[126] Krütli P, Stauffacher M, Flüeler T, et al. Functional-dynamic public participation in technological decision-making: Site selection processes of nuclear waste repositories[J]. Journal of Risk Research, 2010, 13(7): 861-875.

[127] Wolsink M. Social acceptance revisited: Gaps, questionable trends, and an auspicious perspective[J]. Energy Research & Social Science, 2018, 46: 288.

[128] Easterling D, Kunreuther H. The Dilemma of Siting a High-Level Nuclear Waste Repository[M]. Cham: Springer Netherlands, 1995.

[129] Lober D J. Why not here?: The importance of context, process, and outcome on public attitudes toward siting of waste facilities[J]. Society & Natural Resources, 1996, 9(4): 375-394.

[130] Slovic P, Finucane M L, Peters E, et al. Risk as analysis and risk as feelings: Some thoughts about affect, reason, risk, and rationality[J]. Risk Analysis, 2004, 24(2): 311-322.

[131] Finucane M L, Alhakami A, Slovic P, et al. The affect heuristic in judgments of risks and benefits[J]. Journal of Behavioral Decision Making, 2000, 13(1): 1-17.

[132] Lienert P, Suetterlin B, Siegrist M. Public acceptance of the expansion and modification of high-voltage power lines in the context of the energy

transition[J]. Energy Policy, 2015, 87: 573-583.

[133] Keller C, Visschers V, Siegrist M. Affective imagery and acceptance of replacing nuclear power plants[J]. Risk Analysis, 2012, 32(3): 464-477.

[134] 王锋, 胡象明, 刘鹏. 焦虑情绪、风险认知与邻避冲突的实证研究——以北京垃圾填埋场为例 [J]. 北京理工大学学报(社会科学版), 2014, 16(6): 61-67.

[135] Biel A, Dahlstrand U. Risk perception and the location of a repository for spent nuclear fuel[J]. Scandinavian Journal of Psychology, 1995, 36(1): 25-36.

[136] 陈佛保. 邻避设施对周围住宅价格的影响——以上海垃圾中转站为例 [D]. 上海：复旦大学, 2014:15.

[137] 祁恩兰. 我国核电发展的问题研究 [J]. 中国电力, 2005, 38(4):16-19.

[138] Jenkins-Smith H C, Silva C L, Nowlin M C, et al. Reversing nuclear opposition: Evolving public acceptance of a permanent nuclear waste disposal facility[J]. Risk Analysis, 2011, 31(4): 629-644.

[139] Chung J B, Kim H K. Competition, economic benefits, trust, and risk perception in siting a potentially hazardous facility[J]. Landscape and Urban Planning, 2009, 91(1): 8-16.

[140] Guo Y, Ren T. When it is unfamiliar to me: Local acceptance of planned nuclear power plants in China in the post-fukushima era[J]. Energy Policy, 2017, 100: 113-125.

[141] 周根. 垃圾焚烧发电 PPP 项目社会风险：经济补偿、利益感知与公众接受 [D]. 杭州：浙江理工大学, 2019.

[142] 陈可石, 董治坚. 邻避设施的生态补偿和改造策略——美国康涅狄格水处理设施的启示 [J]. 生态经济, 2014, 30(9):191-195.

[143] Kunreuther H, Easterling D. The role of compensation in siting hazardous facilities[J]. Journal of Policy Analysis and Management, 1996, 15(4): 601-622.

[144] García J H, Cherry T L, Kallbekken S, et al. Willingness to accept local wind

energy development: Does the compensation mechanism matter? [J]. Energy Policy, 2016, 99: 165-173.

[145] Zhang Y, Clark A, Rupp J A, et al. How do incentives influence local public support for the siting of shale gas projects in China? [J]. Journal of Risk Research, 2020, 23(3): 330-348.

[146] Claro E. Exchange relationships and the environment: The acceptability of compensation in the siting of waste disposal facilities[J]. Environmental Values, 2007, 16(2): 187-208.

[147] Wynne B. Knowledges in context[J]. Science, Technology & Human Values, 1991, 16(1): 111-121.

[148] Gross A G. The roles of rhetoric in the public understanding of science[J]. Public Understanding of Science, 1994, 3(1): 3-23.

[149] 任依依. 环境宣传教育对邻避效应的防控作用研究——基于浙江省垃圾焚烧项目 [D]. 杭州: 浙江工商大学, 2018.

[150] Ibitayo O O, Pijawka K D. Reversing NIMBY: An assessment of state strategies for siting hazardous-waste facilities[J]. Environment and Planning C: Politics and Space, 1999, 17(4): 379-389.

[151] O' Garra T, Mourato S, Pearson P. Investigating attitudes to hydrogen refuelling facilities and the social cost to local residents[J]. Energy Policy, 2008, 36(6): 2074-2085.

[152] Greenberg M R. NIMBY, CLAMP, and the location of new nuclear-related facilities: U.S. national and 11 site-specific surveys[J]. Risk Analysis, 2009, 29(9): 1242-1254.

[153] Wright S A. Citizen information levels and grassroots opposition to new hazardous waste sites: are nimbyists informed? [J]. Waste Management, 1993, 13(3): 253-259.

[154] Aoki N. Who would be willing to accept disaster debris in their backyard? investigating the determinants of public attitudes in post-fukushima Japan[J]. Risk Analysis, 2018, 38(3): 535-547.

[155] Zhu W W, Wei J C, Zhao D T. Anti-nuclear behavioral intentions: The role of perceived knowledge, information processing, and risk perception[J]. Energy Policy, 2016, 88: 168-177.

[156] Lima M L. Predictors of attitudes towards the construction of a waste incinerator: Two case studies1[J]. Journal of Applied Social Psychology, 2006, 36(2): 441-466.

[157] Siegrist M, Cvetkovich G. Perception of hazards: The role of social trust and knowledge[J]. Risk Analysis, 2000, 20(5): 713-720.

[158] 尼克拉斯·卢曼. 信任: 一个社会复杂性的简化机制 [M]. 瞿铁鹏, 李强, 译. 上海: 上海人民出版社, 2005:10.

[159] Pijawka K D, Mushkatel A H. Public opposition to the siting of the high-level nuclear waste repository: The importance of trust[J]. Review of Policy Research, 1991, 10(4):180-194.

[160] Siegrist M, Cvetkovich G, Roth C. Salient value similarity, social trust, and risk/benefit perception[J]. Risk Analysis, 2000, 20(3): 354.

[161] Yang L, Zhang X, McAlinden K J. The effect of trust on people's acceptance of CCS(carbon capture and storage) technologies: Evidence from a survey in the People's Republic of China[J]. Energy, 2016, 96: 69-79.

[162] Liu P, Wang R. Public attitudes toward technological hazards after a technological disaster[J]. Disaster Prevention and Management, 2019, 28(2): 216-227.

[163] 杨雪锋, 孙震. 环境设施邻避效应发生机理——基于杭州余杭事件的分析 [J]. 区域经济评论, 2016(5):143-150.

[164] 曾繁旭, 戴佳. 风险传播: 通往社会信任之路 [M]. 北京: 清华大学出版社, 2015.

[165] 葛宇佳. 垃圾焚烧发电 PPP 项目社会风险应对: 环境影响评价（EIA）视角 [D]. 杭州: 浙江理工大学, 2019.

[166] 刘冰. 风险、信任与程序公正: 邻避态度的影响因素及路径分析 [J]. 西南民族大学学报（人文社科版）, 2016, 37(9):99-105.

［167］ 刘冰. 邻避设施选址的公众态度及其影响因素研究 [J]. 南京社会科学，2015(12):62-69.

［168］ 柯培华. 政府信任与公众对"邻避"设施态度的关系的实证研究——以垃圾焚烧厂为例 [D]. 杭州：浙江大学，2015.

［169］ 李永刚. 公共政策评价的困境——价值理性与工具理性的两难 [J]. 江西行政学院学报，1999(4):41-43.

［170］ 王佃利，王庆歌，韩婷. "应得"正义观：分配正义视角下邻避风险的化解思路 [J]. 山东社会科学，2017(3):56-62.

［171］ 张海柱. 风险分配与认知正义：理解邻避冲突的新视角 [J]. 江海学刊，2019(3):129-136.

［172］ McGurty E M. Warren county, NC, and the emergence of the environmental justice movement: Unlikely coalitions and shared meanings in local collective action[J]. Society & Natural Resources, 2000, 13(4): 373-387.

［173］ 刘海龙. 邻避冲突的生成与化解：环境正义的视角 [J]. 吉首大学学报（社会科学版），2018, 39(2):57-63.

［174］ Simcock N. Procedural justice and the implementation of community wind energy projects: A case study from South Yorkshire, UK[J]. Land Use Policy, 2016, 59: 467-477.

［175］ Woo L Y. Trust and public perception: Insights for facility siting in Hong Kong[D]. Hong Kong: The Chinese University of Hong Kong, 2010:22.

［176］ Gross C. Community perspectives of wind energy in Australia: The application of a justice and community fairness framework to increase social acceptance[J]. Energy Policy, 2007, 35(5):2727-2736.

［177］ Besley J C. Does fairness matter in the context of anger about nuclear energy decision making? [J]. Risk Analysis, 2012, 32(1): 25-38.

［178］ Walter G. Determining the local acceptance of wind energy projects in Switzerland: The importance of general attitudes and project characteristics[J]. Energy Research & Social Science, 2014, 4: 78-88.

［179］ 朱正威，吴佳. 空间挤压与认同重塑：邻避抗争的发生逻辑及治理改善

[J]. 甘肃行政学院学报 , 2016(3):4-12.

[180]　吴宁 . 日常生活批判 : 列斐伏尔哲学思想研究 [M]. 北京：人民出版社 ,
　　　　2007.

[181]　朱竑 , 钱俊希 , 陈晓亮 . 地方与认同：欧美人文地理学对地方的再认识
　　　　[J]. 人文地理 , 2010, 25(6): 1-6.

[182]　朱竑 , 刘博 . 地方感、地方依恋与地方认同等概念的辨析及研究启示 [J].
　　　　华南师范大学学报（自然科学版）, 2011, 43(1):1-8.

[183]　Devine-Wright P. Rethinking NIMBYism: The role of place attachment and
　　　　place identity in explaining place-protective action[J]. Journal of Community
　　　　& Applied Social Psychology, 2009, 19(6): 426-441.

[184]　Hall N, Ashworth P, Devine-Wright P. Societal acceptance of wind farms:
　　　　Analysis of four common themes across Australian case studies[J]. Energy
　　　　Policy, 2013, 58: 200-208.

[185]　Kim E S, Chung J B. The memory of place disruption, senses, and local
　　　　opposition to Korean wind farms[J]. Energy Policy, 2019, 131: 43-52.

[186]　Devine-Wright P. Place attachment and public acceptance of renewable
　　　　energy: A tidal energy case study[J]. Journal of Environmental Psychology,
　　　　2011, 31(4): 336-343.

[187]　Devine-Wright P. Explaining "NIMBY" objections to a power line[J].
　　　　Environment and Behavior, 2013, 45(6): 761-781.

[188]　Carlisle J E, Kane S L, Solan D, et al. Support for solar energy: Examining
　　　　sense of place and utility-scale development in California[J]. Energy Research
　　　　& Social Science, 2014, 3: 124-130.

[189]　Liu F, Lyu T, Pan L, et al. Influencing factors of public support for modern
　　　　coal-fired power plant projects: An empirical study from China[J]. Energy
　　　　Policy, 2017, 105: 398-406.

[190]　Hou G H, Chen T, Ma K, et al. Improving social acceptance of waste-to-
　　　　energy incinerators in China: Role of place attachment, trust, and fairness[J].
　　　　Sustainability, 2019, 11(6): 1727.

［191］ Tiwari A. The politics of space and NIMBY: The construction of the poor and local resistance to affordable housing[D]. Irvine: University of California, 2009.

［192］ Garland J. People protecting place: Anti-fracking campaigns in the United Kingdom[D]. Exeter: University of Exeter, 2018.

［193］ Lane, Robert E. Political Life: Why People Get Involved in Politics[M]. New York: Oxford University, 1959.

［194］ Balch G I. Multiple indicators in survey research: The concept "Sense of Political Efficacy"[J]. Political Methodology, 1974, 1:1-43.

［195］ Joe J C, Hendrickson K, Wong M, et al. Political efficacy and familiarity as predictors of attitudes towards electric transmission lines in the United States[J]. Energy Research & Social Science, 2016, 17: 127-134.

［196］ Mannarini T, Roccato M, Fedi A, et al. Six factors fostering protest: Predicting participation in locally unwanted land uses movements[J]. Political Psychology, 2009, 30(6): 895-920.

［197］ Liu T, Yau Y, Yuan D H. Efficacy beliefs, sense of unfairness, and participation in LULU activism[J]. Cities, 2018, 83: 24-33.

［198］ Sher C, Wu C. Fracking in China: Community impacts and public support of shale gas development[J]. Journal of Contemporary China, 2018, 27(112): 626-641.

［199］ 王丽娟.居民环境风险接受度影响因素研究——基于武汉市盘龙城垃圾焚烧发电厂周边居民的调查[D]. 武汉：华中农业大学, 2013.

［200］ Gallagher L, Ferreira S, Convery F. Host community attitudes towards solid waste landfill infrastructure: Comprehension before compensation[J]. Journal of Environmental Planning and Management, 2008, 51(2): 233-257.

［201］ Nelson H T, Swanson B, Cain N L. Close and connected: The effects of proximity and social ties on citizen opposition to electricity transmission lines[J]. Environment and Behavior, 2018, 50(5): 567-596.

［202］ Clarke C E, Bugden D, Hart P S, et al. How geographic distance and political ideology interact to influence public perception of unconventional oil/natural gas development[J]. Energy Policy, 2016, 97: 301-309.

[203] Hanger S, Komendantova N, Schinke B, et al. Community acceptance of large-scale solar energy installations in developing countries: Evidence from Morocco[J]. Energy Research & Social Science, 2016, 14: 80-89.

[204] Warren C R, Lumsden C, O'Dowd S, et al. 'green on green': Public perceptions of wind power in Scotland and Ireland[J]. Journal of Environmental Planning and Management, 2005, 48(6):853-875.

[205] Mueller C E, Keil S I, Bauer C. Effects of spatial proximity to proposed high-voltage transmission lines: Evidence from a natural experiment in Lower Saxony[J]. Energy Policy, 2017, 111: 137-147.

[206] Alcorn J, Rupp J, Graham J D. Attitudes toward "fracking": Perceived and actual geographic proximity[J]. Review of Policy Research, 2017, 34(4): 504-536.

[207] Guo Y, Ru P, Su J, et al. Not in my backyard, but not far away from me: Local acceptance of wind power in China[J]. Energy, 2015, 82: 722-733.

[208] Tan H M, Wong-Parodi G, Xu J H. Not under my backyard? Psychological distance, local acceptance, and shale gas development in China[J]. Energy Research & Social Science, 2020, 61: 101336.

[209] Pepermans Y, Loots I. Wind farm struggles in Flanders fields: A sociological perspective[J]. Energy Policy, 2013, 59: 321-328.

[210] Finucane M L, Slovic P, Mertz C K, et al. Gender, race, and perceived risk: The 'white male' effect[J]. Health, Risk & Society, 2000, 2(2): 159-172.

[211] Zhang YB, Wang Y B, Ahmad A B, et al. How do individual-level characteristics influence cross-domain risk perceptions among Chinese urban residents [J]. Sage Open, 2021, 11(2): 1-19.

[212] Bacot H, Bowen T, Fitzgerald M R. Managing the solid waste crisis[J]. Policy Studies Journal, 1994, 22(2): 229-244.

[213] Mansfield C, Van Houtven G, Huber J. The efficiency of political mechanisms

for siting nuisance facilities: Are opponents more likely to participate than supporters? [J]. The Journal of Real Estate Finance and Economics, 2001, 22 (2): 141-161.

[214] Lober D J. Why protest? Public behavioral and attitudinal response to siting a waste disposal facility[J]. Policy Studies Journal, 1995, 23(3): 499-518.

[215] Walsh E, Warland R, Smith D C. Backyards, NIMBYs, and incinerator sitings: Implications for social movement theory[J]. Social Problems, 1993, 40(1): 25-38.

[216] Huang L, Zhou Y, Han Y T, et al. Effect of the Fukushima nuclear accident on the risk perception of residents near a nuclear power plant in China[J]. Proceedings of the National Academy of Sciences of the United States of America, 2013, 110(49): 19742-19747.

[217] Hüppe M, Weber J. Effects of distance, age and sex upon attitudes toward nuclear power plants: An empirical study untersuchung zu einstellungen gegenüber atomkraftwerken in abhängigkeit von wohndistanz, alter und geschlecht[J]. Zentralblatt Für Hygiene und Umweltmedizin, 1999, 202 (2/3/4): 331-344.

[218] George D L, Southwell P L. Opinion on the Diablo Canyon nuclear power plant: The effects of situation and socialization[J]. Social Science Quarterly, 1986, 67(4): 722.

[219] 杨广泽, 余宁乐, 韩重森, 等. 田湾核电站周围居民对核辐射危险认知调查分析 [J]. 中国辐射卫生, 2006, 15(1): 69-72.

[220] Chang H W. Wounded land and wounded peoples: Attitudes of paiwan people and Tao people toward nuclear waste[D]. Seattle: University of Washington, 2017.

[221] Freudenburg W R, Davidson D J. Nuclear families and nuclear risks: The effects of gender, geography, and progeny on attitudes toward a nuclear waste facility[J]. Rural Sociology, 2007, 72(2): 215-243.

[222] 刘伟忠. 政策适用主体及其政策态度分析 [J]. 社会科学研究, 2007(4): 41-45.

[223] 王洪涛. 沈阳市市民公共政策态度测量研究 [D]. 沈阳：东北大学, 2007:1.

[224] 杨志军. 环境抗争引发非常规政策变迁的影响因素与治理之道 [J]. 浙江社会科学, 2018(3):61-69.

[225] 谭爽, 任彤. "绿色话语" 生产与 "绿色公共领域" 建构：另类媒体的环境传播实践——基于 "垃圾议题" 微信公众号 L 的个案研究 [J]. 中国地质大学学报（社会科学版）, 2017, 17(4):78-91.

[226] 王刚, 毕欢欢, 焦继亮. 环境邻避运动参与主体的诉求指向及思维向度 [J]. 南京工业大学学报（社会科学版）, 2017, 16(4):49-59.

[227] Waldo Å. Offshore wind power in Sweden-A qualitative analysis of attitudes with particular focus on opponents[J]. Energy Policy, 2012, 41: 692-702.

[228] 伯努瓦·里豪克斯, 查尔斯 C. 拉金, QCA 设计原理与应用：超越定性与定量研究的新方法 [M]. 杜远周, 李永发, 译. 北京：机械工业出版社, 2017.

[229] 万筠, 王佃利. 中国邻避冲突结果的影响因素研究——基于 40 个案例的模糊集定性比较分析 [J]. 公共管理学报, 2019, 16(1):66-76.

[230] 马奔, 李继朋. 我国邻避效应的解读：基于定性比较分析法的研究 [J]. 上海行政学院学报, 2015, 16(5):41-51.

[231] Wright R A, Boudet H S. To act or not to act: Context, capability, and community response to environmental risk[J]. American Journal of Sociology, 2012, 118(3): 728-777.

[232] Vittes M E, Pollock P H, Lilie S A. Factors contributing to NIMBY attitudes[J]. Waste Management, 1993, 13(2):125-129.

[233] 陈宝胜. 公共政策过程中的邻避冲突及其治理 [J]. 学海, 2012(5):110-115.

[234] 陶鹏, 童星. 邻避型群体性事件及其治理 [J]. 南京社会科学, 2010(8):63-68.

[235] 邱大昕, 罗淑霞. 邻避与被邻避：身心障碍机构与设施抗争处理经验之研究 [J]. 社会政策与社会工作学刊, 2011, 15(1):167-198.

[236] 赵小燕. 邻避冲突治理的困境及其化解途径 [J]. 城市问题, 2013

（11）:74-78.

[237] 李永展．邻避设施对社区环境品质之影响：以台北市三个垃圾焚化厂为例 [J].台湾政治大学学报，1996（72）:263-297.

[238] 翁久惠．嫌恶设施对生活环境品质影响之研究——以台北市内湖、木栅、士林三个垃圾焚化厂为例 [D].台中：台湾中兴大学，1994 年.

[239] 何艳玲."邻避冲突"及其解决：基于一次城市集体抗争的分析 [J].公共管理研究，2006,4（0）:93-103.

[240] Schively C. Understanding the NIMBY and LULU phenomena: Reassessing our knowledge base and informing future research[J]. Journal of Planning Literature, 2007, 21（3）: 255-266.

[241] 何纪芳．都市服务设施邻避效果之研究 [D].台北：台湾政治大学，1995.

[242] 李永展，何纪芳．台北地方生活圈都市服务设施之邻避效果 [J].都市与计划，1996（1）: 95-116.

[243] 谭鸿仁，王俊隆，邻避与风险社会：新店安坑掩埋场设置的个案分析 [J].地理研究（台湾），2005（42）:109-110.

[244] 周少奇．固体废物污染控制原理与技术 [M].北京：清华大学出版社，2009：56-60.

[245] 韩国军．城市生活垃圾焚烧的环境保护可行性研究——以延吉市生活垃圾焚烧发电厂为例 [D].长春：东北师范大学，2006.

[246] 孙光宁．可接受性：法律方法的一个分析视角 [M].北京：北京大学出版社，2012:3-15.

[247] 吴刚．接受认识论引论 [D].北京：中共中央党校，1994.

[248] Upham P, Oltra C, Boso À. Towards a cross-paradigmatic framework of the social acceptance of energy systems[J]. Energy Research & Social Science, 2015, 8: 100-112.

[249] Wüstenhagen R, Wolsink M, Bürer M J. Social acceptance of renewable energy innovation: An introduction to the concept[J]. Energy Policy, 2007, 35（5）: 2683-2691.

[250] Schneider A, Ingram H. Social construction of target populations: Implications

for politics and policy[J]. American Political Science Review, 1993, 87(2): 334-347.

[251] Schneider A, Ingram H. Behavioral assumptions of policy tools[J]. The Journal of Politics, 1990, 52(2): 510-529.

[252] 亚当·斯密. 国民财富的性质和原因的研究（下卷）[M]. 郭大力, 王亚南, 译. 北京：商务印书馆, 1974:27.

[253] 夏志强. 人性假设与公共行政思想演变 [J]. 四川大学学报（哲学社会科学版), 2015(1):121-128.

[254] Granovetter M. Economic action and social structure: The problem of embeddedness[J]. American Journal of Sociology, 1985, 91(3): 487.

[255] 俞可平. 西方政治学名著提要 [M]. 南昌：江西人民出版社, 2000.

[256] 曾狄. "政治人"假设的丰富内涵和价值 [J]. 西南民族大学学报（人文社科版), 2005, 26(1):349-351.

[257] 王春虹. 政治人：多维视阈下的研究命题 [J]. 北京行政学院学报, 2008(3):105-108.

[258] 丁煌. 我国现阶段政策执行阻滞及其防治对策的制度分析 [J]. 政治学研究, 2002(1):28-39.

[259] McConnell A. What is policy failure? A primer to help navigate the maze[J]. Public Policy and Administration, 2015, 30(3/4): 221-242.

[260] 赵天航, 田秀娟. 乡镇政府政策执行刚性的再审视——基于冀南 C 县 B 乡政府的田野调研 [J]. 天府新论, 2019(2):86-93.

[261] 张宇. 公共政策制定的民意向度 [J]. 江海学刊, 2008(6):88-92, 238.

[262] 李文钊. 民主的政策设计理论：探究政策过程中的社会建构效应 [J]. 学海, 2019(1):151-162.

[263] 丘昌泰. 公共政策—基础篇 [M].5 版. 商雄：巨流图书股份有限公司, 2013:384-385.

[264] Neubauer D E, Kastner L D.The study of compliance maintenance as a strategy for comparative research[J]. World Politics, 1969, 21(4):629-640.

[265] Milward H B, Denhardt K G, Rucker R E, et al. Implementing affirmative

action and organizational compliance[J]. Administration & Society, 1983, 15
(3): 363-384.

[266] 吴定. 公共政策辞典 [M]. 4 版. 台北：五南图书出版股份有限公司,
2013:359.

[267] Nielsen, V L, Parker C. Mixed motives: Economic, social, and normative
motivations in business compliance[J]. Law & Policy, 2012, 34(4): 428-462.

[268] 冯仕政. 法社会学：法律服从与法律正义——关于中国人法律意识的实证
研究 [J]. 江海学刊, 2003(4):99-106.

[269] Gunningham N A, Thornton D, Kagan R A. "Motivating management:
Corporate compliance in environmental protection" [J]. Law & Policy, 2005,
27(2):289-316.

[270] Winter S C, May P J. Motivation for compliance with environmental
regulations[J]. Journal of Policy Analysis and Management, 2001, 20(4):675-
698.

[271] Liu N, Tang S Y, Zhan X Y, et al. Political commitment, policy ambiguity, and
corporate environmental practices[J]. Policy Studies Journal, 2018, 46(1):
190-214.

[272] Liu N. Corporate compliance with environmental regulation in China: style,
commitment, and proactive management[D]. Hong Kong: The Hong Kong
Polytechnic University, 2014.

[273] Grimmelikhuijsen S, Jilke S, Olsen A L, et al. Behavioral public
administration: Combining insights from public administration and
psychology[J]. Public Administration Review, 2017, 77(1):45-56.

[274] 张书维, 申翊人, 周洁. 行为公共管理学视角下公共决策的社会许可机
制："一提两抑" [J]. 心理学报, 2020, 52(2):240-256.

[275] Porumbescu G A, Lindeman M I H, Ceka E, et al. Can transparency foster
more understanding and compliant citizens? [J].Public Administration Review,
2017, 77(6): 840-850.

[276] Jenny D F L. Transparency actually: How transparency affects public perceptions of political decision-making[J]. European Political Science Review, 2014, 6(2):309-330.

[277] Esaiasson P, Persson M, Gilljam M, et al. Reconsidering the role of procedures for decision acceptance[J]. British Journal of Political Science, 2019, 49(1): 291-314.

[278] Wu X N, Wang E P. Outcome favorability as a boundary condition to voice effect on people's reactions to public policymaking[J]. Journal of Applied Social Psychology, 2013, 43(2):329-337.

[279] Besley J C. Public engagement and the impact of fairness perceptions on decision favorability and acceptance[J]. Science Communication, 2010, 32 (2): 256-280.

[280] Esaiasson P, Gilljam M, Persson M. Responsiveness beyond policy satisfaction: Does it matter to citizens? [J]. Comparative Political Studies, 2017, 50(6): 739-765.

[281] Boutilier R G. Frequently asked questions about the social licence to operate[J]. Impact Assessment and Project Appraisal, 2014, 32(4): 263-272.

[282] Hall N, Lacey J, Carr-Cornish S, et al. Social licence to operate: Understanding how a concept has been translated into practice in energy industries[J]. Journal of Cleaner Production, 2015, 86: 301-310.

[283] 李飞. 建设项目环评制度中社会许可法权化探究 [J]. 华东理工大学学报 (社会科学版), 2019, 34(1):108-116.

[284] Thomson I, Boutilier R G. Modelling and measuring the social license to operate: Fruits of a dialogue between theory and practice[J]. Proceedings International Mine Management, Queensland, Australia, 2011.

[285] Siegrist M, Earle T C, Gutscher H. Test of a trust and confidence model in the applied context of electromagnetic field (EMF) risks[J]. Risk Analysis, 2003, 23(4): 705-716.

[286] Rousseau D M, Sitkin S B, Burt R S, et al. Not so different after all: A cross-

discipline view of trust[J]. Academy of Management Review, 1998, 23(3): 393-404.

[287] Siegrist M, Connor M, Keller C. Trust, confidence, procedural fairness, outcome fairness, moral conviction, and the acceptance of GM field experiments[J]. Risk Analysis, 2012, 32(8): 1394-1403.

[288] Terwel B W, Harinck F, Ellemers N, et al. Competence-based and integrity-based trust as predictors of acceptance of carbon dioxide capture and storage (CCS)[J]. Risk Analysis, 2009, 29(8): 1129-1140.

[289] Xiao Q Y, Liu H J, Feldman M W. How does trust affect acceptance of a nuclear power plant(NPP): A survey among people living with Qinshan NPP in China[J]. PloS One, 2017, 12(11): e0187941.

[290] Liu Z M. Being healthy: A grounded theory study of help seeking behaviour among Chinese Elders living in the UK[D]. Mcmchester: The University of Manchester, 2011:50-53.

[291] Yildiz M. E-government research: Reviewing the literature, limitations, and ways forward[J]. Government Information Quarterly, 2007, 24(3): 660.

[292] Raadschelders J C N, Lee K H. Trends in the study of public administration: Empirical and qualitative observations from public administration review, 2000-2009[J]. Public Administration Review, 2011, 71(1):19-33.

[293] Ospina S M, Esteve M, Lee S. Assessing qualitative studies in public administration research[J]. Public Administration Review, 2018, 78(4): 593-605.

[294] 费小冬. 扎根理论研究方法论：要素、研究程序和评判标准 [J]. 公共行政评论, 2008, 1(3):23-43.

[295] Eaves Y D. A synthesis technique for grounded theory data analysis[J]. Journal of Advanced Nursing, 2001, 35(5): 662.

[296] 凯西·卡麦兹. 建构扎根理论：质性研究实践指南 [M] 边国英, 译. 重庆：重庆大学出版社, 2009:17-52.

[297] 龚泽鹏. 基于混合方法的公众邻避行为影响因素研究 [D]. 成都：电子科技大学, 2017.

［298］ 赵阳阳. 邻避设施选址中公众态度影响因素及形成机理研究［D］. 哈尔滨：
哈尔滨工业大学, 2017.

［299］ 朱丽叶·M. 科宾, 安塞尔姆·L. 施特劳斯. 质性研究的基础：形成扎根
理论的程序与方法［M］. 朱光明, 译. 重庆：重庆大学出版社, 2015：30.

［300］ Sher P W. Social and environmental impacts of shale gas development and
public support for fracking in China[D].Vancouver: The University of British
Columbia, 2016.

［301］ 朱丽叶·M. 科宾, 安塞尔姆·L. 施特劳斯. 质性研究的基础：形成扎根
理论的程序与方法［M］. 朱光明, 译. 重庆：重庆大学出版社, 2015:51.

［302］ 大卫·希尔弗曼. 如何做质性研究［M］. 李雪, 张颖, 译. 重庆：重庆大学
出版社, 2009:163-168.

［303］ 王俊豪. 政府管制经济学导论：基本理论及其在政府管制实践中的应用
［M］. 北京：商务印书馆, 2001：327.

［304］ 迈尔斯. 管理与组织研究必读的 40 个理论［M］. 徐世勇, 李超平, 等
译. 北京：北京大学出版社, 2017:64-165.

［305］ 周鸿雁. 公共管理公正研究［D］. 武汉：武汉大学, 2014.

［306］ Mccomas K A, Trumbo C W , Besley J C . Public meetings about suspected
cancer clusters: The impact of voice, interactional justice, and risk
perception on attendees' attitudes in six communities[J]. Journal of Health
Communication, 2007, 12(6):527-549.

［307］ Mulvihill N, Gangoli G, Gill A K, et al. The experience of interactional justice
for victims of 'honour' -based violence and abuse reporting to the police in
England and Wales[J]. Policing and Society, 2019, 29(6):640-656.

［308］ Besley J C. Does fairness matter in the context of anger about nuclear energy
decision making? [J]. Risk Analysis, 2012, 32(1): 25-38.

［309］ Valentino N A, Gregorowicz K, Groenendyk E W. Efficacy, emotions and the
habit of participation[J]. Political Behavior, 2009, 31(3):307-330.

［310］ Yeich S, Levine R. Political efficacy: Enhancing the construct and its
relationship to mobilization of people[J]. Journal of Community Psychology,

1994, 22（3）: 259-271.

[311] Lee F L F. Collective efficacy, support for democratization, and political participation in Hong Kong[J]. International Journal of Public Opinion Research, 2006, 18（3）: 297-317.

[312] 赵璐. 社会化媒体使用的政治效果研究——以导向需求为调节变量 [D]. 杭州：浙江大学, 2017.

[313] Stern F, Putnam R. Making democracy work: Civic traditions in modern Italy[J]. Foreign Affairs, 1993, 72（3）:202

[314] 詹姆斯·S. 科尔曼. 社会理论的基础 [M]. 邓方, 译. 北京：社会科学文献出版社, 1999.

[315] 尼克拉斯·卢曼. 信任：一种社会复杂性的简化机制 [M]. 翟铁鹏, 李强, 译. 上海：上海人民出版社, 2005:50-113.

[316] Lewicka M. Place attachment: How far have we come in the last 40 years? [J]. Journal of Environmental Psychology, 2011, 31（3）:207-230.

[317] Williams D R, Patterson M E, Roggenbuck J W. Beyond the commodity metaphor: Examining emotional and symbolic attachment to place[J]. Leisure Sciences, 1992, 14（1）:29-46.

[318] Scannell L, Gifford R. Defining place attachment: A tripartite organizing framework[J]. Journal of Environmental Psychology, 2010, 30（1）:1-10.

[319] Hammitt W E, Backlund E A, Bixler R D. Place bonding for recreation places: Conceptual and empirical development[J]. Leisure Studies, 2006, 25（1）:17-41.

[320] 邓秀勤. 农业转移人口市民化进程中的地方依恋研究：影响因素与实证 [D]. 福州：福建农林大学, 2017.

[321] Scannell L, Gifford R. The relations between natural and civic place attachment and pro-environmental behavior[J]. Journal of Environmental Psychology, 2010, 30（3）:289-297.

[322] 王学婷, 张俊飚, 童庆蒙. 地方依恋有助于提高农户村庄环境治理参与意愿吗？——基于湖北省调查数据的分析 [J]. 中国人口·资源与环境, 2020,

30(4):136-148.

[323] Wu R, Li Z G, Liu Y, et al. Neighborhood governance in post-reform urban China: Place attachment impact on civic engagement in Guangzhou[J]. Land Use Policy, 2019, 81:472-482.

[324] Wynne B. Knowledges in context[J]. Science, Technology, & Human Values, 1991, 16(1):111-121.

[325] 王娟, 胡志强. 公众技术风险认知的实证研究——北京公众对建设垃圾焚烧厂的风险认知调查分析 [J]. 工程研究——跨学科视野中的工程, 2012, 4(4):382-396.

[326] Khammaneechan P, Okanurak K, Sithisarankul P, et al. Community concerns about a healthcare-waste incinerator[J]. Journal of Risk Research, 2011, 14 (7): 847-858.

[327] Spies S, Murdock S H, White S, et al. Support for waste facility siting: Differences between community leaders and residents[J]. Rural Sociology, 1998, 63(1): 65-93.

[328] Ren X Y, Che Y, Yang K, et al. Risk perception and public acceptance toward a highly protested Waste-to-Energy facility[J]. Waste Management, 2016, 48: 528-539.

[329] 尤克赛尔·伊金斯. 问卷设计 [M]. 于洪彦, 译. 上海: 格致出版社, 2018 : 154-155.

[330] Pinsonneault A, Kraemer K. Survey research methodology in management information systems: an assessment[J]. Journal of Management Information Systems, 1993, 10(2): 75-105.

[331] Woo L Y. Trust and public perception: Insights for facility siting in Hong Kong[D]. Hong Kong: The Chinese University of Hong Kong, 2010.

[332] Soland M, Steimer N, Walter G. Local acceptance of existing biogas plants in Switzerland[J]. Energy Policy, 2013, 61: 802-810.

[333] Liu Y, Sun C, Xia B, et al. Impact of community engagement on public acceptance towards waste-to-energy incineration projects: Empirical evidence

from China[J]. Waste Management, 2018, 76: 431-442.

[334] Li W, Zhong H L, Jing N, et al. Research on the impact factors of public acceptance towards NIMBY facilities in China-A case study on hazardous chemicals factory[J]. Habitat International, 2019, 83: 11-19.

[335] Cavazza N, Rubichi S. Ways of thinking about the incinerator: A typology of citizens' mindsets[J]. The Social Science Journal, 2014, 51(3): 422-430.

[336] Kemp R. Why not in my backyard? A radical interpretation of public opposition to the deep disposal of radioactive waste in the United Kingdom[J]. Environment and Planning A: Economy and Space, 1990, 22(9): 1239-1258.

[337] Devine-Wright P, Howes Y. Disruption to place attachment and the protection of restorative environments: A wind energy case study[J]. Journal of Environmental Psychology, 2010, 30(3): 271-280.

[338] Walker C, Baxter J. "It's easy to throw rocks at a corporation": Wind energy development and distributive justice in Canada[J]. Journal of Environmental Policy & Planning, 2017, 19(6): 754-768.

[339] Marques S, Lima M L, Moreira S, et al. Local identity as an amplifier: Procedural justice, local identity and attitudes towards new dam projects[J]. Journal of Environmental Psychology, 2015, 44:63-73.

[340] Visschers V H M, Siegrist M. Fair play in energy policy decisions: Procedural fairness, outcome fairness and acceptance of the decision to rebuild nuclear power plants[J]. Energy Policy, 2012, 46: 292-300.

[341] Ohtomo S, Hirose Y, Ohnuma S. Public acceptance model for siting a repository of radioactive contaminated waste[J]. Journal of Risk Research, 2021, 24(2): 215-227.

[342] 张义心. 景区居民土地征用公正感知的影响因素研究——以常德市柳叶湖旅游度假区为例 [D]. 长沙：湖南师范大学, 2015.

[343] 金星彤. 人际公正是否有利于雇佣关系和谐？——一个被调节的中介作用模型 [J]. 辽宁大学学报（哲学社会科学版）, 2015, 43(4):103-112.

[344] McComas K A, Trumbo C W, Besley J C. Public meetings about suspected

cancer clusters: The impact of voice, interactional justice, and risk perception on attendees' attitudes in six communities[J]. Journal of Health Communication, 2007, 12(6): 527-549.

[345] Wenzel M. A letter from the tax office: Compliance effects of informational and interpersonal justice[J]. Social Justice Research, 2006, 19(3): 345-364.

[346] Colquitt J A. On the dimensionality of organizational justice: A construct validation of a measure[J]. Journal of Applied Psychology, 2001, 86(3): 386.

[347] 皮永华. 组织公正与组织公民行为、组织报复行为之间关系的研究——基于中国人"大七"人格维度的分析 [D]. 杭州：浙江大学, 2006.

[348] Lee F L F. Collective efficacy, support for democratization, and political participation in Hong Kong[J]. International Journal of Public Opinion Research, 2006, 18(3): 297-317.

[349] Lassen D D, Serritzlew S. Jurisdiction size and local democracy: Evidence on internal political efficacy from large-scale municipal reform[J]. American Political Science Review, 2011, 105(2): 238-258.

[350] Yeich S, Levine R. Political efficacy: Enhancing the construct and its relationship to mobilization of people[J]. Journal of Community Psychology, 1994, 22(3): 259-271.

[351] 周翔, 刘欣, 程晓璇. 微博用户公共事件参与的因素探索——基于政治效能感与社会资本的分析 [J]. 江淮论坛, 2014(3):136-143.

[352] Mah D N, Hills P, Tao J L. Risk perception, trust and public engagement in nuclear decision-making in Hong Kong[J]. Energy Policy, 2014, 73: 368-390.

[353] Terwel B W, Harinck F, Ellemers N, et al. Competence-based and integrity-based trust as predictors of acceptance of carbon dioxide capture and storage (CCS)[J]. Risk Analysis, 2009, 29(8): 1129-1140.

[354] Poortinga W, Pidgeon N F. Exploring the dimensionality of trust in risk regulation[J]. Risk Analysis, 2003, 23(5): 961-972.

[355] Williams D R, Vaske J J. The measurement of place attachment: Validity and generalizability of a psychometric approach[J]. Forest Science, 2003, 49(6):

830-840.

[356] Heck N, Paytan A, Potts D C, et al. Predictors of local support for a seawater desalination plant in a small coastal community[J]. Environmental Science & Policy, 2016, 66: 101-111.

[357] 曾启鸿. 鼓浪屿居民的地方依恋及影响因素研究 [D]. 福州：福建师范大学, 2009.

[358] Anton C E, Lawrence C. The relationship between place attachment, the theory of planned behaviour and residents' response to place change[J]. Journal of Environmental Psychology, 2016, 47: 145-154.

[359] Wiedemann P M, Schütz H, Peters H P. Information needs concerning a planned waste incineration facility[J]. Risk Analysis, 1991, 11(2): 229-237.

[360] Thrasher J F, Besley J C, González W. Perceived justice and popular support for public health laws: A case study around comprehensive smoke-free legislation in Mexico City[J]. Social Science & Medicine, 2010, 70(5): 787-793.

[361] 风笑天. 社会学研究方法 [M]. 北京：中国人民大学出版社, 2001：162-174.

[362] 罗胜强, 姜嬿. 管理学问卷调查研究方法 [M]. 重庆：重庆大学出版社, 2014：161-168.

[363] 吴明隆. SPSS 统计应用实务 [M]. 北京：中国铁道出版社, 2000:9.

[364] 吴明隆. 问卷统计分析实务：SPSS 操作与应用 [M]. 重庆：重庆大学出版社, 2010:244-245.

[365] Bentler P M, Chou C P. Practical issues in structural modeling[J]. Sociological Methods & Research, 1987, 16(1): 78-117.

[366] Kaya M. The effects of perceived organizational justice on police job satisfaction, job involvement and job stress: A case of a Turkish National Police[D]. Louisville: Spalding University, 2013.

[367] 杨帆. 基于组织公平视角的承包商施工项目经理工作倦怠研究 [D]. 北京：清华大学, 2017.

［368］ Colquitt J A, Conlon D E, Wesson M J, et al. Justice at the millennium: A meta-analytic review of 25 years of organizational justice research[J]. Journal of Applied Psychology, 2001, 86(3): 425.

［369］ Lewicka M. Place attachment: How far have we come in the last 40 years? [J]. Journal of Environmental Psychology, 2011, 31(3): 207-230.

［370］ Bagozzi R P, Yi Y. On the evaluation of structural equation models[J]. Journal of the Academy of Marketing Science, 1988, 16(1): 74-94.

［371］ Zhang Y B, Huang Y S, Wang Y B, et al. Who uses a mobile phone while driving for food delivery? The role of personality, risk perception, and driving self-efficacy[J]. Journal of Safety Research, 2020, 73: 69-80.

［372］ Marsh H W, Hocevar D. Application of confirmatory factor analysis to the study of self-concept: First-and higher order factor models and their invariance across groups[J]. Psychological Bulletin, 1985, 97(3): 562-582.

［373］ Fan X T, Sivo S A. Sensitivity of fit indices to model misspecification and model types[J]. Multivariate Behavioral Research, 2007, 42(3): 509-529.

［374］ 罗胜强, 姜嬿. 管理学问卷调查研究方法 [M]. 重庆: 重庆大学出版社, 2014: 52.

［375］ Subiza-Pérez M, Marina L S, Irizar A, et al. Explaining social acceptance of a municipal waste incineration plant through sociodemographic and psycho-environmental variables[J]. Environmental Pollution, 2020, 263: 1-7.

［376］ Al-Khatib I A, Ajlouny H, Al-Sari' M I, et al. Residents' concerns and attitudes toward solid waste management facilities in Palestine: A case study of Hebron district[J]. Waste Management & Research, 2014, 32(3): 228-236.

［377］ 丁进锋, 诸大建, 田园宏. 邻避风险认知与邻避态度关系的实证研究 [J]. 城市发展研究, 2018, 25(5):117-124.

［378］ 孙壮珍. 风险感知视角下邻避冲突中公众行为演化及化解策略——以浙江余杭垃圾焚烧项目为例 [J]. 吉首大学学报（社会科学版）, 2020, 41 (4):55-64.

［379］ 务玉姣. 公共设施邻避意愿指数的实证研究 [D]. 济南: 山东大学, 2018:21.

［380］ Yenneti K, Day R. Procedural（in）justice in the implementation of solar energy: The case of Charanaka solar park, Gujarat, India[J]. Energy Policy, 2015, 86: 664-673.

［381］ Yenneti K, Day R. Distributional justice in solar energy implementation in India: The case of Charanka solar park[J]. Journal of Rural Studies, 2016, 46: 35-46.

［382］ 谭红娟 . 自然遗产地居民旅游发展公平感知研究——以崀山为例 [D]. 长沙：湖南师范大学 , 2011.

［383］ 方苪 , 张晓超 . 与核电生活在一起 : 环境风险治理中的信任逻辑研究 [J]. 南京工业大学学报（社会科学版）, 2018, 17(3):22-31.

［384］ Liu L, Bouman T, Perlaviciute G, et al. Effects of trust and public participation on acceptability of renewable energy projects in the Netherlands and China[J]. Energy Research & Social Science, 2019, 53: 137-144.

［385］ Dwyer J, Bidwell D. Chains of trust: Energy justice, public engagement, and the first offshore wind farm in the United States[J]. Energy Research & Social Science, 2019, 47: 166-176.

［386］ 张劼颖 . 反焚运动中的常民专家及其专业性——一个关于技术争议的人类学研究 [J]. 科学学研究 , 2019, 37(5):810-816.

［387］ Huijts N M A, Molin E J E, Steg L. Psychological factors influencing sustainable energy technology acceptance: A review-based comprehensive framework[J]. Renewable and Sustainable Energy Reviews, 2012, 16(1): 525-531.

［388］ 冯·贝塔朗菲 . 一般系统论——基础、发展和应用 [M]. 林康义 , 魏宏森 , 译 . 北京 : 清华大学出版社 , 1987:2, 4.

［389］ 夏鑫 , 何建民 , 刘嘉毅 . 定性比较分析的研究逻辑——兼论其对经济管理学研究的启示 [J]. 财经研究 , 2014, 40(10):97-107.

［390］ Fiss P C. Building better causal theories: A fuzzy set approach to typologies in organization research[J]. Academy of Management Journal, 2011, 54(2):393-420.

[391] 聂伟.环境公正、系统信任与垃圾处理场接受度[J].中国地质大学学报（社会科学版）,2016,16(4):62-71.

[392] He G, Boas I J C, Mol A P J, et al. What drives public acceptance of chemical industrial park policy and project in China?[J]. Resources, Conservation and Recycling, 2018, 138: 1-12.

[393] 高良谋,高静美.管理学的价值性困境:回顾、争鸣与评论[J].管理世界,2011,27(1):145-167.

[394] 伯努瓦·里豪克斯,查尔斯 C.拉金.QCA 设计原理与应用:超越定性与定量研究的新方法[M].杜运周,李永发,译.北京:机械工业出版社,2017:79-80.

[395] Villani E, Lindera C, Grimaldi R. Effectuation and causation in science-based new venture creation: A configurational approach[J]. Journal of Business Research, 2018, 83: 173-185.

[396] 朱亚丽,郭长伟.基于计划行为理论的员工内部创业驱动组态研究[J].管理学报,2020,17(11):1661-1667.

[397] 王凤彬,郑晓杰,刘露露.企业能力提升路径研究——系统内生效应还是能人效应[J].经济理论与经济管理,2019,39(3):52-69.

[398] 张明,杜运周.组织与管理研究中 QCA 方法的应用:定位、策略和方向[J].管理学报,2019,16(9):1312-1323.

[399] 毛春梅,蔡阿婷.邻避运动中的风险感知、利益结构分布与嵌入式治理[J].治理研究,2020,36(2):81-89.

[400] 梁甜甜.邻避设施选址中利益冲突的权衡与化解[D].长春:吉林大学,2020.

[401] 张郁,李娟,徐彬.邻避设施利益群众非理性抗争的心理感知——基于"挫折—侵犯"理论[J].城市问题,2020(1):81-90.

附录 1

垃圾焚烧发电厂公众接受性初始调研问卷

尊敬的先生/女士：您好！我是来自中国矿业大学的在读博士生，正在开展居民对本地垃圾焚烧发电厂接受态度的调查研究。本问卷调研采用匿名方式进行，问卷结果仅用于科学研究，我郑重承诺对所有信息严格保密。衷心感谢您的支持与合作！

填答说明：请仔细阅读题项后，在相应的地方划"√"，或在横线处填上适当的内容。

1. 您的性别：

    A. 男　B. 女

2. 您的年龄：＿＿＿周岁

3. 您的文化程度（含正在攻读）：

    A. 初中或以下　B. 高中或中专　C. 大专　D. 本科　E. 硕士或以上

4. 您的家庭月收入：

    A. 3000 元以下　B. 3000～5999 元　C. 6000～9999 元

    D. 10000～15999 元　E. 16000 元或以上

5. 您在本地居住时间：＿＿＿年

6. 家中是否有未成年儿童：

    A. 没有　B. 有

7. 您认为本地是否需要垃圾焚烧发电厂：

    A. 不需要　B. 需要

8. 本地垃圾焚烧发电厂距离您家大概有＿＿＿千米

9. 下面是关于对本地垃圾焚烧发电厂接受态度的描述，请选择符合您个人情况的选项：

题项	非常 不同意	不太 同意	不确定	比较 同意	非常 同意
我因本地有垃圾焚烧发电厂而感到高兴					
我反对本地正在运营（或拟建）的垃圾焚烧发电厂					
我会说服亲戚朋友支持在本地建设垃圾焚烧发电厂					
我支持在本地建设垃圾焚烧发电厂					
我羡慕住在垃圾焚烧发电厂附近的居民					

10. 下面是关于垃圾焚烧发电厂潜在风险的描述，请选择符合您个人情况的选项：

题项	非常 不同意	不太 同意	不确定	比较 同意	非常 同意
垃圾焚烧发电厂的二次污染会影响本地的生态环境					
垃圾焚烧发电厂会影响本地居民的身体健康					
垃圾焚烧发电厂会影响本地下一代的健康成长					
垃圾焚烧发电厂在运行中会发生安全事故					
垃圾运输车辆会带来一定的污染(如气味、噪声等)					
垃圾焚烧发电厂会让本地居民产生心理压力					

11. 下面是关于垃圾焚烧发电厂潜在利益的描述，请选择符合您个人情况的选项：

题项	非常 不同意	不太 同意	不确定	比较 同意	非常 同意
垃圾焚烧发电厂会影响本地农业、旅游、养老等产业的发展					
垃圾焚烧发电厂会恶化本地投资环境					
垃圾焚烧发电厂会导致本地房产贬值					
垃圾焚烧发电厂可为本地居民提供就业岗位					
垃圾焚烧发电厂可缓解本地用电紧张状况或减少本地居民用电支出					
垃圾焚烧发电厂会提升本地垃圾处理能力					

12. 您同意下列语句描述的内容吗？请选择符合您个人情况的选项：

题项	非常 不同意	不太 同意	不确定	比较 同意	非常 同意
本地垃圾焚烧发电厂为整个社会的垃圾处理提供了便利，但其带来的消极影响却由周边居民承担					
本地垃圾焚烧发电厂附近的居民应得到一定的补偿					
本地垃圾焚烧发电厂做到了只处理来自本地的垃圾					

13. 您同意下列语句描述的内容吗？请选择符合您个人情况的选项：

题项	非常 不同意	不太 同意	不确定	比较 同意	非常 同意
本地垃圾焚烧发电厂的建设征求了老百姓的意见					
本地垃圾焚烧发电厂的环境影响评估遵守了法定程序					
本地垃圾焚烧发电厂的决策过程是公正的					
本地垃圾焚烧发电厂决策过程的居民参与是充分的					
本地垃圾焚烧发电厂的建设程序是合理合法的					

14. 您同意下列语句描述的内容吗？请选择符合您个人情况的选项：

题项	非常 不同意	不太 同意	不确定	比较 同意	非常 同意
与我打交道的政府工作人员总是友好和礼貌的					
政府工作人员尊重我					
政府工作人员会对我有偏见					
政府工作人员重视我的权利					

15. 您同意下列语句描述的内容吗？请选择符合您个人情况的选项：

题项	非常 不同意	不太 同意	不确定	比较 同意	非常 同意
地方政府会及时让我知道垃圾焚烧发电厂的选址（建设）情况并进行充分说明					
地方政府重视我对垃圾焚烧发电厂的看法，并给予耐心的解释					
地方政府就我对建设垃圾焚烧发电厂的疑问进行了合理的解释					
地方政府就我对建设垃圾焚烧发电厂的疑问进行了全面的解释					

16. 下列是关于受访者参与公共事务效能的描述，请选择最符合您个人情况的选项：

题项	非常 不同意	不太 同意	不确定	比较 同意	非常 同意
我对公共议题有较强的理解能力					
我觉得自己有能力参与社会公共事务					
我觉得我可以像大多数人一样出色胜任地方政府官员					
我对政府如何行事没有发言权					
如果我向政府提意见，政府不会理会					
政府官员更多地在乎权力而不是老百姓所想					
民意的集体表达会影响公共事务的发展					
公民的集体行动会影响政府的决策					
民众有许多合法途径来影响政府作为					

17. 下列是关于对地方政府信任状况的描述，请选择最符合您个人情况的选项：

题项	非常 不同意	不太 同意	不确定	比较 同意	非常 同意
地方政府始终为老百姓谋利益					
地方政府不会隐瞒欺骗老百姓					
地方政府工作人员关心老百姓的利益					
地方政府工作人员都遵纪守法					
地方政府良好地履行了监管垃圾焚烧发电厂等公共设施的职责					
地方政府能对垃圾焚烧发电厂等公共设施实施有效的监管					
地方政府能制定科学合理的公共政策					
地方政府工作人员能胜任自己的工作					

18. 下列是关于对垃圾焚烧发电厂信任状况的描述，请选择最符合您个人情况的选项：

题项	非常 不同意	不太 同意	不确定	比较 同意	非常 同意
垃圾焚烧发电厂始终为老百姓谋利益					
垃圾焚烧发电厂不会隐瞒欺骗老百姓					
垃圾焚烧发电厂的工作人员关心老百姓的利益					

续表

题项	非常 不同意	不太 同意	不确定	比较 同意	非常 同意
垃圾焚烧发电厂的工作人员都遵纪守法					
垃圾焚烧发电厂能降低自身对公众的危害					
垃圾焚烧发电厂能实施有效的自我监督					
垃圾焚烧发电厂能按照科学化标准运营					
垃圾焚烧发电厂的工作人员能胜任自己的工作					

19. 下列是关于受访者与其居住地之间情感联结的描述，请选择最符合您个人情况的选项：

题项	非常 不同意	不太 同意	不确定	比较 同意	非常 同意
其他地方无法替代我现在的居住环境					
我想不到有其他地方更适合我的生活方式					
这里能满足我生活的需求					
我在这里有亲朋好友，能常联系					
对我而言没有其他地方可以和这里相比					
我对这个地方有归属感					
我非常认同这个地方					
这个地方对我来说意义重大					

20. 下列是关于垃圾焚烧知识的描述，请选择最符合您个人情况的选项：

题项	非常 不同意	不太 同意	不确定	比较 同意	非常 同意
有了垃圾焚烧发电厂之后，就不再需要垃圾填埋场了					
垃圾焚烧可以实现生活垃圾"减量化、资源化、无害化"处理					
并不是所有的垃圾都适合通过焚烧进行处理					
垃圾焚烧炉正常温度在900度左右，可使垃圾中的可燃成分和有害成分彻底分解					
对垃圾进行分类，是焚烧垃圾的前提					
湿垃圾不可以直接放入垃圾焚烧炉内焚烧					

再次感谢您的支持与合作！

附录 2

垃圾焚烧发电厂公众接受性正式调查问卷

尊敬的先生／女士：您好！我是中国矿业大学在读博士生，正在开展居民对本地垃圾焚烧发电厂接受态度的调查研究。本问卷调查采用匿名方式进行，问卷结果仅用于科学研究，我郑重承诺对所有信息严格保密。衷心感谢您的支持与合作！

填答说明：请仔细阅读每题内容后，在符合个人情况的选项处划"√"，或在横线处进行填写。

1. 您的性别：

A. 男　　B. 女

2. 您的年龄：＿＿＿＿＿＿周岁

3. 您的文化程度（含正在攻读）：

A. 初中或以下　　B. 高中或中专　　C. 大专　　D. 本科　　E. 硕士或以上

4. 您的家庭月收入：

A. 3000 元以下　　B. 3000 ～ 5999 元　　C. 6000 ～ 9999 元

D. 10000 ～ 15999 元　　E. 16000 元或以上

5. 您在本地居住时间：＿＿＿＿＿＿年

6. 家中是否有未成年儿童：

A. 没有　　B. 有

7. 您认为本地是否需要垃圾焚烧发电厂：

A. 不需要　　B. 需要

8. 本地垃圾焚烧发电厂距离您家大概有＿＿＿＿＿＿千米

9. 面对"垃圾围城"的严峻形势，垃圾焚烧发电成为处置生活垃圾的重要方式。下面是关于对本地垃圾焚烧发电厂接受态度的描述，请在符合您个人情况的

选项下打"√":

您认同本地正在运营（或拟建）的垃圾焚烧发电厂吗?	非常不认同	不太认同	无所谓	比较认同	非常认同
您会说服亲戚朋友支持在本地建垃圾焚烧发电厂吗?	肯定不会	可能不会	无所谓	可能会	肯定会
您会支持在本地建垃圾焚烧发电厂吗?	非常不支持	不太支持	不确定	比较支持	非常支持

10. 下面是关于垃圾焚烧发电厂潜在利益的描述，请选择符合您个人情况的选项：

利益感知	非常不同意	不太同意	不确定	比较同意	非常同意
垃圾焚烧发电厂会影响本地农业、旅游、养老等产业的发展					
垃圾焚烧发电厂会恶化本地招商引资环境					
垃圾焚烧发电厂会导致本地房产贬值					
垃圾焚烧发电厂可为本地居民提供就业岗位					
垃圾焚烧发电厂可缓解本地用电紧张状况或减少本地居民用电支出					
垃圾焚烧发电厂会提升本地垃圾处理能力					

11. 下面是关于垃圾焚烧发电厂潜在风险的描述，请选择符合您个人情况的选项：

风险感知	非常不同意	不太同意	不确定	比较同意	非常同意
垃圾焚烧发电厂会给生态环境带来破坏					
垃圾焚烧发电厂会影响居民的身体健康					
垃圾焚烧发电厂会影响下一代的健康成长					
垃圾焚烧发电厂在运行中会发生安全事故					
垃圾运输车辆会带来一定的污染（如气味、噪声等）					
垃圾焚烧发电厂让居民产生心理压力					

12. 对下列语句描述的内容，请选择符合您个人情况的选项：

分配正义	非常 不同意	不太 同意	不确定	比较 同意	非常 同意
本地垃圾焚烧发电厂为整个社会的垃圾处理提供了便利，但其带来的消极影响却由周边居民承担，这是不公平的					
本地垃圾焚烧发电厂附近的居民应得到一定的补偿					
本地垃圾焚烧发电厂做到了只处理来自本地的垃圾					

13. 对下列语句描述的内容，请选择符合您个人情况的选项：

人际正义	非常 不同意	不太 同意	不确定	比较 同意	非常 同意
地方政府工作人员以一种礼貌的方式对待我					
地方政府工作人员对我表现出了应有的尊重					
地方政府工作人员重视我作为一个公民应有的权利					

14. 对下列语句描述的内容，请选择符合您个人情况的选项：

信息正义	非常 不同意	不太 同意	不确定	比较 同意	非常 同意
地方政府会及时让我知道垃圾焚烧发电厂的选址（建设）情况并进行充分说明					
地方政府就垃圾焚烧发电厂坦率地与我进行了沟通					
对垃圾焚烧发电厂选址和运营有意见，地方政府会进行耐心、详尽的解释					

15. 对下列语句描述的内容，请选择符合您个人情况的选项：

程序正义	非常 不同意	不太 同意	不确定	比较 同意	非常 同意
本地垃圾焚烧发电厂的选址、建设征求了老百姓意见					
本地垃圾焚烧发电厂环境影响评估遵守了法定程序					
本地垃圾焚烧发电厂的决策过程是科学公正的					
本地垃圾焚烧发电厂决策过程的居民参与是充分的					
本地垃圾焚烧发电厂的建设程序是合理合法的					

16. 对下列语句描述的内容，请选择符合您个人情况的选项：

政治效能（内在政治效能、外在政治效能、 集体政治效能）	非常 不同意	不太 同意	不确定	比较 同意	非常 同意
我对公共议题有较强的理解能力					

续表

政治效能（内在政治效能、外在政治效能、集体政治效能）	非常不同意	不太同意	不确定	比较同意	非常同意
我觉得自己有能力参与社会公共事务					
我觉得我能出色地胜任地方政府官员					
如果我向政府提意见，政府不会理会					
政府官员更多地在乎权力而不是老百姓所想					
民意的集体表达会影响公共事务的发展					
公民的集体行动会影响政府的决策					
民众有许多合法途径来影响政府作为					

17. 下列是关于对地方政府信任状况的描述，请选择最符合您个人情况的选项：

政府信任（意图和能力两个维度）	非常不同意	不太同意	不确定	比较同意	非常同意
地方政府为老百姓谋利益					
地方政府不会隐瞒欺骗老百姓					
地方政府工作人员关心老百姓的利益					
地方政府工作人员遵纪守法					
地方政府工作人员能胜任自己的工作					

18. 下列是关于对垃圾焚烧发电厂信任状况的描述，请选择最符合您个人情况的选项：

垃圾焚烧发电厂信任（意图和能力两个维度）	非常不同意	不太同意	不确定	比较同意	非常同意
垃圾焚烧发电厂为老百姓谋利益					
垃圾焚烧发电厂不会欺骗隐瞒老百姓					
垃圾焚烧发电厂工作人员关心老百姓的利益					
垃圾焚烧发电厂能降低自身对公众的危害					
垃圾焚烧发电厂能实施有效的自我监督					
垃圾焚烧发电厂能按照科学化标准运营					
垃圾焚烧发电厂的工作人员能胜任自己的工作					

19. 下列是关于受访者与居住地之间情感联结的描述，请选择最符合您个人情况的选项：

地方依恋（地方依赖和地方认同）	非常 不同意	不太 同意	不确定	比较 同意	非常 同意
我喜欢本地的生活，包括气候、风土人情、饮食等					
这里能满足我的生活需求					
这里是其他地方比不上的					
我在这里有亲朋好友，能常联系					
这个地方是我生命中的一部分					
我对这个地方有归属感					
我非常认同这个地方					
这个地方对我而言意义重大					

20.下列是关于垃圾焚烧知识的描述，请选择最符合您个人情况的选项：

垃圾焚烧知识	非常 不同意	不太 同意	不确定	比较 同意	非常 同意
并不是所有的垃圾都适合通过焚烧进行处理					
按照当前技术标准，垃圾焚烧炉内温度应维持在850度以上					
对垃圾进行分类，是焚烧垃圾的前提					
湿垃圾不可以直接放入垃圾焚烧炉内焚烧					